Ingrid Riedel (Hg.)

Zeit zum Lachen – Zeit zum Weinen

HERDER spektrum
Band 5441

Das Buch

Gefühle können wegweisend sein. Sie helfen, zu erkennen, wer wir sind und wie wir sind. Wir leben in einer Zeit, in der die Rationalität – scheinbar – alles regiert. Wir wissen aber auch: Wer nicht fühlen kann ist krank. Emotionen färben das Leben, prägen das Zusammenleben, beeinflussen Entscheidungen. Jede Lebensäußerung hat auch eine Emotion. Gefühle sind Kräfte, aus denen wir leben, die wir kultivieren und gestalten. Die Autoren gehen mit einem breiten Wissen um die komplexen Wirklichkeit der Gefühle den unterschiedlichen Emotionen nach: Dankbarkeit und Freude, Trauer und Langeweile, Staunen oder Sehnsucht. Ein Buch, das in einer „coolen" Zeit für die Wärme und die Intensität der Emotion eintritt.

Die Herausgeberin

Dr. Dr. Ingrid Riedel, Dozentin und Lehranalytikerin am C. G. Jung-Institut Zürich und Stuttgart, Honorarprofessorin an der Universität Frankfurt am Main und Psychotherapeutin in eigener Praxis. Zahlreiche Publikationen. Bei Herder Spektrum: Lebensträume – Lebensräume. Stufen inneren Wachstums; Die gewandelte Frau. Vom Geheimnis der zweiten Lebenshälfte; Unergründlich wie das Meer oder die Faszination der Tiefe; Engel der Wandlung. Die Engelbilder Paul Klees. In Vorbereitung: Geschmack am Leben finden. Eine Entdeckungsreise mit allen Sinnen; Liebe, die verwandelt. Die Weisheit der Märchen über Liebe, Tod und Neugeburt.

Ingrid Riedel (Hg.)

Zeit zum Lachen –
Zeit zum Weinen

Emotionen, die das Leben
intensiver machen

FREIBURG · BASEL · WIEN

Gedruckt auf umweltfreundlichem, chlorfrei gebleichtem Papier
Alle Rechte vorbehalten – Printed in Germany

© Verlag Herder Freiburg im Breisgau 2003
www.herder.de
Herstellung: fgb · freiburger graphische betriebe 2004
www.fgb.de
Umschlaggestaltung und Konzeption:
R·M·E München / Roland Eschlbeck, Liana Tuchel
Umschlagfoto: © Thomas Jungmann
ISBN 3-451-05441-8

FÜR VERENA KAST
ZUM 60. GEBURTSTAG

Inhalt

Ingrid Riedel
Weinen und lachen – Vom Mut zu starken Emotionen 9

Heidi Gidion
Vergnügen am Dankbarsein – Der Ruf durch die Nacht ... 22

Daniel Hell
Freude, eitel Freude? – Die Wirkungen eines flüchtigen
Gefühls 35

Anselm Grün
Langeweile und Überdruss – Das Wirken der Akedia 48

Detlev von Uslar
Freude und Trauer im Spiegel der philosophischen
Psychologie 62

Harry Nussbaumer
Vom Staunen angesichts des Universums – Staunen bei
Nacht 73

Lutz Müller
Staunen über das Wunder des Daseins – Und die Welt hebt
an zu singen 80

Mathias Jung
Zärtlichkeit – Die Zartheit und Zerbrechlichkeit des
Menschen 94

Ruth Ammann
Die Farbe des Lachens – Gedankenspiele zwischen Kindheit
und heute 105

Brigitte Spillmann-Jenny
Sehnsucht, an der wir sterben müssen – Über die
transzendierende Kraft der Sehnsucht 112

Daniela Heisig
Heimweh – Sehnsucht nach der vertrauten Ferne 126

Hans-Georg Wiedemann
Verlustgefühle und Trauer – Der Übergang in den
Ruhestand 142

Ingeborg H. Bachmann
Vorwiegend heiter – Stationen des Lebens 153

Theodor Seifert
Gefühlsraum Freundschaft und Dankbarkeit – „Zwei kleine
Smaragde in meinen Händen" 161

Peter Schellenbaum
Liebe als heilende Kraft – Resonanz in der psychotherapeutischen und anderen Beziehungen 177

Günter Hole
Herzlichkeit in der Patientenbeziehung – Wie viel wir zulassen
und geben können 189

Ingrid Riedel
Vom Lebenswert der Emotionen –
Verena Kast zum 60. Geburtstag 202

Anmerkungen und Literatur 208

Die Autorinnen und Autoren 219

INGRID RIEDEL

Weinen und lachen – Vom Mut zu starken Emotionen

„Gib mir die Gabe der Tränen, Gott,
gib mir die Gabe der Sprache ..."

Dies schreibt Dorothee Sölle in einem Gedicht, das zugleich ein Gebet ist: eine Bitte um Tränen. Können wir Menschen uns nach Tränen sehnen? Gewiss, wir sehnen uns nicht nach dem Leiden, den Erfahrungen, zu denen solche schmerzhaften Emotionen wie Trauer, Enttäuschung und Wut gehören. Wenn wir aber hineingeworfen werden in solche schockierenden Erfahrungen, wie es zum Beispiel der Tod eines geliebten Menschen ist, dann wäre es fast eine Erlösung, wenigstens weinen zu können. Weinen zu können: das bedeutete, die Emotion der Trauer aufsteigen zu lassen, ausströmen zu lassen, so dass der Knoten im Hals, der Krampf im Zwerchfell, das trockene Brennen der Augen – der Schock ist uns ja in den Körper gefahren! – sich lösen, so dass wir auch wieder sprechen könnten, nachdem uns zumeist der erste Schock die Sprache verschlagen hat. Sich ausweinen, sich aussprechen zu können nach solchen Erlebnissen: wie gut täte das, wie wäre das schon der erste Schritt zur Verarbeitung des Erlebten, der erste Ansatz zur Heilung! Tränen enthalten darüber hinaus sogar einige chemische Substanzen, die beruhigen, den allzu starken seelischen Schmerz zu mildern vermögen.

Es ist also nicht selbstverständlich, weinen zu können?

Wie wenig selbstverständlich es ist, erlebte ich mit einer Frau, die verzweifelt zu mir kam und um Begleitung in ihrer Trauersituation bat: Sie habe vor einem Jahr ihren zwölfjährigen Sohn verloren, bei einem Elektrounfall, er war im Bad, nass wie er war, an eine defekte Leitung geraten. Das Ganze war so plötzlich geschehen, dass sie es nicht fassen konnte, bis heute nicht. Und seither sei sie wie versteinert, habe nicht eine einzige Träne vergießen können. Ihr Mann könne weinen, sie nicht, sie komme sich vor wie ein Ungeheuer: „Wenn ich nur weinen könnte, dann ginge es irgendwie weiter", stöhnte sie, „aber ich bin wie versteinert, bin leer, ich habe auch keine Gefühle mehr."

Sie war alles andere als ein Ungeheuer: Sie war in dem übergroßen Schock, ihren Sohn plötzlich tot vor sich zu sehen, wie erstarrt, war über ihre erste Reaktion nicht mehr hinausgekommen, war in ihr stecken geblieben. Allein dies zu begreifen im Laufe unserer Gespräche, löste ein wenig ihre Verkrampfung, und sie begann sich selbst wieder ein bisschen zu verstehen, darin, dass sie den Schmerz über den Verlust wohl nur so hatte überleben können, dass im Schock all ihre tieferen Gefühle und Emotionen, wie auf Eis gelegt, fühllos geworden waren. Ihre Gefühle waren gleichsam wie „schockgefroren", das hieß aber auch, dass sie wieder aufgetaut werden könnten. Nachdem sie nun den Verlust des jungen Sohnes ein Jahr lang rein physisch überlebt hatte, wollte sie nur weiterleben, wenn sie auch psychisch wieder auftauen durfte. Sie sehnte sich danach, auch wenn sie wusste, dass es noch unvergleichlich mehr schmerzen würde als es schon schmerzt, wenn wir die vor Kälte gefühllos gewordenen Finger wieder aufwärmen. Und doch sehnte sich diese Frau danach, wieder fühlen zu können, sie sei ja sonst „kein Mensch mehr", wie sie es immer wieder ausdrückte. Als wir nach einigen Wochen die Fotos des kleinen Jungen betrachteten, der ihr Sohn einmal gewesen war, Bilder, über denen sie eine jäh erwachende Zärtlichkeit überschwemmte, da begannen auch ihre Tränen endlich wieder zu fließen. Die Erinnerungen und die zugehörigen Emotionen konnten in Fluss kommen und sich schließlich in einem Tränenstrom lösen.

Immer haben Menschen um die heilsame Kraft des Weinens gewusst, selbst Thomas von Aquin soll einmal gesagt haben, dass in verzweifelten Situationen, wenn schon nichts mehr zu helfen scheine, doch dreierlei noch erprobt werden könne, nämlich: weinen, baden und beten. Die Reihenfolge des Aufgezählten scheint mir doch bedenkenswert und vielleicht unerwartet: Als ob das Weinen, das die Emotionen ausströmen lässt und sie zugleich auch wieder auffängt, zusammen mit wohligen Baden, das an Gefühle im bergenden Mutterleib erinnern mag, überhaupt erst die Voraussetzung schaffe für ein Beten, das auf Vertrauen beruht. Ob wir weinen können: Liegt es nicht stark daran, ob wir uns fallen lassen können, in ein Grundvertrauen hinein, so sein zu dürfen, wie wir sind und die Gefühle kommen lassen zu dürfen, die kommen wollen?

Gab es nicht einmal – die vor dem Krieg und im Krieg geborene Generation kennt das noch – eine Erziehung zur „Tapferkeit", die vor allem für Jungen, aber doch auch für Mädchen galt, eine Erziehung dazu, die Tränen hinunterzuschlucken, das aufkommende Weinen beherrschen zu sollen? Was hat das den Kindern abverlangt, den Kindern, die so mark- und beinerschütternd und oft auch lustvoll losbrüllen und losheulen wollen und können, dass niemand sie übergehen kann und sich alles nach ihnen umdreht, und die doch auch so herzerfrischend vital dabei sind, dass sich ein ganzer riesiger Hotelspeisesaal auf einmal beleben kann, wenn solch ein Kind losheult!

Doch manche von uns Kriegskindern lernten noch, sich das Weinen abzugewöhnen, auch, um unsere Mutter nicht noch mehr zu belasten unter all den Schrecknissen des Krieges, bei Flucht und bei Bombennächten – und lernten, mit den Tränen zusammen auch gleich die tieferen Emotionen, die Tränen hätten hervortreiben können, mit zu unterdrücken: die Angst, die Trauer, das grenzenlose Mitgefühl – und damit leider auch die tieferen und volleren Klänge der Freude, der Lebensfreude …

Viele aus dieser Kriegskindergeneration, heute sind sie unter uns Alten, haben gelernt, sich ein Stück weit fühllos zu machen, abzuschirmen, vor allem, wenn sehr starke Gefühle aufkommen wollen.

Durch solches Sich-fühllos-Machen, durch Zurückstauen der Gefühle, kommt es allerdings neben vielen Blockierungen auch gelegentlich zu unkontrollierbaren Gefühlsdurchbrüchen, zu unkontrollierbaren Tränenströmen, weil diese Gefühlsstauwerke zu unelastisch gebaut sind und die Betreffenden nur das Aufstauen, nicht aber die Feinsteuerung zwischen Stauen und Fließen-Lassen erlernt haben. So kann es auch zu Emotions- und Tränendurchbrüchen am falschen Platz kommen, wo es für die Betreffenden, aber auch für die Umgebung peinlich werden kann: zum Beispiel während einer Sitzung oder eines Gespräches mit einem Vorgesetzten. Meist sucht sich dann der Blamierte durch Training und Verstärkung seiner Selbstbeherrschung vor weiteren solchen Vorfällen zu bewahren, was aber nur zu verstärkter Aufstauung führt und die Gefahr von Durchbrüchen vermehrt. Den Menschen, die ihre tiefe Gefühlsskala nicht zur Verfügung haben, die ihre Gefühlsfunktion als Ganze wenig differenziert haben, geschieht oft auch eine andere Peinlichkeit: Sie verfallen in Gefühlsduselei, in Sentimentalität, die Tränen fließen dann aus nichtigem, inadäquaten Anlass.

Echte Rührung dagegen, sich tief anrühren und bewegen zu lassen von Musik, von einem Gedicht, von einem Bild, so dass uns Tränen in die Augen schießen, ist etwas ganz anderes: Rührung aufkommen zu lassen und sie nicht, wie es viele tun, mit Ironie zu dämpfen und zu verscheuchen, ist vielmehr das untrügliche Anzeichen eines reifen und freien Gefühlslebens, bedeutet Mut zum Gefühl.

„Und sie umarmten und sie küssten sich und sie weinten" – so heißt es an mehreren Stellen der Bibel, zum Beispiel beim sich Wiederfinden der Freunde David und Jonathan oder bei der Wiederbegegnung der bis dahin verfeindeten Brüder Jakob und Esau. Das gibt es also auch: das Weinen aus Rührung, aus Freude, aus Liebe.

Weinen aus Liebe: Oft hätten sie miteinander geweint, wenn sie sich an den Wochenenden wiedersahen, so erzählt mir eine Schulfreundin von ihrer ersten großen Liebe, es hätte sie beide jedes Mal so berührt, so erschüttert vor Glück, einander wiederzusehen, dass sie einfach weinen mussten. Geweint vor Freude hätte sie, erzählt mir eine junge Mutter, als sie nach mehreren Fehlgeburten endlich ihr gesundes

Kind in den Armen hielt: „Als ich es so warm auf meinem Bauch liegen fühlte, war es der dankbarste Moment in meinem ganzen Leben!"

Eine bis dahin in ihrem Gefühlsausdruck sehr herbe Patientin, die auch äußerlich wie vertrocknet wirkt, träumt eines Nachts von einem Tränenbrunnen, den sie nach langer Wanderung endlich auffindet, sie öffnet den „Tränenhahn" – analog einem Wasserhahn, nur dass statt Wasser Tränen aus ihm strömen – und weint, weint, weint. Beim Aufwachen ist ihr Kissen nass, doch sie fühlt sich so gut wie seit langem nicht mehr. Sie hat den Zugang zu ihren Tränen und damit zu ihren verschütteten Emotionen wiedergefunden. Mit den Tränen kam die Sprache wieder. Es gelingt ihr, sich auszusprechen, sich loszulassen und sich noch einmal auszuweinen in einem riesigen Tränenstrom, den sie wie erlösend empfindet.

„Gib mir die Gabe der Tränen, Gott, gib mir die Gabe der Sprache ..."

Die Gabe der Tränen ist kostbar, ist wirklich eine Gabe, für die wir umso dankbarer sein werden, je mehr wir sie entbehrt haben. Bei wie vielen Schriftstellern ist aus ihren schmerzlichsten Emotionen die Gabe der Sprache erwachsen!

In vielen Märchen – zum Beispiel in dem Grimmschen „Die Gänsehirtin am Brunnen" – hat die Märchenheldin die Gabe mitbekommen, Tränen zu weinen, die zu kostbaren Perlen werden. Mit diesem gleichnishaften Bild soll nicht nur gesagt werden, dass sie die große Gabe mitbekommt, leidvolle Erfahrungen letztlich in etwas Kostbares zu verwandeln (wie die Perle aus einer Verwundung der Muschel entsteht), sondern sogar auch dies, dass solche Tränen, die aus einer tiefen Gefühlsverbindung stammen – hier der Bindung an den Vater, der sie verstoßen hat –, eine Transformationskraft in sich tragen, die das Leid zu einer sinnhaften Erfahrung hin verwandeln können: Auf der Spur ihrer Tränenperlen findet der künftige Partner zu ihr – und schließlich auch der Vater, dessen narzisstischer Jähzorn, der sie verstoßen hat, aufgeschmolzen ist unter dem Schmerz um die verloren geglaubte, verschollene Tochter. Auf der Spur ihrer Tränenperlen mag auch er geweint haben: Solche Reuetränen der Liebe, die den Verrat der Liebe aufheben, galten in der christlichen Tradition als göttliche Gabe. So auch die Tränen des Petrus, dem beim dreimaligen Krähen des Hahnes bewusst wurde, dass er seinen großen Freund verraten hatte, wenn auch aus Angst um die eigene Haut.

„Und er ging hinaus", heißt es an der Stelle im Neuen Testament, „und weinte bitterlich." Wer Bachs Vertonung dieser Stelle in seiner Passion einmal gehört hat, weiß, was dieses Weinen ist. Und so mancher, so manche, die es hörten, weinten mit. Dieses Weinen heilt.

Um die Gabe der Tränen bitten zu können, macht den Menschen zum Menschen. Wir sprachen von der Unterdrückung der Tränen – und im Vorfeld der Tränen bereits von der Unterdrückung der tiefen Gefühle, der starken Emotionen – aus dem Wunsch heraus, aus der vermeintlichen Verpflichtung heraus, immer beherrscht bleiben zu müssen: Wir sehen, wie dann nicht nur die Tränen, sondern die Emotion überhaupt dabei auf Eis gelegt werden müssen und ein Menschentum herauskommt, das weder herzhaft weinen noch herzhaft lachen kann, sind doch beide Emotionsskalen und ihre Ausdrucksweise eng und wie in einer kontrapunktischen Komposition miteinander verbunden! Nur wer auch Tränen riskiert, kann sich auf sich selbst und seine Mitmenschen wirklich einlassen, nur er oder sie, die sich bis zu Tränen anrühren lassen von ihren Mitmenschen und auch den Mitgeschöpfen werden auch eine Sprache finden, nicht sprachlos bleiben, die für einander einsteht und eintritt, die heilende wandelnde Kraft hat wie die Tränen selbst.

Dass sie Tränen in den Augen ihrer Therapeutin gesehen habe, Tränen des Berührtseins, des Mitempfindens mit ihrem Schicksal, das sei der heilsamste und beglückendste Moment in ihrer ganzen Therapie gewesen, so sagte mir einmal eine Frau, nachdem sie die Behandlung bei einer mir befreundeten Kollegin abgeschlossen hatte.

„Lachen hat seine Zeit und Weinen hat seine Zeit." So sagte Kohelet, ein Prediger aus der Weisheitstradition der Bibel (Prediger 3, 4, 1–12). Es gäbe demnach eine Zeit zu weinen, auf die wieder eine

Zeit des Lachens folgen, erhofft werden könnte: So dass die Zeit des Weinens aus dieser Hoffnung heraus vielleicht leichter zu ertragen wäre. In der Zeit des Weinens aber wäre das Weinen auch geboten, wie unser erstes Beispiel der Frau, die nicht mehr weinen konnte, zeigt, nur durch das Weinen nämlich wäre ihr seelisches Feld so aufgepflügt und getränkt worden, dass es dem Samenkorn der Trauer das Sterben und Wiederkehren in neuer Gestalt ermöglicht hätte. Nur indem die Emotionen, die uns mit dem verlorenen geliebten Menschen verbinden, frei ausgetragen werden, vom Weinen beregnet, können alle Gefühle, die uns mit dem Verstorbenen verbanden, in Liebe und Ärger, in Zorn und Versöhnung wieder in uns aufkommen und im Hin und Her der Erinnerungen und Affekte schließlich ausgefiltert werden auf das Wesentliche hin, das unsere Beziehung trug. Dies aber, die Essenz, das, was der Verstorbene aus uns herausgeliebt hat, kann dann nicht mehr verloren gehen, nicht mehr in Vergessenheit geraten, es ist ja Teil unseres Wesens geworden. Dies also gilt für die Zeit des Weinens. Vorschnelles Trösten-Wollen, vorschnelle Versuche, wieder fröhlich zu sein und fröhlich zu machen, sind beim Trauernden, wie überhaupt beim Traurigen nicht gefragt und werden nur so interpretiert, dass derjenige, der aufzuheitern versucht, eben nichts ermesse von dem Leid, das sein Gegenüber trägt. „Weinet mit den Weinenden", legt uns das Neue Testament nahe: Mitzuweinen wäre Seelsorge, wäre Psychotherapie in solchen Trauerphasen.

Wie aber ist demgegenüber das zu erklären, was ich in Westafrika, Burkina Faso, bei einem Trauerfall erlebte; der afrikanische Partner seiner jungen weißen Frau hatte einen tödlichen Verkehrsunfall erlitten. Täglich kamen nun die afrikanischen Verwandten und Freunde des Verstorbenen zu der jungen Witwe und drückten ihr tiefes Mitgefühl aus, sprachen mit ihr, blieben lange bei ihr und erzählten, erzählten von Gott und der Welt, vom Markt und von Kinderstreichen, erzählten, bis sie – das fiel mir nach einiger Zeit auf – die trauernde Frau für einen Moment zum Lachen gebracht hatten. Nicht früher brachen sie auf, das erlebte ich hintereinander bei mehreren Besuchen, ehe sie nicht der Trauernden ein Lachen abgewonnen hatten. Ich erkundigte mich nach dem Sinn dieser Sitte, denn es war offenbar eine Sitte, und erfuhr von mehreren Seiten: Es sei so, in der Tat, dass man von Trauernden nicht weggehe, ehe sie wenigstens ein einziges Mal wieder gelacht hätten: Lachen besiege nämlich die Geister der Schwere, der niederziehenden Traurigkeit, die nach einem schweren Verlust um alle Hinterbliebenen seien. Richtige Geister der Schwere stellt man sich hier vor, die sich um die Trauernden herum lagern und die überhaupt nur durch befreiendes Lachen aufgescheucht und vertrieben werden können. Magie des Lachens also, heilendes Lachen! Diese Sitte, die Trauernden wieder zum Lachen zu bringen, steht im Kontrast zu unserer Gepflogenheit, nach der bei Beerdigungen und Trauerzusammenkünften eigentlich nicht gelacht werden darf. Nun ist es aber so, dass das Lachen auf Beerdigungen und vor allem beim anschließenden „Leichenschmaus" eine so befreiende Wirkung haben kann, dass es sich immer wieder, auch ungerufen einstellt: Schon beim Lebensbericht über den Verstorbenen kommen ja oft derart erheiternde Dinge zum Vorschein – zum Beispiel dass die uralte Mutter beim Jassen, einem Schweizer Kartenspiel, auf gar keinen Fall mehr verlieren konnte und deshalb zu den verwegensten Tricks gegriffen habe –, so dass keiner sich eines Schmunzelns erwehren kann, und beim Leichenschmaus spätestens bricht beim Erzählen von der originellen Seite des Verstorbenen unweigerlich ein herzliches Gelächter aus. Es ist die Energie des Lebens selbst, die uns hier beim Lachen wieder einholt, die jene Verstörung löst, die der Tod eines vertrauten Menschen zunächst bei jedem Betroffenen mit sich bringt, die Angst, die Beklommenheit bis hin zur Panik.

Das Zusammenbleiben der Freunde und Verwandten nach der Beerdigung, das Essen und Trinken, das damit verbunden ist, das erst verhalten, dann aber voll wieder aufkommende Lachen, es ist so heilsam: Es gab eine Zeit, in der ich nicht mitmachen wollte, woran ich heute aber beschämt denke, denn ich merke, dass dieses gemeinsame Essen nach Beerdigungen überaus sinnvoll ist, bringt es doch Leib und Seele wieder zusammen. Es vertreibt „die Trauergeister", die Geister der Panik vor allem und verbindet die Lebenden untereinander und verbindet sie auch wieder mit den Toten.

Es kann aber sein, dass jemand diese Zeitbegrenzung nicht wahrnimmt, sondern alle Zeit weiterweint, als solle und wolle die Trauer niemals enden. Es kann auch sein, dass er diese Trauer für nötig, für unumstößlich hält, dass er sich an seinem Trennungsschmerz festklammert und sogar seinen Selbstwert aus dieser Treue zum Traurigsein bezieht. Dann kann es nötig werden, dass zum Beispiel ein Traum diesen Menschen von innen her auffordert, sich von dieser Trauer, die sich verselbständigt hat und den neuen Selbst- und Weltbezug blockiert, zu lösen, um des Lebens willen, das auch diesen Menschen wieder ruft und braucht. Fast ist es so, als müsste die Trauer eines Tages geopfert werden, ein Gedanke, auf den Verena Kast in ihrem Trauerbuch[1] hinweist. Die Zeit des Weinens und des Klagens stößt – wenn wir das Leben als kontrapunktische Komposition begreifen – eines Tages an ihre Grenze. Dann kommt eine andere Zeit herauf, ein anderes Lebensthema, eine andere Emotion, die sich unweigerlich konstelliert. Die Trauernden selbst erkennen es daran, dass sie etwas Neues zu locken und zu ziehen beginnt – fast mit schlechtem Gewissen nehmen sie es wahr –, dass es sie lockt, zum Beispiel wieder Schlittschuh laufen oder gar tanzen zu gehen: Denn, wie wir vom Prediger hörten, gibt es nun einmal „eine Zeit zu klagen und eine Zeit zu tanzen" (Prediger 3,4b).

Lachen

Es gibt eine Art unwiderstehlichen Lachens, das einfach mitreißt: Da drüben am Nachbartisch zum Beispiel ist es über eine Gruppe junger Menschen gekommen, dieses Lachen, das gluckst und kichert, meckert und juchzt – wir an unserem Tisch zwinkern uns zu, wissend um solche Lachorgien, amüsieren uns, weil die da drüben offenbar nicht mehr Herren der Lage sind: Und auf einmal fängt auch bei uns eine zu lachen an, kann sich nicht mehr halten und dann fällt eine nach der anderen an unserem Tisch in das Gelächter ein, das vom Nebentisch ausging, wir lachen und lachen. Wie Brandungswellen, die eine die andere einholen, die ineinander und übereinander stürzen, ist dieses Gelächter: vital bis in die Fingerspitzen hinein, ekstatisch, durchrüttelnd, reinigend und ungeheuer miteinander verbindend. Wenn wir einmal miteinander Tränen gelacht haben, verlieren wir uns nicht mehr so leicht, dann kommen wir immer wieder darauf zurück, müssen schon in der Erinnerung daran erneut lachen: Wie war das doch damals in Wien in dem Café ... Sogar mit einem „Lachsack" kann man Gelächter erzeugen, so ansteckend ist es! Was ist so mitreißend am Lachen? Dass es übermütig ist, ein *donum superadditum*, eine Zugabe des Lebens, durchschüttelnd und reinigend wie das Weinen, die körperlich manifestierte Emotion der Freude, die manchmal sogar Tränen hervortreibt.

Eine Frau in der Mitte des Lebens, in ihren Dreißigern, erzählt einen Traum: Im Traum habe sie einen Mann getroffen, einen Tiefseeforscher, und als sie sich anblickten, tief anschauten, erkannten sie sich, als wäre ein jedes von ihnen das verlorene Stück des anderen. Ein nie gekanntes Glücksgefühl durchströmte die Träumerin, aber offenbar gleichzeitig den Partner – und sie begannen einfach zu lachen, aus tiefstem Herzen zu lachen über das Glück ihrer Begegnung und ihrer Übereinstimmung. Es war nicht ihr Ehemann, der ihr da im Traum erschien, auch keiner ihrer nahen Freunde, vielmehr ein Unbekannter, ein Tiefseeforscher war es, der „faszinierende Fremde", den wir als einen Archetyp des schöpferischen Animus kennen, der in den Träumen von Frauen und Männern erscheint, auch in Beziehungsphantasien. Als Tiefseeforscher ist er derjenige Seelenanteil in ihr selber, der sie kundig in die Tiefe, die Tiefe ihrer Psyche und ihres Erlebens führen kann. Sie will zu dieser Zeit auch bewusst in die Tiefe gehen, hat deshalb therapeutische Begleitung im Sinne eines Individuationsweges gesucht. Die unbändige Freude dieser Träumerin bei der Begegnung mit dem faszinierenden Fremden in Gestalt eines Tiefseeforschers ist hier besonders eindrucksvoll. Es ist ein Lachen des Glücks des Wiederfindens, der Sehnsuchtserfüllung, das diesen Traum durchklingt.

Lachen ist heilend. Erfüllt es doch den ganzen Körper, erschüttert ihn, befreit ihn – und dies mit dem Ausdruck gehobener Emotionen, mit Freude, Inspiration und Hoffnung[2]. Endlich erkennt man heute auch in der Therapie, dass Lachen als Ausdruck gehobener Emotionen nicht einfach Allotria ist, sondern wie die gehobenen Emotionen überhaupt ein überaus wirksamer Heilfaktor. „Lach dich gesund" kann ein mindestens ebenso wirksamer Ratschlag sein wie „weine dich gesund", man beginnt heute sogar, nach Möglichkeiten einer „Lachtherapie" zu fragen. Die Idee, Clowns und Clownerien therapeutisch einzusetzen und sogar therapeutische Clowns auszubilden, steht im Moment hoch im Kurs. Gerade innerhalb von Kliniken mit rigiden Strukturen mag es sinnvoll und befreiend sein, als Clown aufzutreten, da könnte man dem Klinikreglement allerhand Streiche spielen und die Patienten zum Lachen anstecken! Wirksamer und allgegenwärtig erscheint mir jedoch die Heiterkeit innerhalb jedes therapeutischen Settings, in dem Herzlichkeit und Humor aufkommen, in dem Situationskomik wahrgenommen werden kann, die auch über beklemmende Situationen zu erheben vermag. „Dass wir so viel gelacht haben, das hat mir in der Therapie am meisten gegeben", sagt eine Frau beim Abschluss der Behandlung. Darf dies einer Therapeutin genug sein?

Lachen erhebt punktuell immer wieder über die Schwere und Schwierigkeit der jeweiligen Lebenssituation, über die so oft darüber lastende Vergangenheit: Entspringt es doch der Fähigkeit, eine leise Distanz zu dem allen einzunehmen, zumindest eine überraschende neue Perspektive zu finden. Lachen enthält die Chance, sich wie auf Flügeln ein wenig darüber zu erheben. „Warum können die Engel fliegen", fragt der Romancier Chesterton in einem seiner Bücher, „weil sie sich leicht nehmen", lautet die Antwort. Lachen muss man über die überraschende Wendung, die paradoxe Pointe, die ungeahnte

Perspektivenverschiebung – so wie bei jedem guten Witz, wie im Leben, so auch in der Therapie. Carl Gustav Jung war für sein Lachen tief aus dem Bauch heraus berühmt: Viele seiner Schüler und Schülerinnen versuchten es nachzuahmen, vergeblich, was dann zu weiterem Gelächter Anlass bot. Jungs Lachen gehört in die Kategorie des Lachens geistiger Meister, von denen wir auch viel aus den Zen-Geschichten wissen: Am Ende des strengen Übungswegs des Zen steht der Mensch, der den Durchbruch in die innere Freiheit erreicht hat und zurückkehrt zu den anderen, auf den Marktplatz, mit ihnen isst, trinkt und schwätzt und vor allem: lachen kann, schallend und donnernd, manchmal wie ein Gebirgsbach! Lachen zu können bedeutet Freiheit, Abstand zu nehmen und ein Stückchen über die allzu beschwerlichen und beschwerten Dinge hinauszutreten. Es ist oft verbunden mit einer neuen Einsicht, zumindest mit einer neuen Pointe im Blick auf die bekannten Probleme. Ich erinnere mich an ein anhaltendes Lachen, obwohl ich allein in meinem Zimmer war: Da ging mir plötzlich auf, dass letztlich alles in meinem Leben so verlaufen war, dass es mir zum Besten diente – trotz allem, was scheinbar unerfüllt geblieben war. In dem Moment war mir evident, dass ich bei allem, was geschehen war, für mich selbst nicht besser hätte entscheiden können, dass alles meiner innersten Lebensrichtung entsprach, trotz mancher Opfer, die ich dafür hatte bringen müssen: Es war mein unverwechselbares Leben geworden, ein gutes Leben. Als ich das sah, spürte, musste ich auf einmal lachen, ganz von innen heraus: auch darüber, dass ich über manche Wendungen meines Lebens lange gehadert hatte – es war, als hätte sich für diesen Moment die Decke vor meinen Augen gehoben und ich hätte den Sinn meines Lebens geschaut. Zu lachen bedeutet immer auch Freiheit zu schmecken, Stimmigkeit in aller Unstimmigkeit, Sinn in allem Unsinn. Wer lacht, sagt in diesem Moment ja, trotz allem, was dagegen steht. Das war ein Moment des Lachens in meinem Leben, der nicht ausschließt, dass auch wieder ein Moment des Weinens kommen wird, Zeit, in der neue Abbrüche und Abschiede gefordert sein würden. Das Wissen oder die Ahnung von den Gezeiten des Lebens, vom Wellengang des Lachens und des Weinens, von seinem Anschwellen und Abschwellen, seinen gehobenen und aufhebenden, seinen niederziehenden und niederdrückenden Emotionen, sie müssen für den Menschen, der einige Erfahrung mit diesem Wechsel gewonnen hat, wie wir Älteren alle, nicht zu Panik und Resignation führen: Mit dem skeptischen Kohelet, dem Prediger, der den bekannten Text über „alles hat seine Zeit" niedergeschrieben hat, können und dürfen wir gerade aus der Endlichkeit unseres Lebens, unserer Sterblichkeit heraus das Fazit ziehen: „Ich erkannte, dass es nichts Besseres gibt für den Menschen, als sich zu freuen und es sich wohl sein zu lassen in seinem Leben" (Prediger 3,12). Und einige Zeilen weiter sagt er es noch einmal: „So sah ich, dass es nichts Besseres gibt, als dass der Mensch an seinen Werken sich freue; denn dies ist sein Anteil. Wer bringt ihn dahin zu sehen, was nach ihm sein wird?" (Prediger 3,22)

Auch ein alter deutscher Vers, mit dem ich schon seit Kindheit vertraut bin, sagt Ähnliches aus:

„Ich komm' weiß nit woher,
ich fahr; weiß nit wohin.
Mich wundert's, dass ich fröhlich bin."

Und wenn es uns auch wundert, es ist uns Menschen offenbar möglich, fröhlich zu sein und immer wieder aus ganzem Herzen zu lachen, aber es gilt vielleicht nur für diejenigen, die auch aus ganzem Herzen weinen können. So und nur so ist die kontrapunktische Komposition unseres Lebens und Erlebens möglich, in der die komplementären Stimmen und Emotionen einander nicht erdrücken, sondern sogar steigern zu echter Lebensleidenschaft. Letztlich ist das Lachen bei allem Weinen in der Welt auch ein utopisches, eine eschatologische Kategorie:

„Dann wird euer Mund voll Lachens sein". So ist es uns verheißen in alle Zukunft hinein.

HEIDI GIDION

Vergnügen am Dankbarsein – Der Ruf durch die Nacht

Angefangen hat es mit meiner Freundin Lotte, und zwar mit ihrem Abschiedsritual.

Wir beide saßen abends lange zusammen, zumeist bei mir zu Hause. Aßen miteinander, tranken. Vor allem aber redeten wir, über alles. Wirklich: über alles, was uns bewegte. Mal redete die eine mehr, und die andere hörte zu, mal war es umgekehrt. Wes das Herz voll ist, des geht der Mund über, heißt es – und so fing jeweils die an, der das Herz gerade voll war. Unserer Ansicht nach würden wohl alle Psychotherapeuten arbeitslos, wenn jeder Mensch eine Freundin hätte wie sie und ich. Eine, die bestimmt bei der Sache war, mit ihren Gedanken, ihren Gefühlen, und voller Sympathie von vornherein. Eine, die nicht für alles schon gleich eine Erklärung parat hatte. Eine, die nicht sofort Details beisteuerte von einem ganz ähnlichen Problem bei sich selbst, sondern die genau nachfragte, so lange, bis ich mir darüber klar geworden war, was ich eigentlich so unbegreiflich fand oder so empörend oder wunderbar. Je nachdem.

Nach Lottes plötzlichem Tod vor zehn Jahren kenne ich solche Gespräche nur noch als schöne Ausnahme, nicht mehr als schöne Regel.

Ja, und wie sie sich verabschiedete, das sehe und spüre ich bis heute. Nachdem wir uns vor dem Haus Adieu gesagt hatten, fuhr sie mit dem Auto oben an der Straße eine Kehre und kam noch einmal, es war längst tiefe Nacht, auf der anderen Straßenseite an mir vorbei, kurbelte das Fenster halb herunter, streckte den Arm heraus, winkte – und dann rief sie quer über die Straße durchs Dunkel zu mir herüber: „Danke!"

Mit heller, kräftiger Stimme, ganz nachdrücklich: „Danke!" Jedes Mal.

Und jedes Mal freute ich mich nach dem Adieu schon auf dieses „Danke" – und hörte es zugleich mit Überraschung, als sei es das erste Mal. Dann ging ich lächelnd zurück, schloss die Haustür ab und überlegte dabei, wofür sich Lotte denn diesmal wohl bedankt haben mochte. Denn ich hatte ihr nichts geschenkt, was sie mir nicht auch geschenkt hatte. Hatte sie sich für unsere Freundschaft bedankt? Doch sie selbst war ja genauso Teil unserer Freundschaft wie ich. Dann hätte sie sich zugleich bei sich selbst bedanken müssen.

Aber es war wohl vielmehr so, dass sie nicht Dank sagte für irgendetwas Bestimmtes. Sondern dass sie herzliche Dankbarkeit ausdrücken wollte. Aus Anlass einer Situation wie dieser.

Von daher rührt meine Auffassung von Dankbarkeit:

Eines der schönsten Gefühle, das ich kenne.
Vielleicht das schönste überhaupt.
Es macht die Brust weit, die Glieder warm, die Erdenschwere weniger schwer.

In den Bombennächten meiner Berliner Kriegskindheit hatte ich im Luftschutzkeller das Entgegengesetzte erfahren: Die Brust war mir eng geworden, ich fror am ganzen Leibe, ich zog mich zusammen, um mich vor der Bedrohung ganz klein zu machen, noch kleiner, als ich damals ohnehin war, mein Herz war schwer. So fühlt sich die leibhaftige Angst an, das wusste ich seitdem, und mein Körper vergaß es nie.

Daher wohl auch mein bewusstes Ausstrecken und Dehnen im wärmenden Gefühl von Dankbarkeit.

Es zeugt sich sogar selbst fort: Es macht dankbar! Denn wenn Lotte ihr „Danke!" durch die Nacht zu mir her gerufen hatte, hörte ich mich nämlich wie unwillkürlich antworten: „Danke!" Ganz schwerelos, beschwingt fühlte ich mich dabei.

Mag Dankbarkeit Tugend nennen, wer will – nur eines muss ganz unmissverständlich gesagt sein: Nicht gemeint ist hier jenes demütige „Man muss immer dankbar sein", die Unterwerfungsgeste unter die Macht des Schicksals etwa, so wie in den Zeiten Schwarzer Pädagogik der Herr Vater dem geschlagenen Sohn abverlangte, die Hand zu küssen, die ihn soeben hart gezüchtigt hatte. Nein, nichts dergleichen.

Wovon es mich zu sprechen verlangt, das ist nichts Schwergewichtiges, sondern nicht abzulösen vom hellen Ruf in der Nacht, von leichter winkender Hand. Von unangestrengter Wechselseitigkeit im Nehmen und Geben.

Das Gefühl, das ich meine, weiß nichts von Erwartung oder gar Forderung, nichts von Verpflichtung.

Eine Vorstellung gar von „Dankesschuld" fiele meinem Gefühl nicht im Traume ein.

Dankbarkeit hat einen leichten Schritt und lächelt.

Dankbarkeit hat eine spontane Aufmerksamkeit auf alles Geglückte: auf das richtige Wort, die rechtzeitige Geste, den zugewandten Blick, zum Beispiel.

Dankbarkeit ist ein Bedürfnis nach Eingedenken, ohne die Nötigung von Gedenktagen, überhaupt ohne Kalender. Freiwillig, gern, freudig.

Ein Ruf in der Nacht, befriedet.

Offenbar handelt es sich dabei um etwas überaus Seltenes, ist alles andere als eine Selbstverständlichkeit. Sonst würde Dankbarkeit ja nicht zur Forderung erhoben, sogar den Tugenden zugezählt.

Ob es sich vielleicht mit einer Kunst vergleichen ließe?

Ich sehe Dankbarkeit gleichsam im Zentrum eines großen Kreises, und wie das beim Bogenschießen zu sein pflegt:

Es gibt sehr viele Möglichkeiten, das Ziel zu verfehlen. Und nur eine, es zu treffen.

Nicht nur das einschnürende Angstgefühl von ganz früher oder auch der später am eigenen Leibe erfahrene schmallippige, quittegelbe

Neid erscheinen mir als dunkle Kontrastfolien, die mir das Dankbarkeitsgefühl heute nur desto befreiender und lichter erscheinen lassen. Es gibt da noch etwas anderes. Was segelt nicht alles unter der Fahne Dankbarkeit – und ist doch ein Segeln unter falscher Flagge!

In meiner Nähe lebte eine wohlmeinende Frau, die konnte nichts annehmen. Sie war geradezu besessen von dem Trieb, sich für jede ihr erwiesene Guttat, für jede Gabe, und sei sie noch so klein, stehenden Fußes zu bedanken. Sie nannte es „wieder gutmachen". Es schien aber eher eine übertrumpfende Revanche zu sein; sie mochte offenbar gar nicht gerne auch nur ein kleines bisschen dankbar sein, sondern fühlte sich durch etwas Geschenktes geradezu beschämt, wie in ein Schuldverhältnis versetzt, aus dem sie sich schleunigst wieder befreien musste, so dass sie sich aus einer Beschenkten ohne Zeitverlust in eine Schenkende verwandelte. Das sah etwa so aus: Stellte ihr eine benachbarte Gartenbesitzerin einen Eimer Fallobst vor die Tür, froh, etwas loszusein von der Überfülle in einem Herbst der Obstschwemme, so fand sie wenig später vor ihrer eigenen Tür verblüfft etwas Gekauftes, offensichtlich Teures, etwa eine große Packung edler Pralinés, was nun wiederum sie eher beschämte als freute.

Ein Leben wird arm, in dem Beschenkt-Werden im Handumdrehen zum Schuldner-Sein pervertiert und Danksagen die Gestalt gesteigerter Gegenleistung annimmt.

Wie im archaischen Prinzip der Tauschzeremonie des „Potlach". Das wurde von Ethnologen zuerst bei den nordwestamerikanischen Indianern beobachtet: In ihm nahm auf extreme Weise Rivalität, also Wettbewerb, Gestalt an. Mit der Verpflichtung zu schenken war jeweils ein Moment der Herausforderung mitgesetzt – Ausdruck des Misstrauens, dass der andere doch nicht mitziehen könne. Um nicht „das Gesicht zu verlieren", das heißt, Rang und Würden einzubüßen, hatte der Beschenkte durchaus mit einem „Aufgeld" zurückzuschenken. Das Ganze konnte sich destruktiv hochschaukeln bis zum materiellen Ruin beider Parteien.

Da treten uns Prinzipien der Tausch-Gesellschaft entgegen, in der wir leben, — nur zur Kenntlichkeit vergröbert, zur Karikatur.
Wo alles seinen Preis hat, ist Dankbarkeit überflüssig.
Dankbarkeit hat einzig da ihren Ort, wo der wiegende und messende Geldwert nicht das Maß aller Dinge ist.

Diese Konstellation hat — wie alles Bemerkenswerte aus dem Menschenleben — auch Eingang in die Literatur gefunden: Im Zentrum eines der wenigen zeitüberdauernden Lustspiele deutscher Sprache aus dem 18. Jahrhundert, Lessings „Minna von Barnhelm", steht einer, dem es gegen die Ehre geht, sich etwas schenken zu lassen. Auch wenn es von seiner Geliebten kommt, dem ihm anverlobten wohlhabenden Fräulein von Barnhelm. Der Major von Tellheim, im Kriege körperlich versehrt, als Offizier abgedankt und durch unglückliche Umstände um all sein Vermögen gebracht, ist außerstande, sich in der ungewohnten Position des Bedürftigen, des Nehmenden zu akzeptieren. Erst als sich seine gewitzte Verlobte in komödiantischem Rollenspiel als gänzlich mittellos gewordene, von der Familie Verstoßene präsentiert, ist für ihn die Welt wieder in Ordnung. Er kann aufs Neue als großmütiger, tatkräftiger Helfer auftreten, er braucht nicht dankbar zu sein. Da wir es mit einem Lustspiel zu tun haben, geht am Ende alles gut aus, dergestalt, dass auch Tellheim, der starrköpfige Preuße, durch die List der „feinen Sächsin", des Fräulein von Barnhelm, seine Lektion lernt. Vom Vergnügen am Dankbarsein ist er allerdings noch weit entfernt.

Lessing lässt unter dem heiteren Raffinement seiner Spielanordnung die ernste Einsicht aufblitzen: Das Denken und Fühlen in Kategorien starr einseitiger Verpflichtung mag in der Tat einem Ehrenkodex entsprechen. Rigoros gelebt, ohne je eine Ausnahme im Sinne von Wechselseitigkeit zuzulassen, ist es zugleich Todfeind aller dankbarkeitsseligen Liebe.

Geradezu als Gegenfigur zu Lessings Major mit dem steifen Rückgrat ist der einfache Matrose in einer treuherzigen literarischen Variation unseres Themas anzusehen, wenige Jahrzehnte später, von Johann Peter Hebel beschrieben, in einer Szene, so konfliktlos, dass sie keiner Bühne bedarf. Sie entstammt einem der seinerzeit verbreiteten volkstümlichen Kalender, aufgenommen in die zu Recht noch heute beliebte Auswahl aus dessen Exempelgeschichten, „Das Schatzkästlein des Rheinischen Hausfreunds". Die lakonische Geschichte mit dem Titel „Dankbarkeit" gleicht dem unangestrengt geglückten Pfeilschuss mitten ins Zentrum der Scheibe, deshalb gehört sie hierher:

„In der Seeschlacht von Trafalgar, während die Kugeln sausten und die Mastbäume krachten, fand ein Matrose noch Zeit zu kratzen, wo es ihn biss, nämlich auf dem Kopf. Auf einmal streifte er mit zusammengelegtem Daumen und Zeigefinger bedächtig an einem Haare herab und ließ ein armes Tierlein, das er zum Gefangenen gemacht hatte, auf den Boden fallen. Aber indem er sich niederbückte, um ihm den Garaus zu machen, flog eine feindliche Kanonenkugel ihm über den Rücken weg, paff, in das benachbarte Schiff. Da ergriff den Matrosen ein dankbares Gefühl, und überzeugt, dass er von dieser Kugel wäre zerschmettert worden, wenn er sich nicht nach dem Tierlein gebückt hätte, hob er es schonend von dem Boden auf und setzte es wieder auf den Kopf. ‚Weil du mir das Leben gerettet hast', sagte er, ‚aber lass dich nicht zum zweiten Mal attrapieren, denn ich kenne dich nimmer.'"

Das ist es: Ihn ergriff ein dankbares Gefühl – und das Leben einer Laus ist nichts zu Geringes, um sich an ihm „schonend" dankbar zu erzeigen.

Ich ertappe mich bei der Sehnsucht nach dem Wörtlein aus der Zeit des „Rheinischen Hausfreunds", das anstelle von „danke" gesagt zu werden pflegte: Sehnsucht nach dem treuherzigen „Vergelt's Gott". Welche Weisheit lag darin! Es drückte aus: Ich vermag's nicht, aber der dort oben, der weiß, was du brauchst, und wird dir schenken, was dir fehlt. Für das Gute, das du mir getan hast.

Das ist mehr als nur Dank sagen. Ich meine, das ist Dankbarkeit.

Aber mit den Ohren von heute gehört, klingt das „Vergelt's Gott!" nur noch wenig überzeugend. Wo die sichere Geborgenheit im Glauben fehlt, aus der diese Wendung sprach, hat das Wort „Vergelten" heute einen Sinn, der geradewegs das Gegenteil ausdrückt vom einst Gemeinten. Es gemahnt an das Denken in Kategorien von „Zug um Zug". Und das klingt fast wie „Zahn um Zahn".

Friedrich Nietzsche, dessen Aphorismen ihn bekanntlich als Virtuosen der Entlarvung ausweisen, sieht denn auch einen subtilen Zusammenhang zwischen Dankbarkeit und Vergeltung:

„Es ist eine mildere Form der Rache", schreibt er von gewissen Veranstaltungen menschlichen Dankes. Diesem Psychoanalytiker vor der Etablierung der Psychoanalyse verdanken wir eine ganze Reihe von Lichtern, die er uns aufsteckt zur Erhellung der Abgründe unter und hinter vermeintlicher Dankbarkeit:

„Es gibt sklavische Seelen, welche die Erkenntlichkeit für erwiesene Wohltaten so weit treiben, dass sie sich mit der Schnur der Dankbarkeit selbst erdrosseln." Und: „Eine feine Seele bedrückt es, sich jemanden zum Dank verpflichtet zu wissen; eine grobe, sich jemandem zum Dank verpflichtet zu wissen."

Sein aufklärerisch bohrender böser Blick nimmt Dankbarkeit nur in ihren Missgestalten wahr, nur mit der Last von „Erkenntlichkeit" auf dem Buckel, nur als Zwangs-Ehe zwischen Dank und Verpflichtung. Dadurch gehört er zu den Kronzeugen der Einsicht, wie selten die Seele im Zustand der Unbeschwertheit ist, wenn sie weder „sklavisch", noch „fein", noch „grob" ist. Sondern wenn sie tanzt. Denn dann wüsste sie auch, dankbar zu sein und es zu genießen.

Beim längeren Nachdenken will es mir scheinen, dass viel häufiger davon die Rede ist und war, was Dankbarkeit fragwürdig macht. Nicht nur bei Nietzsche.

Im Gedächtnis rumort mir ein Gedicht herum, das ich damals in der Schule gelernt habe. Es war eine moderne Schule, in der man nichts auswendig lernen musste. Aber mir gefiel es derartig gut, dass ich es freiwillig gelernt habe.

Es hieß „Prometheus".

Darin kommt eine Zeile vor, die ungefähr so lautet – ich meine, dass sie so lautet: „Ich dir danken? Wofür?"

Als der alte Goethe noch der junge Goethe war, ließ er seinen aufrührerischen Prometheus *das* dem Götter- und Menschenvater Zeus entgegenschmettern. Prometheus, der ja bekanntlich den Menschen das Feuer brachte, nachdem er es den Himmlischen entwendet hatte, Prometheus blickt auf sein Leben zurück und findet: Er hat immer alles selbst machen müssen.

„Wer half mir ... ? Wer rettete mich ... ? Hast du's nicht alles selbst vollendet, Heilig glühendes Herz?"

Den Himmlischen schulde er mithin gar nichts, am allerwenigsten „Rettungsdank". Dieses Wort hatte ich nicht im Gedächtnis behalten, es ist mir ganz fremd. Soeben habe ich Goethes Gedicht zum ersten Mal seit Jahrzehnten nachgelesen, und siehe da, ich habe falsch erinnert. Die Zeile, die ich meine, heißt nämlich:

„Ich dich *ehren?* Wofür?"

Ich hätte geschworen, es heiße: „danken". Prometheus jedenfalls sieht keinen Grund fürs „Ehren" und auch keinen Grund für „Rettungsdank". Diese Haltung muss mir damals starken Eindruck gemacht haben.

Und jetzt fällt es mir ein: Die Zeile, die mir im Kopf herumspukt, ist von Marie Luise Kaschnitz. Sie verweigert sich ausdrücklich dem, was herkömmlicherweise Gott gebührt: dem Dank.

Sie erinnert sich zuerst an den Schöpfergott, dann an seinen leidenden Sohn auf Golgatha, und in dem Moment scheint ihr jemand gegenüber zu treten oder in ihr selbst sich jemand zu Wort zu melden, der von ihr mehr Dank fordert. Denn sie greift das auf, wiederholt es wie ein Echo – und haut dem, der die Forderung an sie richtet, das Geforderte gleichsam um die Ohren, genauso bebend vor Enttäuschung und Empörung wie Goethes Prometheus.

„Nicht genug gedankt?" – und an der Stelle höre ich ihr bitteres Auflachen, sehe ihr abfälliges Schulterzucken, die herabgezogenen Mundwinkel.

„Nicht genug gedankt / Gedankt wofür / Für Biafra und Indochina / Für die Gaskammern Folterkammern Todeszellen / Für den schäbigen Trost / Die winzige Verheißung / Dafür gedankt?"[1]

Ein starkes Stück. Marie Luise Kaschnitz hat ja auch manchen Text in ganz anderem Ton geschrieben. Hier jedoch bleibt sie ein Gedicht lang unambivalent unversöhnlich bei allen den Gründen, die sie am Danken hindern. Wobei sie keine Zeit lang außer Acht lässt, dass die Menschen alles Menschenfeindliche, Menschenvernichtende in eigener Regie und im eigenen Namen getan haben. Wie Prometheus.

Es ist wie verhext. Mir fällt schon wieder etwas gegen das Danken ein.

Diesmal nicht gegen Zeus geschleudert. Auch nicht gegen Gott. Sondern gegen Vater und Mutter.

Christa Wolf – in ihrem Roman „Kindheitsmuster" – betrachtet im Rückblick die Eltern, die „Portalfiguren" zum Tor der Kindheit, ohne Dankbarkeit. Sie versteht sie – das schon. Aber sie sieht mit nüchternem Blick sehr genau hin.

Und sie merkt an, dass es einer „Handlung wider die Natur" gleichkomme, mit unausweichlichen Schuldgefühlen bestraft, wenn sie so gegen das Gebot der Pietät verstößt. Deshalb sagt sie es deutlich, bevor sie das einen Roman lang unter die Lupe legt, was in der Familien-Überlieferung als ihre „glückliche Kindheit" fortleben will:

„Natürlich ist es, dass Kinder ihren Eltern zeitlebens dankbar sind für die glückliche Kindheit, die sie ihnen bereitet haben, und dass sie nicht daran tippen. – Danken? Die Sprache verhält sich, wie erwartet, und lässt ‚denken', ‚gedenken', ‚danken' aus ein und derselben Wurzel kommen."[2]

Denken. Gedenken. Danken.

In der Weisheit der Sprache gehört ihr also zusammen, ihr drei.

Und deshalb wird es auch in der Kälte der Welt unversehens spürbar wärmer, wenn die drei einmal nicht auseinander gerissen werden müssen, sondern beieinander bleiben dürfen. In einem übergreifenden Gefühl von Dankbarkeit beim Eingedenken, das ganz eng benachbart einem Glücksgefühl ist und nur sehr schwer festzumachen an bestimmten, benennbaren Gründen.

Exemplarisch tritt das in Erscheinung an einigen Stellen der Schriften einer um die Wende vom 19. zum 20. Jahrhundert berühmten Schriftstellerin, die als Fünfzigjährige zu Freud selbst in die Schule ging und die erste und bis zu ihrem Tode 1937 die einzige Psychoanalytikerin in Göttingen war: Lou Andreas-Salomé. Die in St. Petersburg Geborene – deren Liebesbeziehungen zu berühmten Männern immer wieder als Stoff für Romane herhalten müssen und von deren Namen daher eher der Ruf einer eigensüchtigen Femme Fatale überlebt – hatte mit ihrer Familie nicht nur durch die Russische Revolution 1917 Not und Entbehrung erfahren, tief gehende Konflikte durch ihre unorthodoxe Lebensführung, angespanntes Arbeiten, schwere Krankheiten – und doch spürt sie in ihren autobiographischen Aufzeichnungen mit dem Titel „Lebensrückblick" genau das auf, was Christa Wolfs „Kindheitsmuster" entbehren.

Lou Andreas-Salomé erzählt ihr Leben unter dem Leitmotiv eines Grundgefühls von Dankbarkeit, fern aller rückwärtsgewandten Schönfärberei. Denken, Gedenken, Danken hat sie sich nicht auseinander reißen lassen. So schreibt sie in ihrem „Lebensrückblick":

„Ich möchte aber hier hinzufügen den Dank an meine Eltern: indem deren Treue und Liebe – die gesamte Atmosphäre, die um sie war – diese vertrauende Sinnesart in mir großgezogen hat wie einen Geschenk*glauben*. Wie tief dergleichen in einem Menschen sitzen kann, im ältesten Erwachsenen noch und bei nüchternster Denkungsart, bestätigt eine kleine Anekdote von meinem späteren Erleben.

Eines Morgens wanderte ich im Walde und fand unvermutet blauen Enzian, den ich gern einer erkrankten Bekannten mitgebracht hätte; ich war jedoch gleichzeitig so in bestimmten Gedanken, die ich auf diesem Morgengang hatte verarbeiten wollen, dass ich mir die

Unterbrechung durch das mühsame Einsammeln ausredete. Als ich mich um eine Weile später heimwärts gewandt, erblickte ich mit Verblüffung den Strauß, reichlich und rund, in meiner Hand. Ich wusste doch gut noch, wie geflissentlich ich meine Blicke vom Boden gehoben hatte, um *nicht* zu pflücken. Bald hätte das Unerwartete mir wie ein Wunder vorkommen müssen. Das geschah jedoch ebenso wenig, wie dass es ein Lachen über meine ‚Zerstreutheit' ausgelöst hätte. Sondern die erste Reaktion bestand darin, dass ich, in heller Freude, mich laut sagen hörte: ‚Danke!'"[3]

Als Hintergrund der Pointe dieser Szene nennt sie ihren „Geschenkglauben" und ihre „vertrauende Sinnesart" beim Namen.

Beides führt, glaube ich, mitten hinein ins Zentrum von Dankbarkeit.

Denn bei jener Frau, die sich nichts schenken lassen konnte und sich mit Pralinen für Falläpfel revanchieren musste, war ja die gegenteilige Grundstimmung am Werk: eine unreflektierte, unverkennbar misstrauende Sinnesart.

Bei Nietzsche sind es prinzipielle, methodische Reflexionen, aus denen heraus er zunächst einmal allem misstraut, was als „Tugend" daherkommt. Von daher muss er als „Schnur um den Hals" und als Verpflichtungs-Mechanismus demaskieren, was sich unter dem Mäntelchen von „Dankbarkeit" ja in der Tat allzu oft verbirgt.

Dagegen Lou Andreas-Salomés „Danke!" wie der „Danke!"-Ruf meiner Freundin Lotte in der Nacht, beide rufen es „in heller Freude" – und nicht im mindesten eingeschnürt durch eine unterstellte Verpflichtung und auch nicht eingeengt auf diesen einen Anlass.

Weshalb erscheint ihr die kleine Szene überhaupt erzählenswert? – Weil sie selbst unbewusst doch das getan hatte, was sie eigentlich wollte und sich dann bewusst verbot: den (damals offenbar noch nicht unter Naturschutz stehenden) Enzian zu pflücken?

Ich stelle mir vielmehr vor, dass sie dankbar eingedenk ist – des Lebensganzen, das für sie solch eine freudige Überraschung bereit hält. Da gibt es nichts zu wiegen und zu messen, ob das nun etwas

„Bedeutendes" ist, das lohnt, oder etwas „Geringes", das der Mühe des Dankes eigentlich gar nicht wert ist. Sie hat immer Lust und Vergnügen daran, Anlässe und Gelegenheit zum Dank wahrzunehmen und anzuerkennen. Das nennt sie ihren „Geschenkglauben".

Die wache Aufmerksamkeit auf Situationen, in denen sie sich beschenkt fühlen kann – in ihr sehe ich den wahren Grund der Dankbarkeit.

Damit ist sie längst herausgetreten aus dem Tauschprinzip, das sonst unaufhebbar unsere Wirklichkeit tyrannisiert. Und in dessen Warenlagern es dann in der Tat immer nur wie ein schauriges Echo schallen kann: „Ich dir danken? Wofür?"

Lou Andreas-Salomé ist wert erinnert zu werden auch als Briefschreiberin. In einem ihrer Briefe an Anna Freud – der umfangreiche (zwei Bände! von 1919–1937) Briefwechsel beider, zugleich die Geschichte einer Freundschaft, ist gerade erst kürzlich in Göttingen veröffentlicht worden – erzählt sie, wie sie in Berlin die Frau des Regisseurs Max Reinhardt („ein absolutes Monstrum mit schöpferischen Fähigkeiten"), die Schauspielerin Else Heims, nach Jahren wieder sieht:

„Else ist in diesen Jahren sehr gereift und gewachsen, – sogar ihre Schönheit trotz des ältern Gesichts, – und da hab ich erlebt, – was mir schon mehrmals passierte, noch dazu bei Personen, an die ich jahrelang kaum gedacht und die mir gar nicht unbedingt nahegestanden, – dass nämlich der Anblick von ihrer innern Erhöhung, ihrem Schöngewordensein, mich mit Erschütterung überfiel, mit einem fast stürmischen Dankbarkeitsempfinden."[4] Auch so äußert sich ihr „Geschenkglauben"!

In den Briefen an Anna Freud findet sie immer wieder Anlass auszudrücken, was alles sie der Psychoanalyse verdanke; die „misstrauische Psychoanalyse" habe ihr „eine unverwischbar fröhliche Sicherheit" gegeben, „als sei das extra ihre Mission."

Ihrer letzten bedeutenden Arbeit von 1931 gab die 70-Jährige den Titel „Mein Dank an Freud"; sie endet mit dem Bekenntnis, dass ihr „etwas ganz Starkes die Stimme verschlägt, so dass Worte sich fast erübrigen und nichts mehr bleibt – nichts, nichts, nichts – als Dank."[5]

Vor Emphase hat sich Lou Andreas-Salomé nie gehütet.

Nach diesem Blick in fremder Leben Beziehung zum Dankbarkeitsgefühl noch einmal zurück in den überschaubaren Bereich des eigenen Lebens. Zum Schluss sei noch gedacht eines schönen, sich mir immer wieder eröffnenden Anlasses, freudig Dankbarkeit zu empfinden:

Das ist nämlich, wenn mir beim Lesen oder Hören ein Satz, eine Einsicht eines andern plötzlich eine Sperre wegräumt, eine Lichtung schafft, wo vorher in Geist und Sinn wucherndes Gestrüpp nichts als Ausweglosigkeit verhieß.

Und da will ich als Beispiel aus den vielen mir wichtigen Sätzen von Verena Kast nur einen einzigen zitieren, der mir beim Umgang mit Durststrecken, eigenen und fremden, eine Suchrichtung gewiesen hat: „Nun gibt es auch in der schlimmsten Lebenssituation Oasen, Situationen, in denen es sich doch auch gut leben lässt."[6]

Was ich hier tue, hat jemand so für mich formuliert: „Zitieren ist eine Dankesbezeugung aus Wahlverwandtschaft."

DANIEL HELL

Freude, eitel Freude? – Die Wirkungen eines flüchtigen Gefühls

Freude – ein wissenschaftlich vernachlässigtes Gefühl

Verena Kast wehrt sich in ihrem Buch „Freude, Inspiration, Hoffnung" dagegen, dass Freude ein oberflächliches und letztlich nicht wirklich ernst zu nehmendes Gefühl sei. „Beobachtet man, wie die Tiefenpsychologie mit den gehobenen Emotionen umgeht, so drängt sich der Gedanke auf, dass ein reifer Mensch oder auch ein Mensch auf dem Individuationsweg ein nur ernster Mensch ist, dass es sogar Ziel des Individuationsprozesses sein könnte, in tragischer Entsagung, im Bewusstsein der Schwere des Lebens – ohne dass man den heiteren, leichten Aspekt auch sähe – den Rest des Lebens hinter sich zu bringen."[1] So spiele Freude in den psychologischen Überlegungen von Sigmund Freud oder C. G. Jung keine bedeutende Rolle.

Es gibt sogar böse Zungen, die Freude in die Nähe des Leichtsinns rücken und behaupten, Freude sei das langweiligste Gefühl unter allen Emotionen. Sie verweisen darauf, dass fast jede Sprache bedeutend weniger Ausdrücke zur Verfügung stelle, um Freude und ihre möglichen Spielarten zum Ausdruck zu bringen, als es Worte für Ärger, Ekel und Traurigkeit gebe. Tolstoi beobachtete denn auch: „Alle glücklichen Familien sind einander mehr oder weniger ähnlich. Jede unglückliche Familie ist auf ihre eigene Weise unglücklich." Wer allerdings wie Tolstoi mit dem Unglück vertrauter als mit dem Glück ist, redet von Glück, wenn es ihm geschieht, „wie einer, dem Zunge und Gaumen verbrannt sind, von Wein redet: Nämlich vom Löschen des Brands, von einer himmlischen Befriedigung."[2]

Freude steht gemeinhin für Glück und Zufriedenheit. Allerdings gibt es Unterschiede. Freude ist meist von kurzer Dauer, während Glück und Zufriedenheit auf einen längeren Zeitraum bezogen sind, in dem auch Kummer und Angst auftreten können.

Verena Kast hat Menschen gefragt, wie es für sie ist, wenn sie Freude verspüren. Sie bekam Antworten wie: „Ich laufe dann einfach schneller", oder: „Ich nehme die Treppenstufen, drei oder vier, auf einmal", oder: „Ich singe laut und falsch", oder: „Ich pfeife, weil Singen zu sehr auffällt."

Freude verändert die Menschen. „Man kann mit dem Finger hinweisen auf dieses Glück. Es ist nicht nur zu fühlen, es ist auch zu sehen und zu hören. Es erscheint in den Augen eines Menschen, in seiner Stimme, an der Nasenspitze, um den Mund herum, in der Haltung. So haben es die Künstler aller Zeiten beschrieben, abgebildet, in Musik gesetzt."[3]

Freude offenbart sich im Lachen oder Lächeln. Es genügt aber nicht, die Zähne zu zeigen und breit zu grinsen, um echt fröhlich zu wirken oder gar freudig zu sein. Das hat schon Darwin gewusst. Er bezog sich in seinem Buch „Der Ausdruck der Gemütsbewegung bei Menschen und Tieren" auf Beobachtungen von Duchenne, der nachweisen konnte, dass zu einem freudigen Lachen sowohl die Fältchenbildung um die Augen (durch Kontraktion des Augenringmuskels) wie auch das leichte Zurückziehen der Oberlippen, das den Mund zu einer Mondsichel macht (durch Kontraktion des großen Jochbeinmuskels), gehört. Aber nur der Augenringmuskel lässt sich nicht willkürlich bewegen. Deshalb kann nur die Fältchenbildung um die Augen nicht durch willkürliches Verziehen einer Muskelgruppe vorgetäuscht werden.

Ein breites Grinsen muss also keine echte Freude widerspiegeln. Nur die unwillkürliche Aktivierung des Augenringmuskels spiegelt wahre Freude „als süße Gemütsbewegung der Seele" wider[4].

Deshalb versuchen gute Schauspieler ein freudiges Lachen nicht zu simulieren, indem sie breit grinsen, sondern sie suchen, in sich selbst das Gefühl der Freude hervorzurufen. Nur so kann es ihnen gelingen, ihre Augen zum Glänzen zu bringen.

Physiologisch führt Freude zur muskulären Entspannung und zu einer Senkung der Pulsrate. Psychologisch macht Freude selbstsicherer und schenkt Vertrauen in andere. Freude beschleunigt das Zeiterleben, während Traurigkeit es verlangsamt. Kummer zieht eine Stunde in die Länge, während Freude sie auf wenige Augenblicke verkürzt.

In zwischenmenschlicher Hinsicht verringert Freude den sozialen Abstand. Sie erleichtert Bindungen. Die Freude im Gesicht des anderen verstärkt die eigene Freude. Wenn Augen in Freude erstrahlen, so empfindet das Gegenüber Wärme und Zuneigung. Freude wirkt ansteckend wohltuend.

Freude ist somit ein zentrales Element der positiven Gefühlsbindung. Schon der Psychoanalytiker und Verhaltensforscher John Bowlby hat darauf aufmerksam gemacht, dass die Freude der Eltern an den Kindern dazu beiträgt, die Eltern an die Kinder zu binden. Umgekehrt werden aber auch die Kinder durch die Freude der Eltern an sie gebunden. Die Entwicklung eines Kindes wird durch Freude, die Eltern oder andere Beziehungspersonen dem Kind gegenüber zeigen, gefördert. Freude gibt das Gefühl von Nähe und Vertrautheit. Freude schafft Sicherheit und Geborgenheit.

Die Sehnsucht des Menschen nach Freude hat auch mit einem tief verankerten Bedürfnis nach Bindung zu tun. Wer in der Kindheit unsichere Bindungsmuster erfahren hat – wie das z. B. bei vielen Angst- und Depressionskranken der Fall ist –, sehnt sich später nach dem Glanz in den Augen der Bezugspersonen. Er wird süchtig nach Zeichen der Freude, die er bei andern auslöst. Dieses Bedürfnis macht ihn verletzbarer. Die Freude der Mitmenschen wird zur Voraussetzung der eigenen Freude, das Fehlen „des Glanzes im Auge des anderen" wird zur eigenen Mangelempfindung.

Eitel Freude?

Ist Freude also immer wünschenswert, sind im Sinne der Wohlfühlgesellschaft alle Mittel erlaubt, um uns in einen möglichst freudigen Zustand zu versetzen? Man sollte durch den Begriff „Schadenfreude" gewarnt sein. Freude gibt ein gutes Gefühl und schafft Bindung. Aber das Auslösen von Freude ist nicht immer unproblematisch. Wer sich mit allen Mitteln freuen will, läuft das Risiko, sich nicht nur am Schaden anderer zu freuen, sondern sich schließlich gar nicht mehr echt freuen zu können. Diesem paradoxen Satz hat Paul Watzlawick ein ganzes Buch gewidmet: „Anleitung zum Unglücklichsein." Das fast zwanghafte Verlangen, andere glücklich zu sehen und deshalb fast alles zu unternehmen, um sie zufrieden zu stellen – wie dies bei Depressiven nicht selten der Fall ist –, stellt nur eine mögliche Kehrseite des ebenso erfolglosen Bemühens dar, bei sich selber negative Gefühle ganz auszuschließen. Die Glückssuche endet nicht selten im Unglück. Wer sich stetig beglücken will, läuft Gefahr, ständig frustriert zu sein, weil das Gewünschte sich nicht einstellt.

Diese Einsicht hat schon die griechisch-römischen Stoiker beschäftigt. Sie waren überzeugt, ihr eigenes Lebensglück eher durch Vermeidung abwendbaren Unglücks – durch Bescheidung – als durch ein Haschen nach Lust und Befriedigung zu finden. Der wohl bekannteste Stoiker, der römische Kaiser Marc Aurel, verachtete Prunk und Bequemlichkeit so sehr, dass er sein Leben, in einen einfachen Soldatenmantel gehüllt, in fast uneingeschränkter Pflichterfüllung verbrachte. Sein Glücksrezept lautete: „Ereignisse berühren die Seele nicht; denn sie sind nur äußerlich."[5]

Auch andere Philosophen und Religionsstifter haben sich mit dem Leiden beschäftigt, das durch eine forcierte Glückssuche entsteht. Am prägnantesten hat der Buddhismus das Begehren – oder neudeutsch das Craving nach Befriedigung – als Ursache des Leidens herausgearbeitet. So wird Buddha u. a. der Glückliche genannt, weil er die Seligkeit der Erlösung vom Leiden genoss. Seine Lehre von der Negativität des irdischen Glücks machte ihn „zum glücklichen Schöpfer des Unglücks". Wenn aber selbst Lehren, die das Leben mit Leiden gleichsetzen, vom Glück nicht lassen können, so wird deutlich, wie zentral das Erleben von Freude für die Menschen ist. Es kann also nicht darum gehen, Freude im Leben zu vermeiden, sondern nur darum, möglichst zu vermeiden, Freude herbeizwingen zu wollen und dadurch unglücklich zu werden.

Die Frage nach dem Glück stellt besonders der Unglückliche. Weil das Unglücklichsein nicht immer vermieden werden kann, bleibt oft nur der Weg, dem Unglück standzuhalten und das Beste daraus zu machen. Lehren, die Unglück nur pathologisieren und abwerten, sind nicht in der Lage, „die Unglücklichen und Verdammten dieser Erde" zu entlasten. Eine Lehre, welche die Leidenden in ihrem Leiden annimmt, ist für die Unglücklichen oft „glücksbringender" als eine Ideologie, die nur Befriedigung, Erfolg oder Gesundheit als Richtschnur kennt. Wer nur das positive Glück verheißt, geht am negativen Glück vorbei, das für viele Menschen das einzige ist, das erreichbar ist.

Der Weg der Positivierung des Unglücks ist allerdings sehr schmal. Auf der einen Seite droht der Abgrund des zynischen Missbrauchs von Unglücklichen, auf der anderen Seite der resignative Verzicht auf mögliche Hilfestellungen, die positives Glück ermöglichen. Trotzdem ist „der Weg zum Glück über das Unglück" gerade in unserer Zeit freizuhalten. Zu gerne wird heute alles Dunkel durch einen materialistischen Positivismus überdeckt, der die Düsternisse nicht beseitigt, aber in der schattenlosen Überhelle unkenntlich macht. Dann entzieht man den Leidenden durch Missachtung des Unglücklichseins auch die Möglichkeit, ihre Leidenserfahrung zu artikulieren und sich damit auseinander zu setzen.

Problematische Bewertungen der Freude und ihre Folgen

In meiner psychotherapeutischen Praxis habe ich die Beobachtung gemacht, dass nicht nur die Abwertung unangenehmer Gefühle, sondern auch die Überbewertung angenehmer und gehobener Gefühle zu problematischen Entwicklungen und Störungen Anlass geben kann. Die problematische Bewertung von Freude und Lust spielt m.E. eine bedeutsame Rolle in der Entwicklung sexueller Deviationen, bei Suchtkranken, bei manischen Störungen sowie bei Persönlichkeitsproblemen vom narzisstischen Typus.

Bei *sexuellen Deviationen* wird lustvolles Erleben instrumentalisiert, um eine innere Not zuzudecken. Statt Freude um ihrer selbst willen zu erfahren, wird ein intensives Lustempfinden angestrebt, um eigener Lustlosigkeit oder innerer Leere zu entfliehen. So dienen sadistische Praktiken nicht einfach dem Ziel, sich wohl zu fühlen, sondern von der eigenen Not abzulenken. Die Freude am Schmerz der Opfer ist das Surrogat für die eigene Gefühllosigkeit. Umgekehrt liegt die Macht des masochistischen Opfers darin, darum zu wissen, dass der sadistische Täter zur eigenen Befriedigung auf sein Opfer angewiesen ist. Auch der Masochist erlebt also nicht Leiden oder Unlust als letztes Ziel, sondern findet Mittel und Wege, um aus der erfahrenen Erniedrigung schmerzhafte Lust zu gewinnen. Dieser sadomasochistische Wechselbeziehung von Leid und Lust ist Wilhelm Reich schon in frühen Jahren nachgegangen[6].

Es lohnt sich auch heute, seine Analyse wieder zu lesen, schon allein deshalb, weil er nicht der Versuchung erlegen ist, eine scharfe Trennung zwischen Lust und Freude zu machen, um die Lust zu verteufeln und die Freude zu idealisieren. Denn Lust geht nun einmal mit Freude einher, während Unlust auch Freudlosigkeit bedeutet. Dennoch sei nicht bestritten, dass Lust und Freude sprachlich sublime Unterschiede unseres Gefühlserlebens wiedergeben.

Ein weiteres problematisches Mittel, um sich Freude zu verschaffen, ist der Konsum von Alkohol, Medikamenten und Drogen. Dem modernen Menschen steht eine immer umfangreichere Apotheke von Mitteln zur Verfügung, die einen euphorisierenden oder mindestens schmerz- oder angstlösenden Effekt haben. Die Techniken, das Wohlbefinden kurzfristig chemisch zu beeinflussen, werden immer raffinierter. Der Lebensstil ist heute weniger eine Sache der Moral als eine Frage der persönlichen Wahl. Gleichzeitig drängen Lifestyle-Drogen auf den Markt, die es dem Menschen erlauben, in sich bestimmte Gefühle hervorzurufen oder andere zu hemmen. So ist das Antidepressivum Prozac als Glückspille vermarktet worden. Auch wenn dieses Medikament nicht einhalten kann, was eine geschickte Public Relation-Maschinerie versprochen hat, so zeigt sich im Erfolg dieses Designerproduktes doch der verbreitete Wunsch, mit chemischen Mitteln Unglück in Glück zu verwandeln. Dieser Wunsch ist nicht neu. Er hat aber heute eine viel größere Dimension bekommen und trifft auf veränderte gesellschaftliche Bedingungen.

Im Rahmen von *Suchtentwicklungen* ist zu beobachten, dass drogenkonsumierende Menschen immer weniger in der Lage sind, ihre Befriedigungen hinauszuschieben. Sie tendieren dazu, Lust und Euphorie sofort zu erleben oder zumindest umgehend von negativ gewerteten Gefühlen befreit zu werden. Diese Subito-Haltung macht vielen Begleitern zu schaffen. Sie sehen darin eine persönliche Eigenschaft der Substanzabhängigen, Frustrationen schlecht zu ertragen und Schwierigkeiten und Herausforderungen des Lebens aus dem Weg zu gehen. Tatsächlich führt aber die Abhängigkeit von stärkeren Drogen wie Opiaten und Kokain, Alkohol und Amphetaminen zu Entzugssymptomen, die so unangenehm sein können, dass das erneute Verlangen (Craving) nach der Droge eine Folge der stoffwechselbedingten Veränderung des Mittelkonsums ist. Darüber hinaus lernen Drogenabhängige auch Umweltreize mit dem Rauschzustand oder mit

Entzugserfahrungen in Verbindung zu bringen, so dass selbst das Aufsuchen einer bestimmten Umgebung in nüchternem Zustand eine rausch- oder entzugsähnliche Wirkung haben kann. Die Frustrationstoleranz hat mit den Auswirkungen des Drogenkonsums auf die betreffenden Menschen zu tun. Sucht bekommt etwas Zwanghaftes. Wer gewohnheitsmäßig Mittel konsumiert, die vorübergehend angenehme Gefühle stimulieren, gerät in einen Teufelskreis, der zuerst Freude verschaffen mag, schließlich aber zu einem verminderten Widerstand gegenüber psychischen und sozialen Belastungen führt.

Doch auch in diesem Fall ist nicht das Erleben von Freude schlecht zu machen. Vielmehr verweist die Suchtentwicklung auf die Gefahr, dass das extreme Vermeiden von Unlust zu einer Einschränkung der Erlebnisfähigkeit führt. Freude, die an eine Droge gebunden ist, ist künstlich erzeugte Freude. Sie schafft – wenn überhaupt – ein künstliches Paradies, das nicht ohne Schmerz verlassen werden kann. Der Süchtige mag zudem von seinem Ersatzglück nicht lassen, weil die Wirklichkeit für ihn unerträglich ist. Die Ausschließlichkeit des Weges zum Glücklichsein wird zur Ausgeschlossenheit von Glück.

Neben der Instrumentalisierung von Freude (Sexualdeviationen) und dem ausschließlichen Verlangen nach Freude (Suchtentwicklungen) kann auch eine besondere Bewertung der Freude tief gehende Probleme verursachen. Bei *manisch-depressiven Menschen*, also bei Personen, die auch an manischen Episoden erkranken, findet sich besonders häufig eine Haltung, die negative Gefühle durch gespielte Heiterkeit und Freude zu überdecken sucht. Das geschieht aber weniger aus bewusster Überlegung als aus einem verinnerlichten Anpassungsdruck heraus. Nicht jeder Mensch ist in der Lage, dem Erwartungsdruck einer Wohlfühlgesellschaft ein Vertrauen ins eigene Fühlen entgegen zu setzen. Hat er die äußeren Erwartungen in seinem Leben früh verinnerlicht, muss er Wege finden, Freude und Erfolg zu demonstrieren, auch wenn ihm ums Weinen zumute ist.

Die Anpassung an äußere Erwartungen führt oft dazu, dass es einem Menschen besonders wichtig ist, anerkannt zu sein. Manisch-depressive Menschen identifizieren sich besonders stark mit den Rollen und Positionen, die sie einnehmen. Sie sind bitter enttäuscht, wenn sie zu wenig Anerkennung finden oder keine anerkannte Position einnehmen können. So laufen manische Personen Gefahr, den äußeren Erfolg wichtiger als die zwischenmenschlichen Beziehungen zu nehmen. Statt auf ihr eigenes Gefühl zu achten, richten sie sich nach äußeren Wertungen.

Einen Erfolg zu erringen oder ein Ziel erreicht zu haben, kann einem manisch kranken Menschen so wichtig sein, dass er sich diesen Erfolg auch gegen alle äußeren Anzeichen selber einredet. Weil der manische Mensch ein ausgeprägtes Anerkennungsstreben hat, sucht er vor allem über gesellschaftliche Anerkennung Freude zu gewinnen. Das macht ihn verletzlich für Misserfolg. So ist auch verständlich, warum Menschen mit manischen Zuständen häufiger Depressionen erleiden. Die ausschließliche Ausrichtung auf Erfolgskriterien – zusammen mit einem hohen Anpassungsdruck, der eine gefühlsmäßige Identitätsentwicklung erschwert – macht unvermeidlich auftretende Enttäuschungen zu besonders verletzlichen Erfahrungen. Oft gehen manische Zustände in Depressionen über, wenn das Ausmaß der manischen Selbsttäuschung erkannt wird.

In psychoanalytischer Sicht wurde Manie auch als Abwehr von depressiven Affekten gedeutet. Der manisch Kranke suche durch die Verleugnung der Realität (von Kränkungen, Scham und Schuldgefühlen) sein Selbstwertgefühl aufrechtzuerhalten. Dazu ist nach Sigmund Freud eine Aufblähung des Ichs nötig. „Die manische Heiterkeit, die Unbekümmertheit, die Vernachlässigungen sozialer Normen, überhaupt das Überbordwerfen des Über-Ich gehören zu dieser antidepressiven Strategie"[7], schreibt Stavros Mentzos.

Ein extremer Anpassungs- und Leistungsdruck kann die Überbewertung der „Freude am Erfolg" noch in eine andere als die manische

Richtung lenken. So dürften *Persönlichkeitsprobleme vom narzisstischen Typus* ebenfalls unter den Aspekt einer konfliktträchtig gewerteten „Freude am Erfolg" fallen. Narzisstische Persönlichkeitsprobleme sind charakterisiert durch arrogant wirkendes Auftreten und durch eine mangelnde Fähigkeit, die Bedürfnisse anderer Menschen zu erkennen und anzuerkennen.

Diese Menschen lassen eine Bereitschaft vermissen, sich emotional auf andere einzulassen, selbst wenn sie im ersten Kontakt gewinnend und sympathisch wirken. Sie entziehen sich tieferen Bindungen und sind nur dem narzisstischen Erfolg verpflichtet. Narzissmus könnte in diesem Zusammenhang mit „Freude an sich selber" übersetzt werden, eine Freude, die den anderen nur insofern einschließt, als er Claqueur ihres Erfolges ist.

Störungen aus dem Formenkreis des Narzissmus und der leichten Manien scheinen in der Moderne an Häufigkeit zuzunehmen. Dieser statistische Trend lässt an einen Zusammenhang zwischen kulturellen Bewertungen von Gefühlen einerseits und dem Auftreten bestimmter Krankheitsformen andererseits denken.

Die kulturell unterschiedliche Bewertung von Freude

Die fast ausschließliche Hochwertung von Freude ist eine relativ neue Erscheinung. Wie bereits erwähnt, sucht die buddhistische Lehre das Begehren von irdischen Freuden zu überwinden, indem sie auf das Leid im alltäglichen Leben verweist und in der konsequenten Selbstbestimmung einen Weg sieht, sich vom Begehren nach irdischem Glück loszulösen. Freude ist nach diesem Verständnis nichts, was angefordert oder eingehandelt werden könnte, sondern ein Geschenk der gelösten Aufmerksamkeit und der Befreiung von der Alltagsverhaftung. Auch manche Texte im Neuen Testament lassen an eine Infragestellung der „Freude am Erfolg" denken. Es sei stellvertretend nur an den berühmten Satz Christi erinnert, „es kommt eher ein Kamel durch ein Nadelöhr, als ein reicher Mann in den Himmel", der den Wert des finanziellen Erfolges relativiert. Christliche Mystiker haben mitunter den schmerzhaften Gefühlen einen Ehrenplatz eingeräumt und der Freude einen unteren Platz zugewiesen. Das geschah nicht um des Leidens willen, sondern aus der Überzeugung heraus, dass schmerzhaftes Erleben besser in der Lage ist, einen Menschen vom Begehren loszulösen als Freude. So schreibt Simone Weil: „Jeder Schmerz, der uns nicht ablöst, ist ein verlorener Schmerz."[8]

Solche Aussagen verweisen darauf, dass die Wertung unserer Gefühle auch vom religiösen Vorstellungshorizont abhängt. So kennen bestimmte Naturvölker eine völlig andere Bewertung der Gefühle, als wir es heute gewohnt sind. Die Ifaluks z.B. zählen Traurigkeit zu den positiven und Freude zu den negativen Gefühlen. Sie werten Freudegefühle ab, weil sie das einzelne Individuum eher aus der Gemeinschaft lösen und ich-bezogener machen. Demgegenüber wird Traurigkeit bei den Ifaluks als bindendes Gefühl, das die Sozialbeziehungen stärkt, gefördert.

Gemäß ethnologischen Beobachtungen werten individualisierende und sozialisierende Kulturen die Gefühle ganz unterschiedlich. Im Abendland hat die Individualisierung in den letzten Jahrzehnten dazu beigetragen, dass Freude und Traurigkeit neu bewertet wurden. Je mehr sich die Individualisierung durchsetzte, umso höher wurde auch die Freude eingeschätzt. In einer evolutionären Sichtweise hat überschäumende Freude, die sich z.B. in Verliebtheit zeigt, die Kraft, alte Bindungen zu zerreißen und neue Bindungen zu schaffen. Wenn es eine Funktion des Verliebtseins (als eine Form des Überglücklichseins) gibt, so dürfte dieser Zweck in der Loslösung vom Elternhaus und in der Entschiedenheit sein, eine neue ungewisse Zukunft außerhalb der alten, sicheren Bande aufzubauen.

Dieser Sprengkraft übergroßer Freude begegnet man auch in ekstatischen Erfahrungen, die alte Glaubens- und Denkformen überwinden lassen. Nietzsche hat eine solche Erfahrung während seines Engadiner Aufenthaltes beschrieben, als ihm in der Gegend von Surlej „der Gedanken der ewigen Wiederkehr"[9] aufleuchtete.

Die verändernde Kraft der Freude lässt sich auch in experimentellen Untersuchungen zeigen. Freude führt dazu, dass Untersuchungspersonen gegenüber Neuem offener sind und die gestellten Aufgaben schneller angehen. So erwies sich in einer Untersuchung an Medizinstudenten, dass Studierende in freudiger Verfassung mit dem vorgelegten Untersuchungsmaterial viel mehr anzufangen wussten als Studierende in neutraler Stimmung. Freudige Studierende machten zudem Anregungen, zu denen sie gar nicht aufgefordert waren, während anders gestimmte Studierende sich eher zurückhielten. Kein Unterschied zwischen Studierenden in freudiger und neutraler Verfassung fand sich bezüglich der Korrektheit der Antworten. Die freudigen Studierenden lösten die Aufgaben nur schneller, aber nicht besser als ihre Kollegen.

Aus vielen weiteren experimentellen Studien kann geschlossen werden, dass freudige Stimmungslage eher positive Erinnerungen aktiviert und dazu beiträgt, eigene Interessen zu verfolgen. Demgegenüber fördert eine traurige Stimmungslage gerade umgekehrt eher entmutigende Erinnerungen und trägt dazu bei, dass auch beschwerliche Pflichten übernommen werden. Salopp formuliert ist Freude ein selbstbestärkendes Gefühl, das einen Menschen seine Möglichkeiten eher überschätzen lässt.

Verena Kast schreibt: „Man fühlt sich in der Freude dem Leben gewachsen, kompetent auch im Umgang mit den Schwierigkeiten. Das Erleben von Freude kann uns ein ausgesprochen ausgeglichenes Selbstgefühl geben, das wir sonst oft nur mit sehr viel Kompensation oder mit Größenideen erreichen ... Alle Bewegungen, die mit der Freude verbunden sind, sogar mit einer stillen Freude, sind Bewegungen in die Höhe, Bewegungen der Leichtigkeit ... Wir fühlen uns leichter, als wir normalerweise sind, und können mit etwas leichterer

Hand auch an die Dinge herangehen."[10] Sie warnt aber auch: „Diese Freude kann nicht aufbewahrt, nicht aufgespart werden. Man kann nicht sagen, ich freue mich jetzt, das behalte ich ein paar Tage. Wenn wir so denken, dann ist die Freude uns bereits entglitten."[11]

Freude ist des Menschen Glück. Man kann sie nicht genügend rühmen. Aber wo wir die Freude zu greifen suchen, entgleitet sie unseren Händen und lässt uns unglücklich zurück.

ANSELM GRÜN

Langeweile und Überdruss – Das Wirken der Akedia

Für die frühen Mönche war der Umgang mit den Emotionen und Leidenschaften ein zentrales Thema ihres spirituellen Lebens. Wenn sich jemand auf den Weg zu Gott macht, dann begegnet er zuerst einmal sich selbst. Da tauchen in ihm seine Bedürfnisse und Triebe auf, seine Emotionen und seine Gedanken, die ihn nicht in Ruhe lassen. Den Umgang mit den so genannten neun logismoi (Überlegungen, Gedankengebäude, gefühlsbetonte Gedanken) hat der griechische Mönch Evagrius Ponticus (345–399) systematisch dargelegt. Er gilt als der Psychologe unter den frühen Mönchen. Er war ein gebildeter Grieche, der in einer Beziehungskrise vor seinen Problemen davonlief, um in der Wüste Mönch zu werden. In der Wüste hat ihn seine eigene Wirklichkeit eingeholt. Er hat sich seinen Leidenschaften gestellt und sie sehr feinfühlig beschrieben.

Evagrius teilt den Menschen – gemäß der griechischen Philosophie – in drei Bereiche ein: in den begehrlichen (epithymia), den emotionalen (thymos) und den rationalen Bereich (nous). Jedem dieser Bereiche ordnet er drei Leidenschaften zu. Zum begehrlichen Bereich gehören Essen, Sexualität und das Besitzstreben, zum emotionalen Bereich Traurigkeit, Zorn und Akedia und zum geistigen Bereich Ruhmsucht, Neid und Hybris (Überheblichkeit, Stolz). Geistliches Leben heißt für die frühen Mönche, sich diesen neun Leidenschaften zu stellen und mit ihnen zu ringen. Es geht dabei nicht darum, sie abzuschneiden, sondern sie sich bewusst zu machen und die Kraft, die in ihnen steckt, nutzbar zu machen. Die Mönche sprechen auch von den Dämonen, die hinter diesen Gedanken stecken. Das ist ein Bild dafür, dass die Leidenschaften dem Menschen auch gefährlich werden können, dass sie ihn abhalten, er selbst zu werden.

Hier geht es um die Akedia, die in etwa unserer Langeweile entspricht. Aber damit ist noch nicht alles ausgedrückt. Es ist auch die Lustlosigkeit, die Trägheit, die Unzufriedenheit, der Überdruss, die Unfähigkeit, im Augenblick zu leben. Im System des Evagrius steht sie am Ende des emotionalen Bereiches. Sie ist die Folge frustrierter Begehrlichkeit und eine Mischung aus Traurigkeit und Groll. Für Evagrius ist sie der gefährlichste Dämon, der nicht nur einzelne Seelenteile bekämpft, sondern die ganze Seele lahm legen kann.

Die Beschreibung der Akedia

Evagrius kennt dies offensichtlich aus eigener Erfahrung. Und seine Erfahrung ist offen für unsere heutigen Erfahrungen. Solches Verhalten kommt vielen bekannt vor. In seinem Buch „Praktikos", in dem er den Umgang mit den Leidenschaften analysiert, schildert Evagrius die Akedia so:

„Der Dämon der Akedia, den man auch den Mittagsdämon nennt, macht wohl die größten Schwierigkeiten. Mit seiner Attacke auf den Mönch beginnt er so um die vierte Stunde (10 Uhr) und lässt bis etwa um die achte Stunde (14 Uhr) nicht nach damit. Zuerst scheint es dem Mönch, dass sich die Sonne, wenn überhaupt, nur ganz langsam weiterbewege, und dass die Länge des Tages mindestens fünfzig Stunden betrage. Er fühlt sich genötigt, dauernd aus dem Fenster zu schauen, die Zelle zu verlassen, sorgfältig nach der Sonne zu sehen, um festzustellen, wie weit sie noch von der neunten Stunde (15 Uhr) entfernt ist, erst in diese, dann in jene Richtung zu blicken, um vielleicht den einen oder anderen seiner Mitbrüder die Zelle verlassen zu sehen. Langsam lässt er im Herzen des Mönches einen Hass auf den Ort aufsteigen, an dem er sich befindet, auf sein gegenwärtiges Leben und auch auf die Arbeit, die er verrichtet. Er macht ihn glauben, dass die Liebe unter den Brüdern erstorben sei und dass es niemanden gibt, der einem Mut zuspricht. Sollte ihm während dieser Zeit zufällig jemand zu nahe treten, dann benutzt das dieser Dämon, seinen Hass noch zu vertiefen. Er bringt ihn nun dazu, sich nach anderen Orten zu sehnen, wo er sich das zum Leben Notwendige leichter besorgen kann, wo es einfacher ist, Arbeit zu finden und wo er mehr Erfolg für sich verspricht. Er hört nicht auf, ihm einzuflüstern, dass sein gegenwärtiger Platz nicht der einzige Ort sei, an dem er ein gottgefälliges Leben führen könne, denn Gott lasse sich ja überall verehren. Dazu lässt er ihn sich an seine Lieben zu Hause erinnern und an seinen früheren Lebenswandel. Er malt ihm ein langes Leben aus, das noch vor ihm liegt, und führt ihm gleichzeitig die ganze Mühe asketischen Ringens vor Augen. Mit anderen Worten, er lässt nichts unversucht, den Mönch dahin zu bringen, seiner Zelle den Rücken zu kehren und den Kampf aufzugeben. Wird dieser Dämon aber besiegt, dann folgt so schnell kein anderer Dämon; ein Zustand tiefen Friedens und unaussprechbarer Freude ist die Frucht eines siegreichen Ringens mit ihm" (Praktikos 12).

Evagrius nennt den Dämon der Akedia den Mittagsdämon, weil er um die Mittagszeit kommt. Um 15.00 Uhr gab es Essen. In der Zeit der größten Hitze und vor dem Essen ist das Leben offensichtlich besonders beschwerlich. Der Mönch spürt seinen Hunger und kann ihn nicht mehr aushalten. Deshalb muss er ständig Ausschau halten nach der Sonne, ob es nicht bald Zeit zum Essen ist. Der Mittagsdämon ist aber auch ein Bild für die Krise der Lebensmitte. In der Lebensmitte erleben viele Menschen, dass sie sich selbst nicht mehr aushalten können. Sie fühlen sich in sich selbst zerrissen und ruhelos. In dieser Zerrissenheit können sie weder sich selbst aushalten noch die andern. Auf der einen Seite sehnen sie sich nach einem Menschen, damit sie nicht allein sind. Doch wenn dann einer kommt, geht er ihnen auf die Nerven. Und so steigern sie sich in das Urteil hinein, dass die Liebe zwischen den Menschen erstorben sei, dass es keinen mehr gäbe, der Zeit für sie hätte.

Die Akedia ist die Unfähigkeit, im Augenblick zu sein. Der Mönch, der von der Langeweile bestimmt wird, hat weder Lust zum Arbeiten noch zum Beten. Ja er kann nicht einmal das Nichtstun genießen. Er ist zutiefst unzufrieden. Und immer sind die anderen schuld. Die hartherzigen Mitbrüder sind schuld, dass er sich so einsam fühlt. Der feuchte Ort verhindert, dass er sich in seiner Zelle wohlfühlen kann. Evagrius nennt den Dämon der Akedia den gefährlichsten. Denn er zerreißt die menschliche Seele. Der Mensch bedauert sich selbst, dass er nicht mehr in der heilen Welt der Vergangenheit lebt. Die Zukunft macht ihm Angst. Und die Gegenwart kann er nicht aushalten. Ich kenne Menschen, die von diesem Dämon der Akedia geplagt werden. Sie können sich selbst nicht aushalten. Selbst wenn sie nichts tun, wenn sie keine Anforderungen von außen erfüllen müssen, sind sie so mit sich beschäftigt, dass schon das Dasein für sie zu anstrengend ist. Da klagen sie darüber, dass ihre Brille sie drückt, weil sie zu schwer ist, dass der Strumpf kratzt, der Schuh zu eng ist. Es sind Menschen, denen nichts passt. Sie können auch nichts kaufen, womit sie zufrieden sind. Man kann solche Menschen nicht zufrieden stellen. Denn immer ist das Leben so, wie es ist, für sie nicht gut. Sie sehnen sich immer nach etwas anderem. Doch sobald sie dieses Andere bekommen, ist es auch nicht gut. Letztlich ist die Akedia die Unfähigkeit, überhaupt zu leben. Es ist eine innere Zerrissenheit, die Unfähigkeit, sich selbst und das Leben anzunehmen, wie es ist.

Evagrius kann diese Haltung noch drastischer beschreiben:

„Das Auge des Überdrüssigen starrt oft die Fenster an, und sein Geist stellt sich Besucher vor. Die Tür hat geknarrt, und schon ist er aufgesprungen. Eine Stimme hat er gehört – und gleich aus dem Fenster gespäht, und er geht von dort nicht weg, bis er, lahm geworden, sich setzt. Beim Lesen gähnt der Überdrüssige viel, und leicht versinkt er in Schlaf. Er reibt sich die Augen, reckt die Hände, und indem er die Augen vom Buch abwendet, starrt er die Wand an. Dann wendet er sie wieder ab und liest ein wenig, und indem er (das Buch) durchblättert, forscht er nach den Ergebnissen der Ausführungen. Er zählt die Blätter, bestimmt die (Zahl der) Hefte, bemäkelt die Schrift und die Ausstattung ... Schließlich klappt er das Buch zu, legt den Kopf darauf und verfällt in einen nicht allzu tiefen Schlaf, denn der Hunger weckt schließlich seine Seele wieder auf, und sie geht (erneut) ihren eigenen Sorgen nach" (O.sp. 14, Bunge 94).

Hier wird wieder deutlich, dass der Mönch, der von der Langeweile bestimmt wird, nie zur Ruhe kommt. Es ist paradox: Auf der einen Seite ist der Mönch unfähig, etwas Sinnvolles zu tun. Er möchte am liebsten nichts tun. Auf der anderen Seite tut er ständig etwas. Tucholsky nennt so einen Menschen einen „zappelnden Nichtstuer". Er ist ständig in Hektik, aber es kommt nichts dabei heraus. Es ist leeres Stroh, das er drischt. Er bleibt nie bei dem, was er tut. Von jeder kleinen Störung lässt er sich gefangen nehmen. Wenn er in einem Buch liest, kann er sich nicht auf die Gedanken einlassen, sondern beurteilt die Schrift und die Aufmachung des Buches. Er gähnt und ist schläfrig. Doch sobald er schläft, wacht er wieder auf. Evagrius gibt hier die tiefste Ursache dieser Haltung an: der Hunger der Seele. Der Mönch kann seine eigene Bedürftigkeit nicht annehmen. Er ist unersättlich. Sein Hunger kann durch nichts gestillt werden, weder durch Essen noch durch Lesen noch durch Beten. Auf dem Grund der Akedia sind unerfüllte Bedürfnisse. Aber sie sind so riesengroß, dass sie das ganze Leben lang nie gestillt werden können. Der Überdrüssige wird weinerlich – so meint Evagrius – wie ein kleines Kind, das nicht bekommt, was es haben will. Doch es weiß gar nicht genau, was es überhaupt haben möchte. Das Einzige, was das Kind weiß, ist, dass es so, wie es ist, nicht gut ist.

Als ich in einem Vortrag die Beschreibung der Akedia durch Evagrius vortrug, meinte eine Frau, das passe genau auf ihren Mann, wenn es neblig ist: Da ist er unausstehlich. Er wandert von einem Raum in den andern. Während sie in der Küche arbeitet, liest er Zeitung. Doch auch dabei kann er es nicht aushalten. Er steht auf, setzt sich wieder hin, ist von einer ständigen Unruhe getrieben. Doch er tut letztlich nichts. Wenn sie ihn bittet, einen Handgriff im Haushalt zu machen, ist es ihm zu viel. Er hat ständig Wünsche an sie und hält sie von der Arbeit ab. Er schimpft auf das Wetter, auf die Kirche, auf die Politik, auf den Gemeinderat, auf den Nachbarn. Alles ist gegen ihn. Er hat Widerwillen gegen alles. Aber er weiß nicht, was er will. Er ist überdrüssig, verdrossen. Das deutsche Wort „verdrießen" heißt im Mittelhochdeutschen: „Langeweile erregen". Es kommt von einer älteren Wurzel, die „ermüden, beschwerlich fallen" bedeutet. Wer Langeweile hat, ist ständig müde. Alles fällt ihm schwer.

Evagrius nennt die Akedia auch Atonia der Seele. Sie ist Spannungslosigkeit und Erschlaffung. Wer in sich keine gesunde Spannung (Eutonia) hat, der ist formlos. Er fällt innerlich wie äußerlich auseinander. Seine Bewegungen sind fahrig. Er hat keine Mitte. Wenn man so einem Menschen die Hand gibt, spürt man ihn gar nicht. Man kommt nicht in Berührung mit so einem Menschen. Von der Wortbedeutung her heißt A-kedia eigentlich: „Mangel an Sorgetragen". Kedos heißt Sorge, Trauer, Leid um etwas Verlorenes. Wer von der Akedia bestimmt ist, der kreist zwar ständig um sich, aber er sorgt nicht wirklich für sich. Er ist seiner selbst überdrüssig, aber er trauert nicht um das, was er verloren hat, um seine Mitte, um seinen Frieden. Er stellt sich nicht seinen Bedürfnissen, seinen Wünschen, seinen Verletzungen. Er ist nicht in Berührung mit seiner Seele. Dass wir manchmal mit uns unzufrieden sind, ist normal. Doch wenn ich mich weigere, diese Unzufriedenheit anzuschauen und ihr auf den Grund zu gehen, dann mache ich die anderen und die Situation meines Lebens dafür verantwortlich. Ich komme nicht weiter. Ich verweigere das, was das Leben von mir fordert: mich meiner Wahrheit zu stellen.

Cassian, ein Mönch aus Südfrankreich, ist bei Evagrius in die Schule gegangen und hat seine Lehre in den Westen gebracht und zugleich weitergeführt. Er nennt die Akedia Überdruss (taedium). Die Haltung der Akedia bringt verschiedene andere Haltung mit sich. Sie erzeugt den „horror loci", den Widerwillen gegen den Ort, an dem man gerade ist. Wenn man zu Hause ist, ist man unzufrieden. Man träumt von fernen Gegenden. Wenn man im Urlaub in das ersehnte Land fährt, dann stimmt das Bett nicht. Die Küche ist nicht gut. Man möchte am liebsten wieder heimfahren. Aber auch im eigenen Haus fühlt man sich nicht wohl. Man schimpft gegen den Vermieter, oder wenn man selber das Haus besitzt, gegen die Nachbarn, das Stadtviertel, den Lärm, den Geruch, die Feuchtigkeit. Es gibt keinen Ort, an dem man wirklich zur Ruhe kommt. Obwohl man nicht viel tut, fühlt man sich ständig getrieben. Denn man ist unfähig, in sich selbst die Ruhe zu finden, die man braucht, um effektiv arbeiten zu können.

Cassian stellt einen Katalog von Haltungen auf, die aus der Akedia folgen: „Müßiggang (otiositas), Schläfrigkeit (somnolentia), schlechte Laune (importunitas), Unruhe (inquietudo), Herumvagabundieren (pervagatio), Wankelmütigkeit (instabilitas mentis et corporis), Gerede (verbositas), Neugier (curiositas). Man staunt über die genaue Beschreibung der Akedia. Darin mögen sich auch heute viele Menschen wieder erkennen. Müßiggang ist nicht Muße (otium). Für die Römer war „otium" etwas sehr Erstrebenswertes. Es war das Anrecht des freien Bürgers, das Leben zu genießen. Arbeit ist das Gegenteil: „negotium". Der Müßiggänger ist unfähig zur Muße, weil er – wie das Wort schon sagt – auch in der Muße ständig herumgehen muss und nicht zur Stille kommt. Stille kommt von stehen. Der Müßiggänger bleibt nicht stehen. Daher wird er nie die Stille als Raum der Ruhe und Muße erfahren.

Schläfrigkeit ist die Weigerung, mich von etwas Neuem treffen und berühren zu lassen. Und zugleich ist es die Unfähigkeit, gut schlafen zu können. Der Schläfrige ist ständig müde. Er ist zu müde, um zu lesen und zu arbeiten. Aber er kann sich auch nicht in den Schlaf fallen lassen, weil er immer um sich und seine unerfüllten Bedürfnisse kreist. Er hält an sich fest. Er kann sich nicht loslassen. Sobald der Schläfrige einen Vortrag hört, schläft er ein. Er lässt die Worte nicht an sich herankommen. Er setzt sich vor den Fernseher, aber er bekommt nichts mit. Es ist eine Abwehr gegen alles, was ihn in Frage stellen könnte.

Die schlechte Laune ist Ausdruck der tiefen Unzufriedenheit mit sich und seinem Leben. Sie führt dann zur ständigen Unruhe und zum Herumvagabundieren. Man wandert nicht, um unterwegs zu sein, sondern man geht ziellos herum. Man nimmt den Weg gar nicht wahr. Man läuft einfach nur vor sich selbst davon. Sowohl der Geist als auch der Leib ist instabil. Er hat keine Mitte. Er kann nicht stehen bleiben, keinen Stand finden. Es ist eine innere Haltlosigkeit. Man hat keinen Grund, in dem man ausruhen kann. Es ist eine krankhafte Unruhe. Sie ist oft Anzeichen für eine Depression.

Die Instabilität der Seele drückt sich im ständigen Gerede und in der Neugier aus. Das Gerede ist der Tod des Gespräches. In vielen Talkshows können wir das Gerede in Reinkultur erleben. Man redet viel. Aber es entwickelt sich kein Gespräch. Denn man hört nicht zu. Ständig wechselt man das Thema. Man lässt sich nicht auf den andern ein. Er wird nur dazu benutzt, damit ich das loswerde, womit ich glänzen kann. Das Gerede kreist um Belangloses. Wucherer-Huldenfeld nennt die verbositas „einen tiefgreifenden Sprachverfall". Der Mensch „erfährt sein Inneres als leer, dumpf und stumm; er hat nichts Wesentliches zu sagen und verbirgt diesen Zustand durch immer lauter werdendes Gerede. Das Gerede erweckt den Anschein, über alles Bescheid zu wissen sowie höchster Interessiertheit und ist doch bodenlos."

Die Neugier hat schon Martin Heidegger in seinem berühmten Werk „Sein und Zeit" im Jahre 1927 treffend beschrieben. Er kennzeichnet die Neugier als „ein spezifisches Unverweilen beim Nächsten", als „zerstreute Aufenthaltslosigkeit". Die Neugier sucht „das Neue nur, um von ihm erneut zu Neuem abzuspringen. Nicht um zu erfassen und um wissend in der Wahrheit zu sein, geht es", sondern darum, von einem zum andern zu hüpfen. Aber eigentlich ist alles gleichgültig. Nichts geht einen wirklich an. Das deutsche Wort spricht von einer Gier. Man ist gierig, immer etwas Neues zu erfahren, um der eigenen Wahrheit auszuweichen.

Umgang mit der Langeweile

Das wichtigste Heilmittel im Umgang mit der Langeweile ist die Geduld mit sich selbst und das Aushalten seiner selbst. Im Buch Praktikos beschreibt Evagrius die Heilmittel gegen die Akedia so:

„In der Stunde der Versuchung solltest du nicht nach mehr oder minder glaubhaften Vorwänden suchen, deine Zelle zu verlassen, sondern entschlossen dort bleiben und geduldig sein. Nimm einfach an, was die Versuchung über dich bringt. Vor allem sieh dieser Versuchung der Akedia ins Auge, denn sie ist die schlimmste von allen, sie hat aber auch die größte Reinigung der Seele zur Folge. Vor solchen Konflikten zu fliehen oder sie zu scheuen, macht den Geist ungeschickt, feige und furchtsam" (Praktikos 28).

Das erste Heilmittel ist also das Bleiben in der Zelle. Das haben die Mönchsväter immer wieder empfohlen. Eine Versuchung der Akedia ist ja, zu fliehen vor seiner eigenen Wirklichkeit. Und für diese Flucht kann man allerlei Vorwände zur Begründung herbeiziehen. Da meint man, in der Einsamkeit sei man nutzlos. Es sei doch viel besser, zu den Brüdern zu gehen, mit ihnen sich über das geistliche Leben zu unterhalten, oder aber kranken Brüdern zu helfen. Die wichtigste Askese ist jedoch, bei sich zu bleiben, standzuhalten, sich auszuhalten, sich der eigenen Wahrheit zu stellen. Evagrius gibt als Grundhaltung die Geduld an. Geduld (hypomone) meint, drunter zu bleiben, auf dem Boden zu bleiben und die Illusionen verfliegen zu lassen, an denen man sich festhält. Und Geduld verlangt, dass ich aufhöre, mich zu verurteilen und zu entwerten. Ich kann nur bei mir bleiben, wenn ich mich nicht bewerte, sondern mich einfach so nehme, wie ich bin, bei dem Wohnung nehme, der ich eben bin.

Wenn ich bei mir bleibe, kämpfe ich nicht gegen die Akedia, sondern ich schaue sie an. Ich sehe ihr auf den Grund. Sie zeigt mir, wieviel Unzufriedenheit in mir liegt, welche unstillbaren Bedürfnisse, welche Illusionen von mir und meinem Leben. Indem ich das wahrnehme, lerne ich langsam, ja zu sagen zu meiner Durchschnittlichkeit, zu meinen Schattenseiten. Ich erlebe immer wieder Menschen, die sich selbst verurteilen, wenn sie in sich dunkle Seiten entdecken. Doch diese Selbstverurteilung ist ein Weg, der eigenen Wahrheit aus dem Weg zu gehen. Sie sehen ihren Schattenseiten nicht ins Auge. Sie sehen ihrer Langeweile nicht ins Auge. Sie lassen sich entweder davon beherrschen oder aber sie wüten gegen sich selbst und werten sich ab, dass sie von der Akedia geplagt werden. Ins Auge schauen kann ich nur, wenn ich in Geduld alles zulasse, was in mir ist. Das verlangt die Erlaubnis mir selbst gegenüber: Es darf alles sein.

Evagrius nennt die Versuchung der Akedia „die schlimmste von allen, sie hat aber auch die größte Reinigung der Seele zur Folge". Cassian, der Schüler des Evagrius, wird die Reinheit des Herzens (puritas cordis) das Ziel des Dämonenkampfes nennen. Reinheit des Herzens meint ein Herz, das alles wahrnimmt, was sich in es einnistet. Aber es hängt an nichts mehr. Durch die Versuchung wird alles aus den Verstecken der Seele nach oben geschleudert. Wer diesen Schmutz wahrnimmt, der identifiziert sich nicht mehr mit ihm. Der Schmutz verunreinigt nicht mehr den Grund seiner Seele. Er ist aufgewirbelt worden und kann so auch ausgeschieden werden.

In einem anderen Text gibt Evagrius ähnliche Ratschläge für den Umgang mit der Akedia:

„Den Überdruss heilt das Aushalten und dass man alles mit großer Sorgfalt und Gottesfurcht tue. Setz dir selbst in jedem Werk ein Maß fest, und steh nicht eher davon ab, als bis du es vollendet hast. Und bete mit Verstand und Anspannung (eutonos!), und der Geist des Überdrusses wird vor dir fliehen" (Octo spir. XIV).

Ich soll also alles, was ich tue, mir Sorgfalt und Gottesfurcht tun. Sorgfalt meint, dass ich mich einlasse auf das, was ist, dass ich behutsam und achtsam mit allem umgehe. Ich bin in Berührung mit den Dingen und mit mir selbst. Und Gottesfurcht meint, dass ich mich betreffen lasse, dass ich in allem etwas von Gott spüre, über den ich nicht verfügen kann, sondern der als Schöpfer der Welt hoch über allem steht, dem Gott, der mir auch in die Knochen fahren kann. Sorgfalt und Gottesfurcht sind Bilder für die Beziehungsfähigkeit. Ich bin in Beziehung zu mir, zu den Dingen und zu Gott.

Als zweites Heilmittel gegen die Akedia wird hier die Arbeit vorgeschlagen. Aber die Arbeit braucht das richtige Maß. Zuviel Arbeit kann zum Überdruss führen und zu wenig ebenfalls. Doch wenn ich mir ein festes Maß setze, das mir entspricht, und auch vollbringe, was ich mir vorgenommen habe, dann tut das meiner Seele gut. Wer sich zuviel vornimmt und nur die Hälfte vollbringt, der wird unzufrieden und seiner selbst überdrüssig. Es braucht das rechte Maß. Dann spüre ich, dass ich mein Leben gestalten kann, dass ich das, was ich mir vorgenommen habe, auch zu Wege bringe. Ich bekomme ein Gespür für mich selbst und das, was mir gut tut.

Und Evagrius spricht von der gesunden Spannung in der menschlichen Seele, von der Wohlspannung (eutonia). Die Alten kennen das Bild des Bogens. Mit einem erschlafften Bogen kann man nicht schießen, da kann der Pfeil nicht das Ziel erreichen. Wer diese innere Spannung spürt, der wird frei vom Überdruss und von der Langeweile.

Eine gesunde Spannung entsteht im Menschen, wenn er einen guten Rhythmus von Gebet und Arbeit entwickelt. „Der Dämon des Überdrusses nämlich stürzt sich auf die Untätigkeit" (Rer. Mon. VIII). Daher ist die Handarbeit ein gutes Mittel, sich dem Dämon der Akedia zu entziehen. Die Arbeit ist ein guter Weg, sich auf den Augenblick einzulassen. Der Überdrüssige lässt sich auf nichts ein. Die Arbeit befreit ihn von seinem narzisstischen Kreisen um sich selbst. Sie bringt ihn weg von sich selbst. Und sie erzeugt eine gesunde Spannung in seiner Seele. Er bekommt Lust, etwas zu schaffen. Aber er muss in Berührung bleiben mit seiner Arbeit. Wenn er die Arbeit dazu missbraucht, sich in den Mittelpunkt zu stellen oder sich zu beweisen, dann wird sie ihn bald erschöpfen. Und dann wird er genauso missmutig wie der Arbeitsscheue. Das beste Mittel gegen die Akedia ist das richtige Maß und die klare

Ordnung. Die Akedia zerreißt die menschliche Seele. Weil sie in sich keine Struktur mehr hat, braucht sie eine äußere Struktur, damit sie innerlich Halt findet. Die maßvolle Arbeit strukturiert das Leben. Indem wir eine gute Form der Arbeit finden, kommen wir selbst in die richtige Form.

Noch einen anderen Rat gibt Evagrius:

„Wenn die Akedia uns versucht, dann ist es gut, unter Tränen unsere Seele gleichsam in zwei Teile zu teilen: in einen Teil, der Mut zuspricht, und in einen Teil, dem Mut gemacht wird. Wir säen Samen einer unerschütterlichen Hoffnung in uns, wenn wir mit König David singen: ‚Warum bist du betrübt meine Seele und bist so unruhig in mir? Harre auf Gott, denn ich werde ihm noch danken, meinem Gott und Retter, auf den ich schaue'" (Praktikos 28).

Es ist die so genannte antirrhetische Methode, die Evagrius hier empfiehlt. In die Gedanken und Gefühle des Überdrusses und der Langeweile soll ich ein Wort aus der Bibel sprechen. Mit dem Schriftwort soll ich nicht mit Gewalt den Dämon der Langeweile vertreiben. Es geht vielmehr darum, beide Pole in sich zuzulassen, den Pol des Vertrauens und der Angst, den Pol der Ruhe und der Unruhe, des Überdrusses und der Dankbarkeit. Ich soll meine Seele in zwei Teile teilen. Ich soll beide Seiten zulassen. Und dann soll ich in Berührung kommen mit dem Gegenpol. Beim Überdruss ist der Gegenpol die Dankbarkeit, die Zufriedenheit, das Ausharren bei Gott. Auf diese Weise kann der Dämon seine Macht nicht mehr in mir entfalten. Diese Methode bewahrt mich davor, fixiert zu sein auf meinen Überdruss. Wenn ich auf ihn fixiert bin, kann ich noch so viel gegen ihn kämpfen. Er wird immer wieder zurückkehren. Wenn ich ihm aber erlaube, dass er sein darf, dann verliert er die Macht.

Auch das Weinen ist ein wichtiges Heilmittel gegen den Überdruss. In den Tränen komme ich mit mir selbst in Berührung. Die Gefühle fließen wieder. In der Langeweile bin ich abgeschnitten von meinen Gefühlen. Ich bin erstarrt, ohne Leben. Die Tränen lassen das Leben wieder in mir strömen. Und sie reinigen mich von allen Illusionen, die sich in mein Selbstmitleid geschlichen haben, von allen übertriebenen Bedürfnissen, von meinem Ärger und Groll. Tränen können zu einer Quelle neuen Lebens werden.

Als letztes Heilmittel gegen die Akedia empfiehlt Evagrius den Gedanken an den Tod:

„Unser verehrter Meister der Askese sagte einmal, dass der Mönch immer so leben sollte, als würde er morgen sterben. Gleichzeitig aber sollte er seinen Leib so behandeln, als hätte er noch ein langes Leben vor sich. Denn, so sagte er, ersteres wird ihm helfen, all das abzuwehren, was mit der Akedia zu tun hat, und in seinem mönchischem Leben immer eifriger zu werden. Letzteres aber wird seinem Leib die nötige Gesundheit erhalten für ein asketisches Leben" (Praktikos 29).

Als einen Grund für die Akedia hatte Evagrius die Vorstellung angegeben, die Mühen des asketischen Lebens oder die Schmerzen einer Krankheit könnten ewig dauern. Der Gedanke an den Tod befreit mich von solchen Ängsten. Ich soll nicht vor meiner Realität fliehen, indem ich mich nach dem Tod sehne. Aber indem ich mir vor Augen halte, dass ich morgen sterben kann, relativiert sich alles, sowohl meine Bedürfnisse als auch die Ängste vor dem Schweren des Lebens. Wenn ich im Angesicht des Todes lebe, dann werde ich bewusster leben. Ich werde jeden Augenblick in seiner Fülle wahrnehmen. Der an Langeweile Leidende ist nicht in Berührung mit dem gegenwärtigen Augenblick. Für ihn ist alles langweilig und leer, ohne Bedeutung und ohne Spannung. Daher soll man auch an den Gegenpol denken: den Leib pflegen, ihn lieben, gut mit ihm umgehen. Denn dieser Leib möchte lange leben. Und die Seele möchte gerne in diesem Leib wohnen, wie Hildegard von Bingen sagt.

Akedia ist das Phänomen der Langeweile, des Überdrusses, der Unzufriedenheit und der inneren Zerrissenheit. Es ist die Unfähigkeit, ganz im Augenblick zu leben. Aber Evagrius klagt nicht an, indem er dieses Phänomen beschreibt, sondern er gibt die Erlaubnis, so zu sein und wahrzunehmen, was sich in der Seele regt.

Der Mensch ist der Akedia nicht ausgeliefert. Der Mensch kann mit den Dämonen ringen und sich von ihrer Herrschaft befreien. Der Mensch darf sich seiner Wahrheit stellen. Er braucht davor nicht zu erschrecken. Aber er ist nicht allein mit seinem Kampf, andere haben ähnliche Erfahrungen gemacht. Das Wichtigste scheint mir zu sein: die beiden Pole in sich zuzulassen: die Traurigkeit und die Freude, die Angst und das Vertrauen, die Zerrissenheit und die Einheit, die Unruhe und die Ruhe. Entscheidend ist, dass der Mensch im Umgang mit sich und seinem Leben das rechte Maß findet, in dem er beiden Polen genügend Raum gibt. Mit seiner Lehre von der „eutonia", der gesunden Spannung, nimmt Evagrius Einsichten vorweg, die C. G. Jung in seiner Lehre von der Polarität des Menschen entwickelt hat. So lassen sich auch in den Erfahrungen der frühen Mönche eine Bestätigung für ihre eigenen Einsichten und für den therapeutischen Weg finden.

DETLEV VON USLAR

Freude und Trauer
im Spiegel der philosophischen Psychologie

„Jetzt jauchzt die Erde, feiert im Perlenschmuck / Den Sieg des Tages über das Graun der Nacht. – / Doch freut sich meine Seele schöner; / Denn sie besiegt der Vernichtung Grauen."

Dieser Vers des dichterischen Philosophen oder philosophischen Dichters Hölderlin soll uns den Eingang zu unserem Thema bilden: „Freude und Trauer im Spiegel der philosophischen Psychologie."

Es ist ein Jugendgedicht Hölderlins, dem man in der Sprache noch die Nähe der Dichtung Klopstocks anspürt – und in dem man, wie mir scheint, zugleich schon den Schatten der späteren Psychose vorausahnt. Hölderlin studierte in seiner Jugend zusammen mit Hegel und Schelling im Tübinger Stift Philosophie und Theologie. Die drei jungen Leute lasen zusammen die Philosophie Spinozas, in der Freude und Trauer eine entscheidende Rolle spielen.

Das Gegenstück zur Freude, die Trauer, klingt in einem späteren Gedicht Hölderlins aus dem Jahre 1800 an, das seinerseits einen entscheidenden Anstoß für die Philosophie Martin Heideggers gegeben hat. In diesem Gedicht, das mit den Worten „Wie wenn am Feiertage …" beginnt, ist von dem Warten auf den Aufgang der Natur die Rede, den Sonnenaufgang. Zugleich handelt es von den Dichtern, die auf diesen Aufgang der Natur – auf die Natur als das Aufgehende und sich Lichtende warten. Dort heißt es:

„Drum wenn zu schlafen sie scheint zu Zeiten des Jahrs / Am Himmel oder unter den Pflanzen oder den Völkern, / So trauert der Dichter Angesicht auch, / Sie scheinen allein zu sein, doch ahnen sie immer. / Denn ahnend ruhet sie selbst auch."

Ahnung des Kommenden und Trauer über seinen Verzug. Freude und Trauer haben etwas mit dem Aufgang der Natur zu tun und zugleich mit der Zeit, die bestimmt ist von diesem Warten auf das Kommende.

Es ist die Philosophie Spinozas, die hier im Hintergrund wirkt. Für Spinoza ist Gott die Natur und die Natur ist Gott. Und unsere Teilhabe an dieser alles hervorbringenden Kraft der Natur zeigt und vollzieht sich in Freude und Trauer. Freude ist das Erfülltsein von der Verwirklichung des eigenen Seins und der eigenen Natur, Trauer aber ergreift uns, wenn wir in dieser Selbstentfaltung gehindert werden, etwas uns entgegensteht – wir würden heute sagen: etwas uns frustriert. – Doch hier stehen wir schon mitten in der Philosophie und philosophischen Psychologie.

Spinoza ist der Philosoph der menschlichen Affekte und Emotionen und zugleich der Philosoph der „Göttlichen Natur". Denn unser Sein ist nichts anderes als Teilhabe an der alles hervorbringenden Kraft der „göttlichen Natur". Und diese Teilhabe ist Freude, ihr Verlust oder ihre Einschränkung aber ist Trauer.

Aber was bedeutet dieser Ausdruck „Göttliche Natur", „Divina Natura"? Der Grundgedanke Spinozas ist sehr einfach: Alles, was ist, ist Eines. Alles, was ist oder war oder sein wird, ist allein dadurch, *dass* es ist, zusammengeschmolzen zu der einen großen Einheit und Ganzheit des Seins und der Natur. Existieren ist Teilhabe an diesem Ganzen – und das ist ein Grund zur Freude. – Freude, laetitia, ist eigentlich die Freude über das Da-sein, das Existieren überhaupt.

Doch was besagt diese Identifizierung von Gott und der Natur, die schon zu Spinozas Zeit die Gemüter so stark bewegt und erregt hat? – Wir bezeichnen mit dem Wort „Natur" nicht nur die Summe alles Seienden, wobei Natur soviel wie Welt, das Seiende im Ganzen, bedeutet, sondern wir bezeichnen damit auch das Wachsen, das Hervorkommen ins Sein. Natur ist die Kraft, die alles hervorbringt, und die also sich selbst hervorbringt.

Das, was sich selbst hervorbringt, Ursache seiner selbst ist, hat man in der Philosophie von Anfang an Gott genannt. Die Natur bringt sich selbst hervor, sie ist das Schöpferische, das Göttliche. Sie ist selber Gott. Gott ist für Spinoza das Ganze und zugleich die Quelle dieses Ganzen. Und alles, was ist, *ist* nur soweit, als es an dieser unendlichen Potenz der göttlichen Natur teilhat. Und diese Teilhabe ist Freude.

Aber zugleich gibt es im Spiel der Affekte und Leidenschaften immer wieder auch Dinge, die uns in dieser Teilhabe und Selbstverwirklichung einengen, ihr entgegenstehen und darum Trauer, tristitia, in uns hervorrufen. – Das Gemüt ist im Spiel der Affekte und Emotionen beherrscht von einer Flutbewegung der Seele, einer „fluctuatio animi", zwischen Freude und Trauer, Seinssteigerung und Seinsbedrohung.

Freude und Trauer sind hier also nicht etwas Sekundäres, Zufälliges, sondern unser Verwurzeltsein im Ganzen, in der Kraft der göttlichen Natur. Beziehungsweise: Trauer ist das, was uns in unserem Sein bedroht, uns aus dem Gang zu werfen droht.

Wir sind von der Natur in uns getrieben. Trieb ist darum das Wesen des Menschen –: „Appetitus est essentia hominis." Und alles, was diesen Seinstrieb im Leben fördert, erweckt in uns Freude, Laetitia, was ihm aber entgegensteht, uns einzuengen droht, weckt in uns Trauer. Alles, was uns Erfüllung und damit Freude bietet, beantworten wir mit Liebe, aber alles, was unserm Trieb ins Sein entgegensteht, was uns Trauer bereitet, beginnen wir zu hassen. – So sind Liebe und Hass, Amor und Odium, bestimmt durch Freude und Trauer.

Das Bild des Menschen, das Spinoza in seiner Trieb- und Affektenlehre zeichnet, ist ein dramatisches Bild: Der Mensch ist hin und her geworfen zwischen Freude und Trauer, Liebe und Hass. Dieser Wellenschlag ist ein Zeichen der Natur, es ist nicht nur etwas Subjektives, sondern der Ausdruck unserer Teilhabe am Ganzen und unseres Ausgeliefertseins an dieses Ganze.

Dieser Wellenschlag der Seele wird verstärkt durch die Kraft und Gewalt der *Imagination*. Schon etwas, das uns an Früheres erinnert, welches uns Freude oder Trauer bereitete, kann in uns wieder Freude und Trauer erzeugen. So können wir uns in einen Menschen schon dadurch verlieben, dass er uns an einen früheren Partner erinnert – ein Phänomen, das Freud mit dem Wort „Übertragung" bezeichnet hat. – Andererseits auch schon die bloße Vorstellung, dass ein anderer uns den Gegenstand unserer Liebe entreißen könnte, kann in uns Trauer und Hass und die Macht der Eifersucht erzeugen.

Wie soll der Mensch mit dieser Flutbewegung der Seele, dem Spiel der Affekte und Emotionen fertig werden, die ihn hin und her werfen und durchschütteln? Spinoza gibt hierauf eine sehr tiefsinnige Antwort: Der Mensch als geistiges Wesen ist in der Lage, das Ganze der Natur, das Ganze des Seins zu schauen, denn sein eigenes Sein ist ja nichts anderes als die Teilhabe an diesem Ganzen. Die Kraft seines eigenen Daseins ist ja nichts anderes als die Kraft dieses Ganzen selbst – und zwar nicht sofern es unendlich ist, sondern sofern es sich in der wirklichen Existenz dieses einzelnen Menschen ausdrückt.

Das Ganze der Natur wohnt auch in jedem Einzelnen und ist auch in jedem Einzelnen – also auch in uns – ganz da. Darauf kann sich der Mensch in einem schauenden Denken besinnen. Wenn ihm das gelingt, dann wächst eben dadurch in ihm die Freude, die Laetitia, und steigert sich in diesem Gefühl des Getragenseins durch das Ganze zur „Glückseligkeit." – Dieses schauende Denken kann also die Flutbewegung der Seele – jenes Hin- und Hergeworfensein zwischen Liebe und Hass und Freude und Trauer – besiegen. Die Freude selbst ist es, die uns die Leidenschaften in den Griff bekommen lässt.

Die Glückseligkeit, die Beatitudo, als Inbegriff der Freude, ist darum für Spinoza nicht erst der „Lohn der Tugend", sondern sie ist gleichsam *selbst* die Tugend – wobei „Tugend" von „Taugen" kommt. Es ist das, was taugt, uns Halt in der Flutbewegung von Freude und Trauer zu verschaffen.

Die Freude selbst ist es also, die die Trauer besiegt. Es ist die Freude der Einsicht unserer Zugehörigkeit zum Ganzen, die Lust, da zu sein.

Hier kommt Spinoza zu dem für die Tiefenpsychologie so bedeutsamen Satz: Nicht, weil wir die Libido unterdrücken, sind wir glückselig, sondern umgekehrt: weil wir glückselig sind – durch die Freude des Verwurzeltseins im Ganzen –, können wir die Flutbewegung der Seele zwischen Trauer und Freude, Liebe und Hass, ins Gleichgewicht bringen und der Libido das richtige Maß geben.

Es ist also im Grunde eine meditative Philosophie, aus der heraus hier das Leben gemeistert wird: Wenn wir einsehen, dass Freude und Trauer nichts anderes sind als unsere Teilhabe am Sein selbst, dann können wir dadurch ein inneres Gleichgewicht finden, das uns von der Natur des Ganzen getragen sein lässt.

Das siebzehnte Jahrhundert, in dem Spinoza diese Gedanken niedergeschrieben hat – im Barockzeitalter also –, war ein Jahrhundert der Affekte und Leidenschaften, die der Mensch bejahte und in denen er die Kraft der Natur und des Göttlichen in sich sah und erlebte. – Von diesem Geist wurden ein Jahrhundert später Dichter und Philosophen wie Goethe, Herder, Schelling, Hegel und Hölderlin erneut angerührt und beflügelt.

Das wurde angeregt durch ein Buch des Philosophen Friedrich Heinrich Jacobi, das aus Briefen an den jüdischen Philosophen Moses Mendelssohn bestand, in denen Jacobi die Lehre Spinozas darstellte. Er schildert dort auch ein Gespräch mit dem Dichter Gotthold Ephraim Lessing, in dem dieser, als Jacobi ihm die Philosophie Spinozas dargestellt hatte, antwortet mit den Worten: Das alles, dieses „Eins und Alles", dieses „Hen kai pan" – wie es auf griechisch heißt –, ist mir längst bekannt. Goethe begann nach der Lektüre dieses Buchs von Jacobi, der Frau von Stein Spinoza vorzulesen und fand in einem seiner Naturgedichte die dieser Philosophie adäquaten Worte: „Was wär ein Gott, der nur von außen stieße, / Im Kreis das All am Finger laufen ließe! / Ihm ziemt's, die Welt im

Innern zu bewegen, / Natur in Sich, Sich in Natur zu hegen." – Und Hegel, Schelling und Hölderlin lasen als Studenten im Tübinger Stift Spinoza und machten die von Lessing geprägte Formel „Eins und Alles", „Hen kai pan", zur Devise ihres Denkens, die sie sich sogar gegenseitig ins Stammbuch schrieben oder in Briefen zitierten. Hölderlins Jugendvers: „Doch freut sich meine Seele schöner, denn sie besiegt der Vernichtung Grauen", lässt schon etwas davon anklingen und zeigt zugleich die Verbindung dieses Denkens mit dem Christentum, das die frohe Botschaft der Rettung der Seele vor der Vernichtung im Jüngsten Gericht enthält.

In Hölderlins späterem Gedicht „Wie wenn am Feiertage", in dem die Dichter trauern, solange die Natur mit ihrem Aufgang verhält und sie warten müssen, spiegelt sich der Gedanke Spinozas von der Göttlichen Natur – was ja nicht nur die Göttlichkeit der Natur meint, sondern zugleich auch die Natur der Gottheit. Es ist nicht nur ein Pantheismus, sondern auch ein Theopantismus: Gott ist alles.

Dort heißt es in dem dritten Vers jenes Gedichtes von Hölderlin, wo der Dichter auf den Sonnenaufgang, den Aufgang des Tages wartet:

„Jetzt aber tagts! Ich harrt und sah es kommen, / Und was ich sah, das Heilige sei mein Wort. / Denn sie, sie selbst, die älter denn die Zeiten / Und über die Götter des Abends und Orients ist, / Die Natur ist jetzt mit Waffenklang erwacht, / Und hoch vom Äther bis zum Abgrund nieder / ... / Fühlt neu die Begeisterung sich, / Die Allerschaffende wieder."

Die Natur ist also hier zugleich das Heilige, das sanctum, und als dieses ist sie über die Götter des Orients und des Abendlandes, ja sie ist älter denn die Zeiten. Sie ist das, was überhaupt Zeit sein lässt. Es ist dieser Vers, in dem Heidegger, der Philosoph von Sein und Zeit, Entscheidendes über das Wesen der Natur, der Physis, sah. Natur ist hier das Wort für das Sein selbst. Wenn man diese Auslegung mit der im Hintergrund des Verses wirksamen Philosophie Spinozas zusammen sieht, zeigen sich Freude und Trauer als unsere Teilhabe am Ganzen, am Sein – und am Nichts, denn Trauer ist ja der Entzug des Seins und darin eine Berührung auch mit dem Nichts, mit „der Vernichtung Grauen", wie es in dem frühen Vers Hölderlins heißt.

Das Nachdenken über Freude und Trauer hat eine große Tradition in der Geschichte der Philosophie, die auch hinter den Gedanken Spinozas steht. Eine besondere Ausprägung findet es in der Schrift des Aristoteles „Über die Seele", „Peri Psyches". Seele ist für Aristoteles nicht nur Innerlichkeit und Bewusstsein, sondern sie ist die lebendige Wirklichkeit und Präsenz eines leiblichen Lebewesens. Auch Denken, Fühlen, Wollen und die Phantasie gehören zu der Art und Weise, wie wir als leibliche Lebewesen da sind und in der Welt sind. Diese Zusammenhänge sind besonders interessant für das Verständnis der Tiefenpsychologie. Freude und Trauer erscheinen hier im Kreis von Wahrnehmung, Trieb, Phantasie und Bewegung und sind bezogen auf die Suche von Nahrung und Partnern.

Wie ist dieser Zusammenhang zu verstehen? – Alle Lebewesen, die nicht wie die Pflanzen fest an einem Ort stehen, aus dem sie ihre Nahrung beziehen, brauchen bestimmte Fähigkeiten, um am Leben zu bleiben und sich vermehren zu können, also als Art bestehen zu bleiben bis heute. Die Tiere und Menschen müssen die Fähigkeit der Ortsbewegung haben, um ihre Nahrung finden zu können, und brauchen darum Bewegungsorgane. Sie müssen aber auch über Organe der Wahrnehmung verfügen, um diese Nahrung oder den Partner erkennen zu können. Aber das allein genügt nicht. Sie müssen auch etwas in sich haben, was sie dorthin treibt. Der Trieb ist darum ein wesentlicher Bestandteil der Seele. Darüber hinaus brauchen sie aber auch ein Vorstellungsbild dessen, was sie suchen, sie brauchen Phantasie oder Imagination. Schließlich muss es aber auch etwas in ihnen geben, was ihnen anzeigt, dass sie das Richtige für ihre Ernährung und Vermehrung gefunden haben, gleichsam ein Signal, das ihnen das anzeigt: Sie empfinden Freude, wenn sie den Partner oder die Nahrung gefunden haben, Trauer aber, solange diese ihnen fehlen.

Freude und Trauer sind hier also eingebunden in einen organischen Zusammenhang, in dem einzelne Organe, was wörtlich „Werkzeuge" heißt – wie die Organe der Wahrnehmung und Bewegung –, eine völlige Einheit bilden mit dem, was wir das Psychische im engeren Sinne nennen, wie Phantasie und Trieb, Freude und Trauer, Lust und Unlust.

Das Besondere an dieser Betrachtungsweise ist, dass Leibliches und Seelisches hier als eine völlige Einheit gesehen werden – aber nicht in der Weise, dass etwa das Seelische nur als Epiphänomen des Körperlichen gesehen wird, sondern so, dass Seele eben selbst die Lebendigkeit eines leiblichen Lebewesens, seine Art und Weise der Präsenz ist.

Und das entspricht viel mehr der Wirklichkeit, als unsere neuzeitliche Trennung von Körper und Seele. Wir würden auch alltäglich nicht sagen: „Die Seele freut sich, und das ist irgendwie mit körperlichen Vorgängen verbunden", sondern wir würden sagen: „Du freust dich", oder: „Du bist traurig", und würden damit den ganzen Menschen meinen, vor aller Aufteilung in Körperliches und Seelisches. Freude und Trauer sind eine Art und Weise unseres In-der-Welt-Seins und unseres leiblichen und lebendigen Daseins in dieser Welt und zusammen mit anderen Menschen.

Seele ist in solcher Betrachtung so etwas wie die Wirklichkeit unseres leiblichen, zeitlichen und gemeinsamen Auf-der-Welt-Seins. – Eine solche Betrachtung, die die Gedanken des Aristoteles mit der Existenzphilosophie Heideggers verbindet, ist geeignet, die Trennung von Leib und Seele zu überwinden, die die Psychologie immer noch beherrscht. (Auch da, wo das Seelische nur als ein Epiphänomen des Physischen, zum Beispiel der Gehirnvorgänge, oder des hormonalen Geschehens betrachtet wird, ist diese Trennung ja immer noch vorausgesetzt.)

Darüber hinaus ist es aber notwendig, auch den Subjektivismus des neuzeitlichen Denkens, und in seinem Gefolge den Subjektivismus der Psychologie, zu überwinden, der Seele und Welt im Konzept des Psychischen trennt.

Sind Freude und Trauer etwas nur Subjektives und in diesem Sinne etwas, das man „nur psychologisch verstehen" kann?

Ist Freude nicht viel mehr etwas, das über uns kommt, sich uns schenkt, ebenso wie Trauer etwas ist, das uns befällt. Sind Sinn und Sinnzusammenhänge nur etwas Innerliches, oder sind sie nicht vielmehr im Sinne Gadamers etwas, was sich uns zuschickt, was sich uns zuspielt.

Auch hier mag uns die Besinnung auf ein Gedicht philosophischer Prägung weiterhelfen. Ich denke an das Gedicht des jungen Klopstock über seine Fahrt auf dem Zürcher See, in dem es am Anfang heißt:

„Schön ist, Mutter Natur, Deiner Erfindungen Pracht / Auf die Fluren verstreut, schöner ein froh Gesicht, / Das den großen Gedanken / Deiner Schöpfung noch einmal denkt."

Hier kommt das Zusammengehören von Natur und Denken zum Ausdruck. Und dann heißt es dort, als die in dem kleinen Schiff versammelte Gesellschaft die Halbinsel Au betritt: „Jetzo nahm uns die Au in die beschattenden / Kühlen Arme des Waldes …": Und: „da kamest du, Freude! / Volles Maßes auf uns herab!"

Freude ist etwas, das über uns kommt, uns geschenkt wird, Freude gehört zum Sein, zur Welt und vor allem zum Miteinandersein. Sie ist etwas, was sich uns zuschickt, was uns geschenkt wird, so wie Trauer etwas ist, was uns befällt, was uns einengt und zugleich mit der Wirklichkeit eines abwesenden oder eines verlorenen Menschen verbindet. Freude und Trauer sind nicht nur etwas Innerliches, sondern sie sind auch unsere Beziehung zum Du und zur Welt, sie geschehen uns, beschenken uns oder erschüttern uns.

Es ist das besondere Verdienst der Philosophie Hans-Georg Gadamers, diese Eigenständigkeit von Sinnzusammenhängen und Sinngeschehen betont zu haben, das nicht nur etwas Inneres oder Subjektives in uns ist, sondern etwas, das geschichtlich über uns kommt, sich uns zuspielt.

Gadamer zeigt diese Zusammenhänge zuerst am Spiel, zum Beispiel am Ballspiel des Kindes. Das eigentliche Subjekt des Spiels ist nicht der spielende Mensch, sondern das Spiel selbst: Es wird gespielt, wir sind nur die Mitspieler, die Zeugen des Geschehens. Wir sind in das Spiel einbezogen. Besonders gilt das vom Spiel als Kunstwerk, vom Spiel auf der Bühne, vom Tanz und vom Spiel der Musik. Es zeigt sich also in derjenigen Art von Kunstwerken, die zu ihrem Sein der Aufführung bedürfen. Es gilt aber auch von Werken der Literatur, der Dichtung und der bildenden Kunst. Das, was im Spiel war, als das Werk entstand, muss jetzt und hier wieder ins Spiel kommen, wenn wir das Werk verstehen und auslegen können sollen. Darum ist diese Philosophie eine Philosophie der „Hermeneutik": des Auslegens und Verstehens.

Das kann man auch auf die Psychologie und Psychotherapie anwenden. In der therapeutischen Situation muss das wieder ins Spiel kommen, was schon im Spiel war, als das Problem der Gegenwart vielleicht – im Sinne Freuds – schon in der frühen Kindheit entstand. Es sind Sinnzusammenhänge, die da ins Spiel kommen, die über die Subjektivität des Einzelnen hinausgehen – das also, was C. G. Jung in dem Konzept des „kollektiven Unbewussten" anklingen lässt. In diesem überindividuellen Zusammenhang muss man auch Freude und Trauer sehen.

So verstehe ich auch das so bewegende Buch von Verena Kast über die Trauer –: Trauer, die ja etwas ist, das in bestimmten Situationen und Lebensumständen über uns kommt und die bei aller inneren Erschütterung doch vor allem etwas ist, was uns mit dem Sein oder Gewesensein anderer Menschen verbindet.

Ich möchte hier mit einer persönlichen Bemerkung schließen: Ich hatte das Glück, durch Jahrzehnte hindurch bei der Lehrtätigkeit in der Zürcher Universität mit Verena Kast zusammenzuarbeiten und mit ihr, Urs Imoberdorf und anderen durch Jahrzehnte hindurch gemeinsame Kolloquien zu veranstalten, in denen solche Fragen zur Sprache kamen.

Als ich sie vor langem einmal fragte, ob sie sich nicht habilitieren wollte, antworte sie: „Ja gern, aber nur mit dem Buch über die Trauer, das ich gerade schreibe." Sie wusste, dass das etwas Wesentliches war, was sie jetzt und hier zu sagen hatte. Und ich erinnere mich ebenso, wie sehr ich mich freute, als dann zum ersten Mal das Thema „Freude" als Titel ihrer Vorlesungen und Seminare auftauchte. Ich bewundere die enorme Wirkung ihres Sprechens und Schreibens auf ungezählte Scharen von Zuhören und Lesern. Das, wovon sie spricht, ist etwas, worin sich jeder Leser und Hörer in seinem eigenen Sein angesprochen fühlt – gerade weil es nicht etwas bloß Subjektives ist, sondern etwas, was uns alle angeht.

HARRY NUSSBAUMER

Vom Staunen angesichts des Universums – Staunen bei Nacht

Ein Käuzchen sitzt auf der riesigen, runden, geisterhaft beleuchteten Empfangsantenne. Hinter mir, auf dem Hügel, steht die trutzige Ruine eines mittelalterlichen Schlosses aus dem 15. Jahrhundert. Dort soll die Prinzessin Eboli (Schiller, Verdi, Don Carlos) in sicherer Distanz und gefährlicher Nähe zum El Escorial – keine 30 Kilometer entfernt – gewohnt haben. Das sei lokales Wunschdenken, die Eboli wäre nie in diese finstere Burg gezogen, tatsächlich wisse man nicht, wer da gehaust habe, korrigiert der geschichtlich interessierte administrative Leiter der Satellitenstation Villafranca del Castillo. Hier, zwischen Madrid und El Escorial, versteckt hinter unauffälligen Hügeln, liegt die europäische Kontrollstelle für den International Ultraviolet Explorer (IUE), einem Teleskop, das 40 000 Kilometer über der Erde ultraviolettes Licht des Himmels untersucht, jenen Teil des Lichtes, der den Erdboden nie erreicht, sondern von der Lufthülle absorbiert und zerstört wird. In dieser Nacht verfüge ich während acht Stunden über diese Möglichkeit. Ich schaue zum Sternbild des Schwan. Dort liegt das Objekt der Beobachtung, V1016 Cygni, dem Auge ohne Hilfe eines Teleskops nicht sichtbar, also Nummer 1016 im Katalog der veränderlichen Objekte im Sternbild des Schwan. Seine genaue Natur kennen wir nicht. Es könnte ein Stern wie die Sonne sein, aber etwa doppelt so alt – somit etwa neun oder zehn Milliarden Jahre – und nun im Begriff zu sterben. Die Theorie der Sternentwicklung sagt den Tod voraus; Zweifel darüber hegen wir keine, aber wir möchten wissen, wie das abläuft. Da reicht die Theorie noch nicht hin. Beobachtungen zeigen, dass sonnenartige Sterne am Lebensende etwa die Hälfte ihrer Materie verlieren. Aber wie? Geschieht das in einem einmaligen Abwurf oder durch einen kräftigen Sternwind während einiger hunderttausend Jahre? Die Beobachtung von V1016 Cygni mit IUE soll zur Antwort beitragen. Unser Projekt hatte das Gremium überzeugt, das die vielbegehrte Beobachtungszeit an diesem einmaligen Teleskop verteilt. Der Startbefehl zur Beobachtung war der Abschluss einer mehrwöchigen Vorbereitung mit Abwägen von Alternativen zur bestmöglichen Ausnützung der kostbaren Satellitenzeit. Doch der Startbefehl war auch das Weggeben der technischen Beeinflussungsmöglichkeit und damit ein Loslassen; er gab der Seele den Weg frei, in den Nachthimmel zu staunen.

Die Eboli hat mich seit meiner Lehrlingszeit fasziniert. Nur 200 Meter vom Opernhaus entfernt absolvierte ich eine kaufmännische Lehre. Meine Mutter sang oft mit uns Kindern. Sie sang gern und schön, und es brachte einige Freude in ihr hartes Leben. In der Oper konstruierte ich als Sechzehn- und Siebzehnjähriger mein Bild von der Seele der Frau. Gegen die baritonalen Verdi-Schurken hatten die verliebten Tenöre des „Troubadour", der „Macht des Schicksals" oder des „Otello", keine adäquate Antwort, und es blieb den unschuldig leidenden und sich dem Verlieben anbietenden Sopranos nur der Rückzug in den seelischen Schmerz. Dorthin zog auch ich mich zurück und nahm sie mit und staunte, wie Musik dem Schmerz der Seele Ausdruck zu verleihen vermag. Ich staunte nur kurz über die Aufspaltung in Gute und Böse. Oft hätte ich den Guten einige Eigenschaften der Bösen gegönnt. Meine Mutter sprach mit mir über die Zerrissenheit der Seele; sie wusste, worüber sie sprach. Doch nun staunte ich, wie diese Zerrissenheit zur Kunst erhoben wurde. Die Eboli tat es mir besonders an, sie ist Opfer und Schuldige zugleich, das fordert zur Stellungnahme. Da waren auch Tannhäusers Elisabeth und Venus, die Wartende und die Verführende. Tannhäuser zu sein, gar von einer Frau begehrt zu werden, zu gut, um wahr zu sein. Sein trotziges Zu-sich-selbst-Stehen imponierte mir, sein offenes Ja zu seinen Begehren, selbst wenn die Welt sie missbilligt. Allerdings, der reinen Liebe der Elisabeth hätte ich diese Begehren ohne Zögern geopfert. Eigentlich wollte ich beides sein, Tannhäuser und Wolfram von Eschenbach. Erstaunt es, wenn ein kaufmännischer Lehrling mit derartigen Flausen im Kopf den Brief an den Meier dem Müller ins Dossier legt?

Es bleiben mir zwei Stunden Müßiggang. Dem Satelliten hatte ich den Auftrag gegeben, ein sehr detailliertes Spektrum aufzunehmen. Dann verließ ich den Kontrollraum; der wird nun von den Technikern überwacht. Ein Bild meines Sterns in seiner Umgebung hatte mir der Satellit von seinem Teleskop übermittelt. Draußen am nächtlichen Himmel finde ich die Stelle, wo er steht, doch mit seiner Entfernung von etwa 6000 Lichtjahren leuchtet er für unsere Augen zu schwach. Nun habe ich also direkten Kontakt mit der Vergangenheit aufgenommen. Das tun Astronomen jeden Tag, kaum der Rede wert. Doch der Schritt vom Computerraum in den Nachthimmel öffnet den Weg für das Staunen. In englischer Sprache beobachtet die Astronomie den „sky", die Götter wohnen im „heaven"; im Deutschen steht Himmel für beides. Warum thronen die Götter dort draußen, der Teufel hingegen mitten in der Erde? Drinnen in uns da brodelt es eben, da spüren wir Leben und Zwiespalt. Der Himmel ist so weit entfernt, in unerreichbarer Weite, erhaben, vollkommen, nichts verändert sich, grandios, zum Staunen. Aber wenn es beim staunenden Hinsehen bleibt, kommt bald das Gähnen.

Auf seiner Bahn in 40 000 km Höhe dauert eine Erdumkreisung 24 Stunden. In dieser Zeit dreht sich die Erde einmal um sich selbst. Weil IUE und die Erde beide in gleicher Richtung drehen, so bleibt der Satellit immer an derselben Stelle über der Erde. Das weiß man, seit Newton 1687 die Gesetze der Gravitation publizierte. Die Erde ist die Quelle eines Kraftfeldes; jeder Körper ist Quelle eines gravitativen Kraftfeldes. Die Flugbahn eines Steins, die Bahn des Mondes um die Erde, der Erde um die Sonne und der Monde des Jupiter um Jupiter lassen sich aus denselben Gesetzen berechnen. Und mit kühnem Mut erklärt die Astronomie diese Gesetze als gültig für das ganze Universum und versetzt sich dabei selbst ins Staunen. Doch das Staunen wird schnell zur Selbstverständlichkeit, mit der wir rechnen. Kometen waren der Menschheit schon immer unheimlich. Wer Komet West oder Komet Hale-Bopp sah, kann das verstehen. Sie galten als Boten einer anderen Welt. Doch Newton und Halley waren überzeugt, dass sie denselben Bahngesetzen gehorchen wie die Planeten. Um 1700 herum sagte Halley die Wiederkehr des 1682 erschienenen und heute nach ihm benannten Kometen für den Winter 1758/59 voraus. Und so geschah es. Newton war bereits 1727 und Halley 1742 gestorben. Nun staunte man nicht mehr über den Himmel, sondern über die Wissenschaft, der solche Voraussagen gelangen. Die Geistlichkeit begann den Himmel an die Wissenschaft zu verlieren. – Auch Einstein staunte, als sich das Universum aus seiner Allgemeinen Relativitätstheorie, zuerst als theoretische Möglichkeit, dann durch die Beobachtung erhärtet, ganz anders offenbarte, als seine Intuition es haben wollte. Für ihn war der Himmel ein Ort der Ruhe. Um die Ruhe eines statischen Universums zu erzwingen, postulierte Einstein die Existenz einer neuen Naturkonstante: die Kosmologische Konstante. Sie hatte die Funktion einer Gegenkraft zur Gravitation. Doch seine Allgemeine Relativitätstheorie verkündete Bewegung. Als um 1930 herum die Beobachtungen von Hubble und anderen Astronomen zeigten, dass sich die Galaxien voneinander entfernen, was als Expansion des Universums als Ganzes interpretiert wird, wurde die Kosmologische Konstante überflüssig.

Auf unseren Befehl dreht sich das Teleskop zum Stern, zum Planeten oder zur befohlenen Galaxie, fängt das Licht ein, zerlegt es mit großer Genauigkeit in die Spektralfarben und sendet das Gefundene zu uns. Während der Übertragung wird bereits ein neues Lichtsegment eingefangen und zerlegt. Die Teilchen des eingefangenen Lichtes, die Photonen des V1016 Cyg, durchquerten unsere Galaxie seit 6000 Jahren. Hätten sie nicht unser Teleskop getroffen, so könnten sie noch für Millionen oder Milliarden Jahre durch das Universum ziehen. Doch nun ist ihre Existenz zu Ende. Die Photonen haben

Atome unserer Teleskope getroffen und sich in innere Energie der Atome metamorphosiert. Was Photon war, teilt uns seine gewesene Existenz als informativ geladenes digitales Zeichen mit. Nun geht es auf Spurensuche und -interpretation. Die Gegenwart oder Abwesenheit, die Form und Lage gewisser Spuren in den Spektren berichten uns, was sich im und um den beobachteten Himmelskörper abspielt. Staunend und auf Mitstaunen zählend zeigen wir die Spuren und unsere Schlüsse den Kolleginnen und Kollegen. Wir entdecken, dass unser Stern seine für Sternverhältnisse kühle — immerhin 4000 Grad heiß — äußere Hülle verloren hat. Über 100 000 Grad heiß ist seine neue Oberfläche. Aber geschrumpft ist er, zu etwa einem Zehntel der Größe der Sonne. Die Helligkeit, die er ausstrahlt, ist wegen der hohen Temperatur gewaltig gewachsen. Wissenschaftliche Einsichten bleiben selten als individuelle Leistungen erinnert; die Olympier Newton und Einstein sind Ausnahmen. Unser Selbstwert gewinnt, wenn unsere Einsichten von der wissenschaftlichen Gemeinschaft akzeptiert, nachvollziehbar in die Gesamtschau verschmelzen.

Die unveränderliche Ruhe des Himmels wird besungen als Zuflucht jener Wünsche und Träume, die bewahren möchten. Doch wir Astronomen sind fasziniert von den Veränderungen am Himmel. In riesigen Staub- und Gaswolken entstehen neue Sterne. Leben gibt es nur, weil schon zur Frühzeit des Universums Sterne explodierten und von ihnen neu geschaffene Elemente in die kosmische Materie mischten. Der Himmel ist kein Ort der Ruhe. Nichtwissenschaftler und Astronomen staunen an denselben Himmel, doch dieselben Bilder wecken verschiedene Assoziationen. Wenn der Laie meist im Staunen verharrt, ohne Hintergründe zu erfragen, so geraten Forschende leicht in Gefahr, sich in technischen und physikalischen Einzelheiten zu verlieren und das Staunen über die Gesamtheit zu verlernen.

Unsere IUE-Beobachtungen bestärken den Verdacht, in V1016 Cygni das Entstehen eines Planetarischen Nebels, also das Endstadium eines sonnenähnlichen Sterns zu beobachten. Doch dem widersprechen Beobachtungen im langwelligen Infrarotbereich. Sie zeigen, dass der kühle Stern genau so weiterexistiert, wie er vor dem Helligkeitsausbruch war, der unseren Verdacht auslöste. Wissenschaftliche Arbeit wird oft durch ein Staunen begleitet, dass logische Schlüsse falsch sein können. Informationen, auf denen wir bauen, sind nie vollständig. Der von uns entdeckte kleine, aber sehr heiße Stern ist keine Chimära, es gibt ihn, aber er ist nicht die gesamte Wirklichkeit. V1016 Cygni ist ein Doppelsternsystem. Wegen der großen Distanz sehen wir die beiden nur als einen einzigen Punkt. Zwei Sterne, die bereits zusammen entstanden und ihr gesamtes Leben einander umkreisend durchlebten, gehen ihrem Ende entgegen. Der neu entdeckte kleine, heiße Stern, man nennt ihn Weißer Zwerg, hat den größeren Teil seiner Masse bereits in den interstellaren Raum verloren. Er besteht hauptsächlich aus Sauerstoff und Kohlenstoff, Energie konnte er keine mehr erzeugen, der Wasserstoff der dazu nötig wäre, ist verbraucht. Der andere Stern bewegt sich nun ebenfalls auf diesen Zustand hin. Noch besitzt er den größten Teil der Masse, die er bei seiner Geburt mitbekam. Doch trägt ein kräftiger Wind in den nächsten 100 000 Jahren diese Masse bis auf einen geringen Rest weg. Ein Teil dieses Sternwindes fliegt zum Weißen Zwerg und bringt ihm neuen Wasserstoff. Der lagert sich in einer sehr dünnen Schicht an der Oberfläche des Sterns. Da der Stern noch immer etwa 100 000-mal mehr Masse besitzt als die Erde, aber nur die Größe der Erde hat, ist die Anziehungskraft in dieser Wasserstoffhülle mehr als 100 000-mal größer als auf der Erde (ein Liter Wasser wäre 100 Tonnen schwer). Wenn die Hülle eine kritische Masse erreicht, beginnt unter diesen extremen Bedingungen, was sonst nur im Zentrum der Sterne abläuft, nämlich das Fusionieren des Wasserstoffs, der sich in Helium verwandelt und gewaltige Energien freisetzt. Die Hülle des Weißen Zwergs bläht sich rasch auf, der Stern wird zehn- oder hundertmal größer als er vorher war. Der Helligkeitsausbruch des V1016 Cygni, der 1964 begann, dürfte ein fast explosives Fusionieren der in den letzten 10 000 Jahren gewonnenen Hülle aus Wasserstoff darstellen.

Staunen geht dem Fragen voraus. Staunen kann der Funke sein, der die Wissbegier aktiviert. Wir staunen, wenn etwas so ist, wie es nicht sein müsste. Deshalb können wir auch über bereits Bekanntes – so den nächtlichen Himmel – immer wieder staunen. Staunen weckt auch eine Ahnung. Aristoteles soll gestaunt haben, dass überhaupt etwas ist und nicht nichts ist. Darüber staunen wir noch immer, aber was soll dieser Begriff des nichtvorstellbaren Nichts. Wir staunen über die Reichhaltigkeit der Natur, die komplexe Symmetrie des Schneekristalls, die Vielfalt der Tierwelt, wir staunen, dass im Menschen die Materie sich ihrer eigenen Existenz bewusst ist. Wir staunen und verlieren uns in den nächtlichen Himmel, wo wir uns wieder finden. Wir glauben zu wissen, dass vor ungefähr 13 Milliarden Jahren unser Universum seine Existenz in einem sehr homogenen Zustand, also fast ohne Struktur begann. Als Teilchen existierten Wasserstoff und Helium. Aus diesen Teilchen kann kein Leben in unserem Sinn entstehen. Wir staunen und fragen, wie sich Strukturen bildeten, die zu Galaxien und Sternen führten. Und wir staunen über die Eigenschaft der Materie, die sich vom Wasserstoff aufbauend im Innern der Sterne in komplexere Atome wandelt und beim Austritt in den interstellaren Raum sich in Moleküle und Staub formieren kann. Wir staunen, dass es dieses Universum gibt, und wir fragen, ob es noch andere Universen gebe und in welchen Formen die Materie noch existieren könne. Der Himmel fasziniert als gewaltiges Zelt, das uns birgt und doch unserem Zugriff entzogen ist, als Universum, das unserer Forschung zugänglich und doch voller Geheimnisse ist. Wir staunen und fragen, und nach den Antworten staunen wir wieder.

LUTZ MÜLLER

Staunen über das Wunder des Daseins – Und die Welt hebt an zu singen

> Schläft ein Lied in allen Dingen,
> die da träumen fort und fort,
> und die Welt hebt an zu singen,
> triffst du nur das Zauberwort.
>
> Joseph von Eichendorff

Diese Worte Joseph von Eichendorffs haben mich immer wieder besonders berührt. Zu verschiedenen Zeiten meines Lebens habe ich mich gefragt, was denn dieses geheimnisvolle Zauberwort, das die Welt zum Singen bringt, sein könnte. Im Laufe der Jahre habe ich für mich einige Antworten gefunden, die jeweils zu ihrer Zeit auch hilfreich waren: das Transzendente, die Liebe, das Schöpferische, die Kunst, die Musik, die Kraft der Fantasie und Imagination, der symbolische Blick, das Interesse, die Achtsamkeit, das Staunen-Können. Auch heute noch finde ich diese Aspekte des „Zauberwortes" stimmig, alle diese Aspekte haben wohl etwas mit ihm zu tun, aber sie führten mich nicht zu jener fortwährenden Begeisterung, die ich mir gewünscht hätte. Ich hätte diesen geheimnisvollen „Zauberbann", der über der Existenz lag und vieles so alltäglich erscheinen ließ, gerne gebrochen. Ich erinnerte mich dunkel, dass ich als Kind über vieles staunen, aufgeregt und begeistert sein konnte, und ein solches Staunen wollte ich wieder erleben, eine solche Hingabe an die Erfahrungen des Augenblicks. Aber mit welchen Methoden und Zauberworten ich es später auch immer versuchte, die Welt fing nicht an zu singen, sie setzte ihre Existenz einfach fort, so, wie sie eben gerade war, von meinen mehr oder weniger starken Gefühlen begleitet. Das Staunen über das Wunder des Lebens wollte sich, von einigen wenigen besonders glückhaften Momenten abgesehen, nicht mehr richtig einstellen. Jedes Tun und Machen-Wollen, jedes Wiederholen-Wollen einer besonderen Stimmung oder einer emotionalen Einsicht, jedes Eindringen-Wollen, auch jede Meditation, stieß auf einen sanften, aber unüberwindbaren Widerstand. Das Gefühl des Staunens ließ sich nicht aktiv hervorrufen. Ich hatte immer den Eindruck: Ich ahne es, ich weiß es „irgendwie", dass diese Leben etwas ganz Außerordentliches ist, aber ich kann es nicht wirklich fassen und fühlen. Das Wunder will sich mir nicht offenbaren.

Im Laufe der Jahre und nach vielerlei letztlich enttäuschendem Suchen und Versuchen begann ich anzunehmen, meine Sehnsucht habe mich in die Irre geführt, es gebe gar nichts Besonderes, alles sei, wie es eben sei, und damit eigentlich ganz banal. Das Staunen- und Wundern-Wollen sei eine Art Relikt aus der Kindheit, das vor allem aus einer gewissen Naivität und Unerfahrenheit heraus resultiere. Alles, was sei, lasse sich letztlich auf elementare evolutionäre und biologische Prinzipien zurückführen, die ja eigentlich nichts Besonderes seien. Wenn man die Welt aus einer gewissen nüchternen Distanz heraus betrachte, dann täten die Menschen seit Jahrtausenden immer nur das Gleiche: Sie kämpfen um ihr Dasein, sie sind dauernd in Bewegung, sie streben Ziele an wie Nahrung, Besitz, Geld, Macht und Sexualität, sie wollen einen guten Eindruck machen, wichtig und bedeutsam sein, Recht haben und noch ein paar Kleinigkeiten und Ablenkungen mehr. Alles andere – insbesondere jene Erfahrungen, Dimensionen und Erlebnisse, von denen Kunst, Religionen und Mystik sprechen – seien letztlich verzweifelte Versuche, dem monotonen Leben etwas Glanz und Bedeutung zu schenken und der Tatsache des Leidens, der Sinnlosigkeit und Endlichkeit aller Existenz auszuweichen. Zu diesen Zeiten ging mir häufig der Prediger Salomon durch den Kopf: „Ich sah an alles Tun, das unter der Sonne geschieht; und siehe, es war alles eitel und Haschen nach dem Wind" (Prediger 1, 14).

Diese Ernüchterung nahm im Laufe des Älterwerdens stetig zu, und ich wollte mich schon mit all dem abfinden, als ich einen kurzen Traum hatte. Hierin sah ich die Erde vor mir leuchtend blau und weiß in der unendlichen Tiefe des Alls schweben. Sonst nichts. Ihr Anblick war verbunden mit dem Gefühl von Einfachheit, Stimmigkeit, Stille und Selbstverständlichkeit. Alles war eine Einheit, der nichts hinzugefügt werden musste. Ich war für eine Zeit lang erfüllt von Staunen, Innigkeit und Zärtlichkeit. Etwas sagte in mir: „Das alles ist ein Wunder! Und wir dürfen daran teilhaben!"

Ich wachte von diesem Gefühl auf und lag noch lange wach. Der Anblick der Erde hat mich seither nicht mehr verlassen. Wenn ich ihn mir vor Augen rufe, erfüllt er mich immer noch mit einem dankbaren Gefühl.

Ich erinnerte mich an eine Stelle aus der Autobiografie von Jung[1], in der er nach einem Herzinfarkt zahlreiche ekstatische Visionen hatte – offenbar unterstützt von der psycholytischen Wirkung eines Sauerstoff-Kampfer-Gemisches – und sich dabei weit außerhalb der Erde erlebte. Der Anblick der Erde aus dieser Höhe war für ihn das Herrlichste und Zauberhafteste, das er je erlebt hatte. Die Rückkehr aus diesem Zustand der Ekstase war für ihn schwer. „Am Tage war ich meist deprimiert. Ich fühlte mich elend und schwach und wagte mich kaum zu rühren. Voll Betrübnis dachte ich: Jetzt muss ich wieder in diese graue Welt hinein. Gegen Abend schlief ich ein, und mein Schlaf dauerte bis etwa gegen Mitternacht. Dann kam ich zu mir und war vielleicht ein Stunde lang wach, aber in einem ganz veränderten Zustand. Ich befand mich wie in einer Ekstase oder in einem Zustand größter Seligkeit. Ich fühlte mich, als ob ich im Raum schwebte, als ob ich im Schoß des Weltalls geborgen wäre – in einer ungeheuren Leere, aber erfüllt von höchstmöglichem Glücksgefühl. – Das ist die ewige Seligkeit, das kann man gar nicht beschreiben, es ist viel zu wunderbar! dachte ich."² Und weiter: „All diese Erlebnisse waren herrlich, und ich war Nacht für Nacht in lauterste Seligkeit getaucht, ‚umschwebt von Bildern aller Kreatur' ... Allmählich vermengten sich die Motive und wurden blasser. Meist dauerten die Visionen etwa eine Stunde; dann schlief ich wieder ein, und schon gegen Morgen fühlte ich: Jetzt kommt der graue Morgen wieder! Jetzt kommt die graue Welt mit ihrem Zellensystem! Was für ein Blödsinn, was für ein schrecklicher Unsinn! Denn die inneren Zustände waren so phantastisch, dass im Vergleich zu ihnen diese Welt geradezu lächerlich erschien. In dem Maße, wie ich mich dem Leben wieder annäherte, knapp drei Wochen nach der ersten Vision, hörten die visionären Zustände auf ... Von der Schönheit und der Intensität des Gefühls während der Visionen kann man sich keine Vorstellung machen. Sie waren das Ungeheuerste, was ich je erlebt habe. Und dann dieser Kontrast, der Tag! Da war ich gequält und mit den Nerven vollständig herunter. Alles irritierte mich. Alles war zu materiell, zu grob und zu schwerfällig, räumlich und geistig beschränkt, zu unerkennbarem Zwecke künstlich eingeengt, und besaß doch etwas wie eine hypnotische Kraft, an sich glauben zu machen, wie wenn es die Wirklichkeit selber wäre, während man doch ihre Nichtigkeit deutlich erkannt hatte. Im Grunde genommen bin ich seither, trotz revalorisierten Weltglaubens, nie mehr ganz vom Eindruck losgekommen, dass das ‚Leben' ein Existenzausschnitt sei, welcher sich in einem hierfür bereitgestellten dreidimensionalen Weltsystem abspielt.

Ich hätte nie gedacht, dass man so etwas erleben könnte, dass eine immer währende Seligkeit überhaupt möglich sei. Die Visionen und Erlebnisse waren vollkommen real; nichts war anempfunden, sondern alles war von letzter Objektivität.

Man scheut sich vor dem Ausdruck ‚ewig', aber ich kann das Erleben nur als Seligkeit eines nicht-zeitlichen Zustandes umschreiben, in welchem Gegenwart, Vergangenheit und Zukunft eines sind. Alles, was in der Zeit geschieht, war dort in eine objektive Ganzheit zusammengefasst. Nichts war mehr in der Zeit auseinander gelegt oder konnte nach zeitlichen Begriffen gemessen werden. Das Erleben könnte am ehesten als ein Zustand umschrieben werden – als ein Gefühlszustand, den man jedoch nicht imaginieren kann. Wie kann ich mir vorstellen, dass ich gleichzeitig wie vorgestern, heute und übermorgen bin? Dann hätte etwas noch nicht begonnen, etwas anderes wäre klarste Gegenwart, und wieder etwas wäre schon beendet – und doch wäre alles Eines. Das einzige, was das Gefühl erfassen könnte, wäre eine Summe, eine schillernde Ganzheit, in der die Erwartung für das Beginnende ebenso enthalten ist wie Überraschung über das eben Geschehende und Befriedigung oder Enttäuschung über das Resultat des Vergangenen. Ein unbeschreibliches Ganzes, in das man mit verwoben ist; und doch nimmt man es mit völliger Objektivität wahr."[3]

Ich habe dieses Zitat ausführlicher dargestellt, weil hier der typische Kontrast zwischen dem üblichen „grauen" Welt- und Alltags-Erleben und der ekstatischen Erfahrung, die wir in seltenen Momenten des Lebens machen können, besonders deutlich dargestellt ist. Diesen Kontrast kannte ich ja auch: Das Erleben einer „normalen" Alltagsrealität und meine innere Sehnsucht, es könne doch alles noch ganz anders, viel wunderbarer und geheimnisvoller sein.

Mein eigener Traum von der Erde im Weltraum war aber längst nicht so intensiv und ekstatisch wie bei Jung. Er setzte auch einen anderen Akzent. Die Erde erschien mir darin nicht wie ein Gefängnis, in das ich wieder hineingezwungen würde, sondern sie erschien mir viel mehr wie eine vollkommene Offenbarung der Schöpfung und der in ihr wirkenden Intelligenz. Die Erde und das Leben auf ihr waren nicht das Uneigentliche, sondern das Eigentliche. Das Leben auf ihr war im Grunde ein unfassbares Geschenk, eine ganz seltene Gnade, die aus unerfindlichen Gründen einigen wenigen Wesen in der Weite des Universum zuteil geworden war: uns Menschen und den anderen Lebewesen.

Wie es wohl oft bei solchen Träumen ist: Die sie begleitenden Gefühle, die mich ganz intensiv spüren ließen: „Dies alles ist ein unglaubliches Wunder", habe ich niemals mehr in gleicher Weise bewusst erlebt. Es blieb leider nur eine recht schwache Erinnerung an dieses Gefühl. Was sich aber als relativ beständig herausstellte und sich im Laufe des wiederholten Nachdenkens und Nachfühlens verstärkte, war das Erkennen, das „Wissen", dass es „wirklich" so ist (ich setze diese Begriffe hier in Anführungsstriche, weil ich der konstruktivistischen Auffassung bin, dass unsere Einsichten und Gefühle, auch wenn sie uns noch so überzeugend vorkommen, kein Ausdruck „objektiver" Tatsachen sind, sondern nur unser Erleben von Evidenz und unsere „Konstruktionen").

Diesem mehr rationalen Wissen fehlt leider das starke Gefühl des Staunens, wie es im Traum noch vorhanden war. Es ist nur ein relativ schwacher Abglanz dieser Traumerfahrung, aber es hat wenigstens einen großen Vorteil, den ich zunehmend zu schätzen weiß: Es lässt sich immer wieder aufrufen, relativ unabhängig von meinen Stimmungen. Nach kurzer Zeit des Nachdenkens und Einstimmens komme ich immer wieder zu dem gleichen Ergebnis: Ja, es ist ganz klar, dieses Leben auf dieser Erde ist etwas überaus Kostbares und Wunderbares. Und dieses Erkennen orientiert mich – zumindest ein klein wenig – immer wieder neu darauf hin, auf was es „wirklich" ankommt – wenn es überhaupt auf irgendetwas ankommt: Eben diese Kostbarkeit zu erfassen und ihr Ausdruck zu verleihen.

Ich fände es sehr hilfreich, wenn wir uns gegenseitig immer wieder an die Kostbarkeit des Lebens erinnern würden. Dadurch würde es mehr in unserem Bewusstsein verankert. Aber es ist merkwürdig: Wenn ich versuche, mit anderen darüber zu sprechen, kommt wenig begeisterndes Echo. Vielleicht kann ich es auch nicht entsprechend begeisternd vermitteln. Jedenfalls wird meist einfach nur geschwiegen, so, als könne man mit dem Thema: „Das Leben ist ein großes Wunder" nicht viel anfangen, halte das für eine nichts sagende positiv-denkende Floskel oder gar als eine Schnulze der Volksmusik. Bei manchen glaube ich direkt sehen zu können, wie sie innerlich die Augen rollen und sagen: Nein, nicht schon wieder dieses „Friede, Freude, Eierkuchen".

Einige wenige lassen sich darauf ein, meist kommt aber dann sehr schnell etwas Kritisches: „Aber die Gewalt und das Leid, die Krankheit und der Tod ..." Es scheint irgendwie ein Tabu zu sein, das Leben trotz allem auch erstaunlich und wundersam zu finden. Meine offenbar schwache Gegenargumentation (die mir aber kaum widerlegbar erscheint), dass man ja keineswegs die Gewalt, das Leid und die anderen existentiellen Tatsachen verdrängen und verleugnen bräuchte, um das Leben zu würdigen, ja, dass dieses Leid, das wir uns gegenseitig antun, doch oft gerade Ausdruck der fehlenden Dankbarkeit und der fehlenden Begeisterung für das Leben sind, überzeugt irgendwie nicht und hinterlässt meist ein ratloses Achselzucken.

Ich habe mich oft gefragt, woher das eigentlich kommt. Wieso löst das, was eigentlich unsere höchste Freude und unser größtes Staunen erwecken müsste – die ganz und gar unwahrscheinliche Tatsache nämlich, dass wir hier auf dieser Erde existieren, einen solchen Organismus haben, der uns all diese Erfahrungen ermöglicht und dazu noch in einer solch relativ geordneten Weise – so wenig Verwunderung und Begeisterung bei uns aus? Statt dessen suchen wir unentwegt nach Abenteuern, Grenzerfahrungen, veränderten Bewusstseinszuständen, nach religiösen und spirituellen Erfahrungen, nach dem „Höheren", „Wahren", Geistigen und tausendfältigen Formen des Jenseitigen, Hintergründigen und „Ganz Anderen". Nicht, dass wir nicht danach suchen sollten. Im Gegenteil, wir sollten alle Höhen, Tiefen und Weiten unserer Existenz, alle psychischen Erfahrungsdimensionen, die uns zugänglich sind, erkunden mit allen Mitteln, die uns zur Verfügung stehen. Die Existenz ist zu erstaunlich und großartig, als dass wir sie uns in ihrem ganzen erfahrbaren Spektrum entgehen lassen sollten. Aber ich frage mich, wieso wir das eigentlich größte Wunder, das Wunder des einfachen Da-Seins, dabei fast gänzlich übersehen oder nur sehr gering achten?

Ich habe einige Antworten darauf gefunden, die ich kurz zusammenfassen will:

- Der evolutionäre Prozess scheint insgesamt noch nicht so weit gediehen, als dass er es einer Mehrzahl von Menschen ermöglichen würde, das ganz und gar Außergewöhnliche der Existenz zu erfassen und zu würdigen. Es ist ja noch nicht allzu lange her, dass sich menschliches Selbst-Bewusstsein überhaupt entwickelt hat. Vielleicht befinden wir uns in dieser Hinsicht noch erst im Halbschlaf und im Aufwachen. Der viele Millionen Jahre währende harte Kampf ums Überleben mit all den damit verbundenen Selbsterhaltungsbedürfnissen, Trieben, Ängsten und Zwängen steckt uns noch so sehr in den Genen, dass es uns kaum gelingen will, den Blick zu heben, um das ganze erstaunliche Geschehen auf diesem Planeten in Ruhe und mit Distanz betrachten zu können.
- Außerdem beginnt die psychische Evolution mit jedem Menschen fast wieder von vorne, jeder muss die wichtigsten Dinge für sich selber aufs Neue lernen. Das kostet viel Zeit. Viele Menschen haben aufgrund der Kürze des Lebens fast keine Chance, sich und die Welt aus einer anderen Perspektive zu sehen als aus der des nackten und weitgehend unbewussten Überlebenskampfes.
- Unser Organismus ist für Ängste, Schmerzen, Bedrohungen, Gefahren, Katastrophen und Tragödien mehr sensibilisiert als für positive Erfahrungen, denn seine wichtigste Aufgabe ist es, das Leben zu sichern und Gefahren rechtzeitig zu erkennen. Hinzu kommt natürlich noch die Tatsache unserer Endlichkeit und Sterblichkeit, die es uns sehr schwer macht, dem Ganzen etwas Gutes abzugewinnen.
- Unser Organismus scheint darüber hinaus auch dauerhafte Gefühle der Ekstase, der Freude, der Begeisterung, des Staunens und des Glücks nicht als besonders überlebensförderlich zu empfinden. Offenbar sind wir in solchen gehobenen Zuständen besonders gefährdet, riskieren zu viel, schätzen uns und die Realität falsch ein. Der Organismus setzt solche Gefühle offenbar nicht hauptsächlich als Zustände ein, die wir häufig und dauerhaft erleben sollen, sondern als Motivatoren in Form von Erwartungen, Interessen, Sehn-

süchten, Hoffnungen und Wünschen, um uns dorthin zu bringen, wo wir der Evolution am hilfreichsten sind: in der Lebenserhaltung und der Fortpflanzung. Von daher erleben wir stärkere ekstatische Gefühle eher selten und sind meist wohl eher neutral gestimmt (wenn wir Glück haben).

- Außerdem sind wir „Gewohnheitstiere". Der Organismus scheint Dinge, die wir kennen, die uns vertraut sind und damit zur durchschnittlichen Alltagserfahrung werden, in gewisser Hinsicht als bedeutungslos aus dem bewussten Erleben auszublenden. Im Sinne einer optimalen Überlebenssicherung werden nur solche Reize und Erfahrungen emotional ins Bewusstsein gehoben, die neu und wichtig sind. Was uns als Kind noch aufs Höchste faszinieren konnte – z. B. ein Käfer, eine Pfütze, der Regen und der Schnee, ein Misthaufen, ein Speicher mit verstaubten Sachen, Seifenblasen, Glasmurmeln, das merkwürdige Aussehen eines Menschen, Gerüche, Geräusche, die wir von uns geben konnten, unsere erstaunlichen körperlichen Vorgänge – darauf reagieren wir später nur noch mit Langeweile und Ungeduld. Wir können damit wenig „anfangen" und brauchen stärkere, neue Reize: „Abwechslung erfreut." Aber wenn uns ein längeres Leben vergönnt ist, dann gibt es leider nicht mehr so viel Neues, sondern nur noch Variationen des Bekannten. Und weil wir vieles erlebt haben, können wir auch nicht mehr so vieles auf andere Menschen, andere Orte, andere Zeiten, andere Bewusstseinszustände projizieren. Wir wissen, dass dies alles ungefähr so ähnlich ist wie das, was wir bereits kennen. „Es scheint wohl wahr zu sein, dass die zweite Hälfte des menschlichen Lebens sich gewöhnlich nur aus Gewohnheiten zusammensetzt, die man in der ersten Hälfte erworben hat" (Dostojewskij).
- Was für unsere Orientierung im Lebensprozess durchaus hilfreich und notwendig ist, das Neutralisieren von Emotionen im Verlaufe wiederholter Erfahrungen, ist für unsere Lebensfreude im späteren Alter leider nicht sehr förderlich, ja oftmals geradezu tragisch. In einer Zeit, zu der wir am besten in der Lage wären, unsere Existenz

zu würdigen, weil die wesentlichen Überlebensaufgaben erledigt und abgesichert sind und wir den nötigen philosophischen Abstand hätten, sind wir dazu emotional kaum mehr in der Lage.

- Dieses relativ geringe Entgegenkommen unseres Organismus hinsichtlich „großer Gefühle" in Bezug auf unsere Existenz hat es wohl bisher auch erschwert, dass sich ein kollektives Bewusstsein über das ganz Außerordentliche unseres Daseins entwickelt hat. Es gibt kaum Vorbilder, kaum Großeltern, Eltern, Lehrer, kaum Erzieher, kaum religiöse und gesellschaftliche Strukturen, die uns helfen, das Staunen über das Mysterium des Lebens zu wecken und zu vertiefen. Es gibt kaum Menschen, die uns die unglaubliche Schönheit, den zauberhaften Glanz, die überwältigende Ekstase des Lebens zeigen. Stattdessen machen wir uns gegenseitig auf das Fehlerhafte, Minderwertige und Ungenügende aufmerksam. Vieles, was wir tun, wird immer wieder verglichen mit Fremd- und Ideal-Vorstellungen. Selbst die Religionen, in denen die Größe, Schönheit und Herrlichkeit der Schöpfung ja gelegentlich gepriesen und besungen wird, vermitteln uns keine Begeisterung für das Leben, sondern sie erschweren es uns mit einem Katalog von Geboten und Vorschriften, wie wir nicht sein sollen und wie wir stattdessen sein sollten. Dieses einzigartige Leben wird so zu einem Schlachtfeld des Besserseins, des Erfolgszwanges, der Leistung, Pflicht und Anstrengung. Das wahre Leben beginnt erst irgendwann in der Zukunft, im Jenseits oder nach der „Erleuchtung", die wiederum auch nur nach langen Mühen und nur bei einigen wenigen auserwählten Menschen realisierbar erscheint.

- Meine Hauptantwort ist aber: Die Außerordentlichkeit unserer Existenz zu erkennen fällt uns vor allem deshalb so schwer, weil sie uns viel zu nah ist, weil wir identisch damit sind. Von sehr seltenen Augenblicken abgesehen, die mit einer glücklichen Konstellation im Zusammenspiel mit Hormonen, Endorphinen und anderen Transmittern verbunden sind und die oft als „Gnade" bezeichnet werden, können wir deshalb auch nicht annäherungsweise fühlen, wie außerordentlich das Ganze ist. Wir können es ebenso wenig wirklich fühlen, wie das Gehirn sich und seine inneren Prozesse selber adäquat wahrnehmen kann. An der Stelle, an der hinter unserer Stirn das Gehirn sitzt, empfinden wir ja nichts, nicht einmal so etwas wie Dunkelheit oder Schwärze, sondern einfach nur nichts. Selbst wenn wir beispielsweise über einen Bildschirm unsere eigenen Gehirnvorgänge beobachten würden, wäre das, was wir da sähen – diese gefurchte merkwürdige Masse, das Aufleuchten einiger Gehirnregionen oder das Fließen einiger Transmitterstoffe –, doch nur ein ganz und gar blasser, unverständlicher Ausdruck dessen, was wir dabei subjektiv in uns an ganzheitlichen Gestaltungen von Farben, Formen, Tönen, Bildern, Gedanken, Empfindungen, Fantasien und Gefühlen erlebten. Und dieses innere Erleben, das schon um so vieles umfassender ist als die auf dem Computerbild sichtbaren Gehirnreaktionen, ist vermutlich nur ein ebenso blasser Abglanz von dem, was „wirklich" ist, das wir aber gerade deshalb nicht erkennen können, weil wir es selber sind.

In Bezug auf die einfache Tatsache des Wunders unserer Existenz, an dem wir alle zu jedem Augenblick teilhaben, ohne dass wir irgendetwas dazutun müssten, sind wir von daher eigentümlich stumm, blind und taub. Wir vermuten den „Stein der Weisen" überall, nur nicht dort, wo er sich befindet: in unserem unmittelbaren Da- und So-Sein. Man mag in starken emotionalen Momenten oder bei der Meditation vielleicht den überzeugenden Eindruck haben, dies, was man jetzt erlebe, sei bedeutungsvoller, intensiver, klarer, tiefer oder höher, als alles andere, was man jemals erlebt habe, aber es handelt sich doch immer um einen, im Vergleich mit dem Wachzustand im aktiven Leben, deutlich eingeschränkten Zustand.

Wenn man Menschen vor die Wahl stellen würde, entweder den einen oder den anderen Zustand dauerhaft zu erleben, dann ist zu vermuten, dass sich die meisten für den zweiten Zustand des alltäglichen Wacherlebens entscheiden würden. Keine von all den anderen uns bekannten Erfahrungsdimensionen wird jemals an das heranreichen können, was wir jetzt schon sind und was wir in unserem Alltagsbewusstsein in der Lage sind zu erleben und zu tun. In keinem anderen Zustand haben wir mehr Möglichkeiten des Erlebens und Verhaltens. In unserem alltäglichen, oft grau und langweilig erscheinenden Dasein verwirklicht sich unbewusst und unerkannt das höchste Mysterium. Was wir uns von einer fernen Zukunft, vom Paradies, vom Jenseits, von Gott, vom kosmischen Bewusstsein erhoffen, erscheint unter dieser Perspektive als eine Projektion dessen, was wir bereits sind, ohne es zu wissen. Man stelle sich diese Absurdität vor: Da geschieht eines der grandiosesten und unwahrscheinlichsten Ereignisse des Universums unmittelbar in uns und durch uns selbst und wir merken nichts davon! Wir haben nichts Besseres zu tun, als uns über die Mängel unserer Existenz zu beklagen!

„Der Mensch ist unglücklich, weil er nicht weiß, dass er glücklich ist.

Es ist nur das.

Das ist alles, das ist alles!

Findet das einmal einer heraus, wird er sofort, im gleichen Augenblick, glücklich werden …"[4] (Dostojewskij)

Ich weiß nicht genau, was Dostojewskij mit glücklich sein und werden meint. Ich vermute, er hat nicht einen dauerhaften Zustand von schönen Gefühlen gemeint, sondern eher ein deutliches Erkennen, das eine neue, befreiende Perspektive ermöglicht. Vielleicht lässt sich sein Gedanke so interpretieren: Wir sind unglücklich, weil wir einige ganz elementare Tatsachen nicht bewusst erkennen und die Welt würde anheben zu singen, wenn wir es erkennen würden:

- Wir sind unglücklich, weil uns nicht bewusst ist, dass unser normales alltägliches Leben auf dieser Erde ein ganz außergewöhnliches Ereignis ist.
- Wir sind unglücklich, weil uns nicht bewusst ist, was für ein unglaubliches Geschenk es ist, unseren Körper mit seinen vielen Sin-

nen und Fähigkeiten, unseren Gedanken, Gefühlen und Fantasien und unser Bewusstsein zu besitzen.

- Wir sind unglücklich, weil wir nicht erkennen, dass gerade das, worunter wir leiden – unsere Konflikte, Ambivalenzen, schwankenden Stimmungen, Begrenztheiten und die tausendfältigen Polaritäten des Seins –, nicht ein zu überwindendes Übel, sondern die Bedingung und Grundlage unserer Existenz ist, ohne welche wir nicht das erleben können, was wir erleben.
- Wir sind unglücklich, weil uns nicht bewusst ist, dass unser Organismus, unser Selbst, die Quintessenz des schöpferischen Mysteriums des Universums ist, dass er den ganzen evolutionären Prozesses zusammenfasst, ja, ein wahrer Mikro-Kosmos ist und dass uns für eine kurze Zeit lang dieser wundersame Organismus überlassen ist.
- Wir sind unglücklich, weil uns nicht bewusst ist, wie sehr wir mit allem Lebenden, mit der Erde und ihren Elementen, den Tieren, den Mitmenschen, der Umwelt, den Planeten, Sternen, Galaxien verbunden sind und wir uns deshalb nicht freuen können über das, was wir aus der Beziehung zu all dem, von dem wir getragen werden, geschenkt bekommen.
- Wir sind unglücklich, weil wir nicht wissen, wie unser Beitrag, unsere schöpferische Antwort, unser Lebenssinn auf dieses unfassbare Lebensmysterium aussehen kann, obwohl die Antwort eigentlich sehr einfach erscheint: dieses Wunder des Lebens dankbar zu erkennen, zu feiern, es durch unsere bewusste Anteilnahme zu bereichern und es in seiner weiteren Evolution so gut es uns möglich ist zu fördern.

So ist ein neuer Aspekt des „Zauberwortes", das die Welt zum Singen bringen könnte, nicht nur im liebevollen Fühlen und Anteilnehmen, im kreativen Fantasieren und Gestalten, sondern auch und vielleicht vor allem in der Erkenntnis zu finden, in der Erkenntnis der außerordentlichen Natur unserer alltäglichen Existenz, wie sie uns durch unser Selbst vermittelt wird. Aus der Sehnsucht nach dem Gefühl des Staunens, das mir abhanden gekommen ist, ist ein Erkennen geworden, das mich trägt. Diese Erkenntnis ist aber nicht eigentlich etwas Schwieriges, sie bedarf keiner jahrelangen Übung, keiner besonderen Anstrengung, keiner moralischen Leistung. Wir brauchen keine veränderten Bewusstseinszustände, keinen Gnadenakt, der uns von einer unbekannten Instanz erst dann zugestanden wird, wenn wir ihn uns verdient haben. Die Erkenntnis ist so einfach und unmittelbar, wie das Leben uns einfach, unmittelbar und bedingungslos gerade eben gegeben ist. Was wir vor allem brauchen, ist, dass wir uns gegenseitig immer wieder sagen, uns gegenseitig immer wieder daran erinnern, dass es so ist. Mehr nicht. Denn gerade weil das Eigentliche so unmittelbar und einfach gegeben ist, übersehen wir es immer wieder: „Das lebendige Leben muss etwas unglaublich Einfaches sein, das Alltäglichste und Unverborgenste, etwas Tagtägliches und Allstündliches, etwas dermaßen Gewöhnliches, dass wir einfach nicht glauben können, dieses Einfache könnte es sein, und deshalb gehen wir schon so viele Jahrtausende an ihm vorüber, ohne es zu bemerken und zu erkennen"[5] (Dostojewskij).

MATHIAS JUNG

Zärtlichkeit – Die Zartheit und Zerbrechlichkeit des Menschen

Es gibt nur einen Tempel in der Welt,
und das ist der menschliche Körper.
Nichts ist heiliger als diese hohe Gestalt ...
man berührt den Himmel, wenn man einen Menschen betastet.

Novalis (1772 – 1801) Aphorismen

Vielleicht muss man älter werden, um das Meer der Zärtlichkeit, das das Leben bietet, zu entdecken. Menschen können am Mangel an Zärtlichkeit fast verhungern und verdursten.

Für ein Buch[1] befragte ich über einhundert Menschen zur Gefühlslage der Zärtlichkeit. Ich erhielt Antworten, die mich überraschten und erschütterten. Erhard, ein zweiundsiebzigjähriger Altphilologe, hatte, wie er mir schrieb, seit Jahren keine Zärtlichkeiten mehr mit seiner Frau ausgetauscht. Auch ihre Sexualität war erloschen. Eines Tages, ein Jahr vor dem Absenden seines Briefes an mich, stand er im Urlaub in Südtirol vor einem alten Bauernhaus, an dessen Südseite eine Sonnenuhr angebracht war. Erhard las darunter den in gotischer Fraktur gemalten Sinnspruch „sicut umbra fugit tempus". Man könnte das, etwas frei, so übersetzen: „So wie der Schatten wandert, entflieht uns die Zeit".

Erhard berichtet: „Ich las und spürte plötzlich, wie mir die Tränen die Wangen herunterliefen. Meine Frau reagierte bestürzt: ‚Was ist los mit dir?', fragte sie. Ich übersetzte ihr den Spruch und sagte: ‚Liebes, wenn die Sonnenuhr unseres Lebens erlischt, steigen wir beide lieblos in das Grab. Ist das nicht furchtbar?' Da begann sie auch zu weinen. Wir nahmen uns seit Jahren erstmals wieder tief in die Arme. Am gleichen Abend hatten wir ein langes Gespräch. Ich erzählte ihr mein Leid und ich erfuhr, dass sie an meiner Sprachlosigkeit und an meinen Rückzügen in mein Arbeitszimmer innerlich fast gestorben war. Wir haben uns noch vor Mitternacht an diesem denkwürdigen Tag ausgesöhnt. In diesem Urlaub begannen wir, wieder miteinander zu schlafen. Vor allem aber waren wir zärtlich, von morgens bis abends, unersättlich. Es war, als ob ein Damm gebrochen wäre und alle Zärtlichkeit dieser Welt zu fließen begonnen hätten. Meine Frau sagte etwas Schönes damals: ‚Deine Tränen haben dich und mich erlöst.'"

Warum reden die Tiefenpsychologie und die Philosophie in unheiliger Gemeinsamkeit so wenig von den *schönen* Gefühlen? Verena Kast hat wiederholt auf diesen blinden Fleck psychologischer und philosophischer Reflexion aufmerksam gemacht. Sie beschwor statt dessen *Freude, Inspiration, Hoffnung*)[2.] Vielleicht stehen wir alle immer noch zu stark unter den Verdikten Martin Heideggers, Jean-Paul Sartres, vielleicht auch Fritz Riemanns. Die Angst prägt den Menschen nach Auffassung Martin Heideggers unentrinnbar. In seinem Hauptwerk „Sein und Zeit" (1927) befand der Philosoph: „Die Angst ist diejenige Grundbefindlichkeit, die vor das Nichts stellt ... Wovor die Angst sich ängstigt, ist das In-der-Welt-Sein selbst ... Die Angst offenbart im Dasein das Sein zum eigensten Sein-Können ... Die Angst ist der Schwindel der Freiheit.[3]

Jean-Paul Sartre wiederum hat in seinem philosophischen Grundsatzwerk „Das Sein und das Nichts" (1943) den Blick des anderen auf mich als einen nachgerade feindseligen Akt der Kolonialisierung definiert. Wenn mich ein anderer anblickt, so macht er mich nach Sartre zum Objekt. Der kühle, objektivierende, sympathielose Blick wirft mich auf mich selbst zurück. Er macht mich zum bloßen Ding. Ich bin nicht mehr Herr in meinem eigenen Universum, sondern nur mehr ein verfügbarer *Gegenstand* in der Welt. Dieser *antipathische* Blick zerlegt mich unbarmherzig in eine *Außenseite* von Durchschnittlichkeit, Statistik und Trivialität. Unter diesem Blick gerinne ich förmlich im Packeissyndrom meiner frostigen Geworfenheit in diese fremde Welt.

Auch bei Fritz Riemann finden wir in seinem charakterologischen Standardwerk „Die Grundformen der Angst" (1961) die Beschwörung der Angst als einem *basso continuo* moderner Tiefenpsychologie: „Es bleibt wohl eine unserer Illusionen zu glauben, ein Leben ohne Angst leben zu können; sie gehört zu unserer Existenz und ist eine Spiegelung unserer Abhängigkeiten und des Wissens um unsere Sterblichkeit." Jeder Mensch erfährt, sagt Riemann, seine ureigene individuelle Form der Angst, „die zu ihm und zu seinem Wesen gehört, wie er … seinen eigenen Tod sterben muss."

Sind dies nicht alles bittere, negativ akzentuierte Bestimmungen des Menschen, die ihn als Geschöpf der Angst zur Einzelexistenz verdammen und ihn aus den *gedrückten Stimmungen* heraus definieren? Der Denker Otto Friedrich Bollnow hat in seinem scharfsinnigen Buch „Das Wesen der Stimmungen" (1956) im Blick auf Heidegger und Sartre so gefragt. Er setzte der geistigen Untergangsstimmung der Existenzphilosophie eine Anthropologie der *gehobenen Stimmungen* gegenüber. Darunter verstand er den großen Bereich des Heiter-, Lustig-, Fröhlich-, Glücklich-Seins. Bollnow: „Gibt es nicht auch ein eigenes Recht der freundlichen Seite des Lebens? Gehören alles Glück und alle Freude schon immer auf die Seite eines bloßen Sich-Verschließens vor der Unheimlichkeit des Daseins?"[4]

Bollnows Einwand könnte zugleich eine kritische Wendung gegen den männlichen Intellekt und die intellektualistische Philosophie eines Descartes („Ich denke, also bin ich") und seiner Nachfolger bis heute bedeuten. Der Rationalist René Descartes (1596 – 1650) entwertete die Emotionalität. Er definierte die Liebe als einen niederen, körperlich determinierten Zustand, der klarem Denken im Weg stehe. Dagegen hat es immer Denker gegeben, die, anders als der *main stream* der männlichen Wissenschaftszunft, eine Art *logique du cœur*, eine

„Logik des Herzens" (Blaise Pascal, 1623 – 1662) beschworen. Carola Meier-Seethaler[5] und Günther Böhme[6] haben diese Ganzheitlichkeit des gefühlsgetragenen Verstehens und Handelns philosophisch gewürdigt.

Eben hier setzt der niederländische Philosoph Ton Lemaire im Geiste der Existenzphilosophie und Phänomenologie an. In seinem wenig bekannten Hauptwerk „Die Zärtlichkeit" (1975) beschäftigt er sich leibphilosophisch mit jenen Aspekten menschlicher Zuneigung, die man mit dem Wort *Zärtlichkeit* umschreibt – der Liebkosung, dem Kuss, dem Blick. Lemaire beginnt seine Untersuchung mit der Frage: „Was rührt mich und macht mich zärtlich?" Seine Antwort führt in das Zentrum des Problems: „Uns rührt in erster Linie alles, was durch seine Art gebrechlich, verletzbar ist: das kleine Kind, der wehrlose Mitmensch, das ‚empfindsame Herz', ein schlafender Mensch. Alles, was zart ist, hat die Fähigkeit, zärtlich zu stimmen. Zärtlichkeit und Zartheit werden in der Umgangssprache aufs Engste miteinander verknüpft und oft wechselweise gebraucht."

Zart ist, was klein ist und geringe Dimensionen hat, ein Kind, ein kleines Tier, ein schmächtiger Mensch, eine knabenhafte Frau. Vorsichtig gehen wir mit dem um, was als Ding zerbrechlich ist. Eine Blume, ein schwaches Tier sind Bilder der Zartheit. Sie lösen in uns Achtsamkeit und Besorgtheit aus. Ein Ding kann zerbrechen, eine Pflanze absterben, ein Tier Schmerz erleiden. Zärtlichkeit konstelliert ein Verhältnis der Fürsorge. Oft entwickelt der Stärkere gegenüber dem Schwächeren zarte Zuwendung. Das Urbild dafür ist die Mutter-Kind-Beziehung. Jede gute Mutter ist zärtlich zu ihrem Kind, sie streichelt es mit Händen und Blicken, sie spricht sanft zu ihm.

Gleichzeitig ist die Zärtlichkeit immer auch Begegnung. Lemaire: „Ich begegne anderen lebenden Wesen. Ich berühre ihre Haut, die warm und zart ist und die meine Berührung flieht oder sie gerade sucht; und unter oder hinter der Haut vermutet meine tastende Hand das pulsierende Leben. Indem ich berühre, werde ich selbst immer mitberührt ... Das Baby lebt in einem ‚taktilen Universum': Es wird gestreichelt, gehalten und emporgehoben von den Händen seiner Mutter; es sucht ihre Brüste, die es nähren, und es verspürt die Zartheit ihres Gesichts, das sich gegen es drückt und es liebkost."

In der harten, disziplinierenden Hand der Eltern erlebt das Kind dagegen die Autonomie und Ablehnung der Außenwelt und die urmenschliche Einsamkeit. Hier erfährt der zarte kleine Mensch seine Verletztheit und Verletzbarkeit. Umgekehrt wird die Zärtlichkeit zu einem Modus der Welterkundung, im kindlichen Universum zunächst, dann in der Geschlechtlichkeit der Pubertät. Unsere Haut verlangt nach anderer Haut. Sie ist Projektionsfläche möglicher Liebkosung. Selbst und gerade die sexuelle Vereinigung ist diese Zärtlichkeit in höchster Potenz. Lemaire: „Das Verlangen nach Intimität sucht eine größtmögliche Berührungsfläche mit dem anderen und findet diese schließlich im Koitus. Denn der Penis kann als ausgestülpte Haut betrachtet werden, die Vagina als die ihn empfangende, umfassende Haut. So gesehen erscheint der Koitus als die Kulmination eines fortschreitenden Kontaktes zweier epidermata, als die kurzwährende Vollendung der Berührung. Der Koitus ist die totale und absolute Berührung: der Orgasmus die Art und Weise, wie diese totale Berührung erlebt wird."[7] Das gilt für gegen- wie gleichgeschlechtliche Paare gleichermaßen.

Der Blick des anderen Menschen ist eben nicht a priori *antipathisch*. Im zärtlichen Blick liegt, versus Sartre, meine Rettung, mein Himmel, mein Heil. Warum? In den zärtlichen Augen liegen nicht Ablehnung und Kritik, sondern Annahme und Verbundenheit. Sie verheißen Begrüßung, Freude, Dankbarkeit des Ich über das Du. Im zärtlichen Blick finde ich mich positiv erwidert, in meiner Klugheit, Liebheit und Schönheit wahrgenommen, widergespiegelt und willkommen geheißen. Der zärtliche Blick ist, so könnte man Martin Buber amplifizieren, dialogisches Prinzip.

Diesem zurufenden Blick folgt oft die Liebkosung durch die Hand. Dabei geschieht etwas ebenso Grandioses wie Erschütterndes. Lemaire hält fest: „Meine Liebkosung entdeckt die Verletzbarkeit des anderen, die Wehrlosigkeit seiner Nacktheit; aber sie bestätigt sie auch. Denn das behutsame Streicheln meiner Hand verweilt bei der Zerbrechlichkeit des anderen."[8] Es ist also die Zerbrechlichkeit des Menschen, die wir in der Zärtlichkeit erkennen, respektieren und, in einem Hegelschen Sinne, *aufheben*: Die Fragilität, also gerade die Zerbrechlichkeit des Menschen, macht ihn zur Zärtlichkeit fähig und gleichzeitig für die Zartheit empfänglich. Ich bin zärtlich zu dir, *weil* und nicht obwohl du so zerbrechlich bist. Wir alle sind verletzbar und wir sind Sterbliche. Uns alle wird eines Tages der Tod zerbrechen. Das führt uns im Sternzeichen der Zärtlichkeit zusammen.

Der römische Philosoph Lucius Annaeus Seneca (4 v. Chr. – 65 n. Chr.) hat diese schmerzhafte Endlichkeit und die existenzielle Gefährdung des Menschen mit schonungslosem Realismus charakterisiert: „Was ist der Mensch? Ein Gefäß, das zerbricht, wenn man es nur schüttelt oder rüttelt. Es bedarf keines großen Sturmes, damit du zerspringest … Was ist der Mensch? Ein schwacher, hinfälliger Körper, nackt, von Natur aus wehrlos, fremder Hilfe bedürftig, allen Kränkungen des Schicksals ausgeliefert … ein morsches, gebrechliches Wesen, das weinend sein Leben beginnt. Und doch: Was für große Stürme erregt mitunter dieses so verachtete Geschöpf, zu welchen Gedanken schwingt es sich, seine Lage vergessend, auf! Unsterbliches, Ewiges wälzt es in seinem Sinn, entwirft Pläne für Enkel und Urenkel."[9]

Zärtlichkeit ist derart im ontologischen Wesen, im Wurzelgrund des Menschen verankert. Über Zärtlichkeit finden wir zur Hingabe an den anderen und zur Zustimmung für sein Dasein. Umgekehrt erfahren wir dessen Hingabe an uns und seine tiefe Akzeptanz. Zärtlichkeit enthält in letzter Konsequenz *Tröstung*. Denn wie viel Kraft kostet es jeden von uns, mit dem Philosophen Sören Kierkegaard zu sprechen, „die Angst, auszuhalten ein Individuum zu sein"[10]. Wer mich streichelt, der nimmt mir ein Stück meiner Angst vor der kosmischen Einsamkeit und gibt mich damit mir selbst zurück. Das tröstende, beruhigende Streicheln mildert meine Verletzungen, die mir das Leben geschlagen hat. Es hilft mir, mich wieder wohlwollend mit mir selbst zu vereinigen. Es weist mir den Weg, den *guten Geschmack am Leben* (Ingrid Riedel) zu finden.

Eine Philosophie der Zärtlichkeit setzt nach Lemaire eine Philosophie der Zerbrechlichkeit voraus: „Die verliebte Liebkosung ist zärtlich gestimmt durch die Fragilität des anderen; der zärtliche Trost ist gerührt durch seine faktische Verletztheit, sein Leid. Liebkosungen kommen in zwei Situationen vor: als Zartheit gegenüber dem verletzbaren anderen und als Zartheit gegenüber dem verletzten anderen. Zartheit für die Verletztheit des anderen ist Trost, Zartheit für seine Verletzbarkeit ist die verliebte Zärtlichkeit."[11]

Der Mensch ist das Wesen, das an seinem Dasein selbst leidet. Er ist verletzbar und verletzend schlechthin. Mit seiner Zerbrechlichkeit muss der Mensch, dieses „noch nicht festgestellte Tier" (Friedrich Nietzsche)[12], die Unvollkommenheit des Daseins ertragen. Sein Ungeborgensein, sein Vereinsamtsein, seine Unversöhntheit mit der Unvollkommenheit und Endlichkeit alles Bestehenden. Das In-der-Welt-Sein als unvollkommenes Sein endet folgerichtig mit dem Skandal des Todes. Meine Gegenwart in der Welt ist eine anekdotische und episodenhafte. Die Zärtlichkeit des alternden Menschen verströmt daher, wie wir bewegt registrieren, ein Aroma der Melancholie.

In der Zärtlichkeit sind wir Menschen uns unentbehrliche Weggefährten als die *Mängelwesen* (Arnold Gehlen), die wir sind. Gegen die Tragödien des Daseins sind wir grundsätzlich nicht gefeit. Wir sind suchende Kreaturen in einer Welt, der von sich aus kein Sinn innewohnt. Dem Leben jedes bewussten Individuums wohnt eine verborgene Verzweiflung inne. Der pessimistische Philosoph Arthur Schopenhauer (1788 – 1860), der selbst für eine Haltung des Mitleids gegenüber Mensch und Kreatur eintrat, betont diese unvermeidlich dunklen Seiten des Lebens: „In früher Jugend, wenn wir über unser kommendes Leben nachsinnen, sind wir wie Kinder in einem Theater, bevor sich der Vorhang hebt; hochgestimmt sitzen wir da und warten begierig darauf, dass das Stück beginnt. Es ist ein Segen, dass wir nicht wissen, was tatsächlich geschehen wird. Könnten wir es voraussehen, kämen uns Kinder vielleicht wie Gefangene vor, verurteilt nicht zum Tode, sondern zum Leben, nicht ahnend, was ihr Urteil bedeutet."[13]

Die Zärtlichkeit entpuppt sich derart nicht nur als eine intime Artikulation des Menschlichen, sondern möglicherweise als Fundament einer neuen Ethik jenseits der Glaubenssysteme und Ideologien: *Liebesfähigkeit als Friedensfähigkeit*"[14].

Ton Lemaire beweist in seiner Phänomenologie der Zärtlichkeit auf einen Saumpfad der Erlösung im säkularen dritten Jahrtausend hin: „Nachdem wir den Glauben an einen Gott verloren haben, der uns erlöst hat und uns einmal erlösen wird, wissen wir uns angewiesen auf uns selbst, auf die eigene Fähigkeit zu erlösen, die das Leben uns in seiner anonymen Weisheit zugeteilt hat: einander lieben – das heißt: miteinander in der grundlegenden Verletzbarkeit schonend umgehen zu können, zu existieren – und dadurch die Welt lieben zu können … Denn zugleich mit der Verflüchtigung des Gottes, indem das eigentliche Gewicht der Dinge und der Menschen investiert war, gewinnt diese Erde an ‚ontologischem Gewicht' und nimmt wieder die ganze Last des Lebens, aber auch den Glanz all seiner Verzückungen auf sich … Das Bewusstwerden ihrer selbst bedeutet: Sich bewusst werden als Einsamer, einsam in einer zufälligen Welt als dem unerschöpflichen Feld ihres sterblichen Strebens … Die Menschheit, die sich alleine in einem Weltall ohne Maß stehend weiß, sieht sich für ihr Heil auf die Quellen ihrer eigenen Natur verwiesen."[15]

Die Angst über die Brüchigkeit des Daseins in einem gleichgültigen Kosmos ist das Signum der Moderne. Aber was können wir dieser kosmischen Vereinsamung und dem *Todestrieb* (Sigmund Freud) entgegensetzen, als die kulturstiftende Kraft der Liebe und der fürsorglichen Zärtlichkeit für alles bedrohte Lebendige im privaten wie im globalen Maßstab? In diesem Sinn notierte Freud: „Die Menschen haben es jetzt in der Beherrschung der Naturkräfte so weit gebracht, dass sie es mit ihrer Hilfe leicht haben, einander bis auf den letzten Mann auszurotten. Sie wissen das – daher ein gut Stück ihrer gegenwärtigen Unruhe, ihres Unglücks, ihrer Angststimmung. Es ist zu erwarten, dass die andere der beiden ‚himmlischen Mächte', der ewige Eros, eine Anstrengung machen wird, um sich im Kampf mit seinem ebenso unsterblichen Gegner zu behaupten."[16]

So vergänglich die Umarmungen der Liebenden sind, so wegweisend sind sie auch. Lemaire: „Die Versöhnung mit dieser wieder irdisch gewordenen Erde und die relative Erlösung des immanenten Mangels werden nicht länger von einem Gott garantiert, sondern lassen sich nur in der leidenschaftlichen Umarmung von Mann und Frau und in ihrer Zärtlichkeit finden."[17]

Auf See erlebte der achtundfünfzigjährige Laurenz, wie er mir schrieb[18], sein unvergessliches Zärtlichkeitserlebnis. Es ereignete sich inmitten von Trauer und Verzweiflung. Seine Frau war mit dreiundfünfzig Jahren an Krebs gestorben. Seine beiden Kinder studierten auswärts. Laurenz kannte nur noch seinen Beruf als Optiker und seine Einsamkeit zu Hause. Auf Anraten seines Hausarztes leistete sich Laurenz eine Kreuzfahrt, um sich von seinem Schmerz abzulenken. Aber selbst auf dem Schiff kapselte er sich ab. Da geschah es. Laurenz: „Am Tisch saß eine Frau in meinem Alter, Christa. Sie hatte zu Hause eine Damenboutique. Sie war zierlich, aber auch energisch und lebensfroh. Nach einem ‚bunten Abend' bat sie mich um einen Tanz. Das konnte ich schlecht ablehnen. Christa tanzte ganz ruhig mit mir, ohne ein Wort zu sagen. Ich merkte, dass ich das genoss. Sie fühlte sich so weich an und roch gut nach einem dezenten Parfum. Danach schlug sie vor, wir sollten noch etwas an Deck Luft schöpfen. Das Schiff befand sich im östlichen Mittelmeer, in der Nähe von Zypern. Die Luft war seidenwarm, die Sterne funkelten an einem wolkenlosen Himmel. Plötzlich brach alles heraus aus mir. Ich erzählte Christa vom Tod meiner Frau, dem langen Krankenlager, dem Kampf gegen den Krebs, der Beerdigung und meiner zweijährigen Einsamkeit. Ich glaube, ich habe zwei Stunden nur gesprochen, und Christa hörte einfach nur zu. Während der ganzen Zeit legte sie ihren Arm um mich. Als ich weinte, streichelte sie mich und wischte mir mit ihrem Taschentuch die Tränen ab. Obwohl soviel Trauer in mir war, fühlte ich mich selig und wie ein Kind geborgen.

Danach fragte sie mich. ‚Ich möchte gerne heute Nacht bei dir bleiben und dich beschützen. Ist dir das recht?' Wir blieben diese Nacht und alle weiteren der Kreuzfahrt zusammen. In dieser ersten Nacht passierte sexuell überhaupt nichts. Wir lagen nur mit unserer nackten Haut zusammen und hielten uns fest umschlungen. Christa erzählte mir die Geschichte ihrer Ehe und Scheidung. Sie weinte, und diesmal konnte ich sie trösten. Wir haben das Frühstück verschlafen, weil wir bis fünf Uhr morgens miteinander sprachen. Christa küsste immer wieder meine Hände und meine geschlossenen Augen. Das hat mich unbeschreiblich zart angerührt. Heute sind wir verheiratet. Wir tragen das Geheimnis dieser köstlichen ersten Nacht unauslöschlich in unserem Herzen. Sie war der Beginn unserer Liebe."

War die Zärtlichkeit im Falle von Laurenz eine Abendgabe des Lebens, so ereignet sie sich tagtäglich auch als *Morgengabe*. Susanne-Monika erinnert sich an die Morgengabe der Zärtlichkeit mit den ergreifenden Worten: „Nach der Geburt wurde mir mein Sohn kurz auf den Bauch gelegt. Ich spüre noch genau, wie durch diesen ersten Hautkontakt mich so viel Wärme und Liebe durchströmte, mich das so tief anrührte, dass ich einfach sprachlos bin. Das löste eine endlose Flut von warmen Gefühlen und zärtlicher Zuneigung aus. Dieses zarte Wesen auf meiner Haut zu spüren, seine Wärme und unsere Berührung haben mich überwältigt. Ich empfand es als so schön und unfassbar, ich habe tagelang vor Rührung geweint."[19]

Überall, wo Menschen, auch in der gleichgeschlechtlichen Liebe, Zeit für Zärtlichkeit finden, werden sie die Verletzbarkeit des Menschen und unseres schönen blauen Planeten berücksichtigen. Ton Lemaire schlussfolgert: „Die irdische Transzendenz der Erotik ... wird fortan der große Trost der Menschenart sein ... Das Organ der Zärtlichkeit ist das Mitleiden mit den Menschen, und die Zärtlichkeit ist die Haltung, in der sie geschont werden. Alle wahre Liebe ist ihrem Wesen nach Mitleid mit dem anderen: Darum wissen, dass der andere genau wie wir selbst, ein unglückliches Bewusstsein ist, das in seinem Dasein leidet ... Das sanftmütige Mitleid kommt zu sich selbst in einer Philosophie des Mitleids. Das Mitleid kehrt nach dem Umweg über die Philosophie zu seinem Ursprung zurück: der Einsamkeit und Sterblichkeit der Menschen, der Verletzbarkeit der Tiere, der Zartheit der Pflanzen, der Zerbrechlichkeit der Dinge."[20]

RUTH AMMANN

Die Farbe des Lachens – Gedankenspiele zwischen Kindheit und heute

Als wir Kinder waren, spielten wir ein ganz besonderes Spiel. Wahrscheinlich kennen es nur wenige Menschen.

Man brauchte dazu keine Spielbretter mit vorgezeichneten Wegen, auf denen kleine Hütchen oder Figürchen nach bestimmten Regeln herumgeschoben werden mussten. Auch keine Würfel oder Spielkarten. Man brauchte keine großen oder kleinen Bälle, die auf eine kunstvolle oder sportliche Weise ihr Ziel erreichen mussten. Man spielte nicht mit feuchten, dreckigen Händen im Sandkasten oder mit sauberen, kleinen Händchen in der Puppenstube. Man musste sich zu diesem Spiel auch keinen teuren Gameboy oder sonstige raffinierte, fantasieanregende oder fantasietötende Utensilien zu Weihnachten wünschen. Wir brauchten nichts, nur einen Boden zum Sitzen und das Innere unseres Köpfchens.

War es wirklich das Köpfchen oder vielleicht das Bäuchlein oder das Herz?

Es war ein Spiel, bei dem Farben gesucht wurden, Farben, die keines der anderen mitspielenden Kinder sehen konnte, weil sie nur im Inneren jedes Einzelnen von uns aufleuchteten, sobald wir ein bestimmtes Wort hörten.

Wir saßen im Kreise und fragten einander: „Welche Farbe hat Elisabeth?" Nicht die Tante Elisabeth oder die kleine Elisabeth von der übernächsten Straße war damit gemeint, sondern nur der Name „Elisabeth". Uns Kinder interessierte nicht etwas Konkretes, etwas, das man sehen und greifen konnte und das eine mit den äußeren Augen sichtbare Farbe hatte. Uns interessierte ein geheimnisvoller, innerer Vorgang, nämlich das Auftauchen einer Farbe, sobald ein Name ausgesprochen wurde. Wir wussten nicht, woher die Farbe kam, sie war einfach da, wie von einer magischen Hand vor unser inneres Auge hingemalt.

„Welche Farbe hatte also Elisabeth?" Für mich war es Weiß-Gelblich mit einem kleinen Fleckchen hellblau. Für andere Kinder stimmte es so nicht, sie sahen oder erfühlten „Elisabeth" in einer anderen Farbe.

„Welche Farbe hat Ruth?" „Grün" sagte meine Freundin. Ein anderes Mädchen sagte: „Türkis!" Wie eigenartig! Wie konnte nur jemand „Ruth" grün oder türkis sehen! Für mich war das auf keinen Fall so, „Ruth" war für mich, und ist es immer noch, dunkelrot mit gelben Tüpfchen. Obschon ich „Dunkelrot mit gelben Tupfen" gar nicht besonders schön finde, mein eigener Name brachte in mir ganz klar diese Farbe hervor. Ein anderes Mädchen sah nur rot. Meine Schwester meinte sogar, „Ruth" sei dunkelblau. Jedes Mädchen in unserer Spielrunde verband also mit „Elisabeth", „Ruth" und vielen anderen Namen eine verschiedene Farbe oder Farbkombination. Das erstaunte uns, denn wir hatten uns natürlich schnell die Frage gestellt, ob vielleicht bestimmte Laute mit bestimmten Farben verbunden seien? Zum Beispiel „a" mit Blau. Oder „i" mit Weiß oder Hellgelb. Da wir das nicht bejahen konnten, entschlossen wir uns dafür, dass die Farben *nicht* von den Lauten, zum Beispiel von den in einem Namen enthaltenen Vokalen aus unserem Inneren hervorgeholt worden seien. Woher kamen sie denn? Warum waren wir uns nur in ganz wenigen Fällen, wie zum Beispiel bei „Hans" einig über die Farbe? „Hans" war ganz klar für alle bräunlich.

Natürlich fanden wir keine Erklärung für dieses geheimnisvolle Auftauchen der Farben. Wir spielten das Spiel einfach immer weiter und hofften dabei, dass wir eines Tages ein inneres Gesetz für unser „Farbenspiel" finden würden. Damals wussten wir noch nicht, dass es wohl unmöglich sein würde, das innere Farbempfinden der Menschen in Schubladen zu ordnen. Wir machten auch nie den Versuch, die bräunliche Farbe des Namens „Hans" mit Farbe und Pinsel zu malen, sonst hätten wir bald entdeckt, dass auch dieses „Bräunlich" so viele verschiedene Nuancen hatte, wie wir Kinder in der Runde saßen.

Wir wussten überhaupt noch nichts über Farben und schon gar nicht über Farbsymbolik, wie sie heute in der Psychotherapie für die Interpretation von gemalten Bildern unserer Patienten angewendet wird. Wir spielten ja nur ein kindliches Spiel, das zu erforschen mich aber heute ganz besonders reizt, weil ich ahne, dass wir Kinder unbewusst eine Sphäre von großer seelisch-körperlicher Freiheit entdeckt hatten.

So gehe ich weiter mit unserem Spiel. Wie schon gesagt, fragten wir uns zum Beispiel immer wieder, woher die Farben in uns eigentlich auftauchten und wie sie auf unseren inneren Bildschirm gemalt wurden, sobald ein Name ausgesprochen wurde. Kamen sie aus dem Kopf? Oder kamen sie aus dem Bauch? Vielleicht sogar aus dem Herz? Wir glaubten zu spüren, dass die Farben aus den geheimnisvollen Räumen unseres Körpers kamen, weil wir beim Aufsuchen der Farbe eines Namens in uns hineinschauten, sozusagen mit den inneren Augen in unseren körperlichen Innenräumen herumwanderten, wie wenn wir in einer unbekannten Höhle einen Schatz suchten. Aber auch auf die Frage des „woher denn?" fanden wir keine Antwort.

Hingegen merkten wir bald, dass die Quellen der Farbbäche in uns nie aufhörten zu sprudeln, sodass wir unser Spiel immer weiter spielen konnten. „Welche Farbe hat Ingrid?" „Hellgelb oder Orange"! „Welche Farbe hat Franz?" „Blau!" „Nein ganz sicher Grau!"

Als uns keine neuen Namen mehr einfielen (eigenartigerweise blieb die Farbgebung der Namen konstant, war „Franz" einmal blau, blieb er auch blau!), fragten wir uns gegenseitig nach den Farben anderer Dinge. Wenn ich aber „Dinge" sage, ist das nicht richtig. Uns interessierten nun wiederum, wie vorher bei den Namen, nicht die Farben greifbarer Dinge, sondern die Farben innerer, seelischer Elemente, wie das Erleben von Emotionen oder Gefühlen, die, aus dem Blickwinkel meines heutigen Erwachsenenlebens betrachtet, in unserm schnellen, oberflächlichen Alltagsleben keine Farbe haben. Wir Kinder aber fragten: „Welche Farbe hat das Weinen?" oder eben: „Welche Farbe hat das Lachen?".

Nun wurde das Spiel viel schwieriger, und meine Erinnerungen aus der Kindheit werden heute sicher auch überlagert von den Farbschichten meines nun schon ziemlich langen Lebens. Für uns Kinder wurde das Spiel aber vor allem deshalb schwieriger, weil das Erforschen der Farben von mit Gefühlen verbundenem Erleben wie etwa von Weinen und Lachen noch mehr Zeit brauchte. Da mussten wir erst recht lange in unser Inneres hineinfühlen, in die Tiefe der möglichen Farbtöpfe hinuntersteigen, abwägen ob es nun bläulich-grün oder grünlich-blau war, ob es nun heller war oder dunkler, ob sich die Farbe beim Nachgrübeln veränderte oder nicht. Das Finden der Farbe des Lachens oder der Freude war alles andere als einfach, weil die Farbe zu finden für etwas, das einem wie Wasser durch die Finger rinnt oder wie ein Feuerwerk in der Luft verpufft, körperlich-seelische Konzentration braucht.

Ich erinnere mich aber, dass ich schon damals das *Wort* „weinen" als weißlich-graugrün vor mir sah. Vielleicht war die Farbe des *Wortes* mit der Farbe des Schleimes, der beim Weinen aus Augen und Nase tropfte, verbunden.

Ganz anders war aber das *Gefühl* und die *Empfindung* beim Weinen gefärbt. Dieses schwer zu beschreibende Körper- und Seelengefühl, das mit dem Vorgang des Weinens verbunden war, war perlig-rosa bis korallenrot. Ist das nicht eigenartig? Wenn ich diese Verbindung von Perlig-Rosa und Weinen heute nachvollziehe, dann meine ich, dass Weinen für mich damals ein sanfter, beinahe zärtlicher Vorgang war. Noch heute kann ich mich da hineinfühlen. Stilles, trauriges Weinen hat etwas Weiches, Zartes, Rötliches an sich. Es löst den verkrampften Körper, macht ihn weich, die Tränen waschen langsam, leise und rosa den Schmerz hinweg.

Als Korallenrot könnte ich auch heute noch heftiges, verzweifeltes Weinen erleben. Das wäre jedoch nur mein ganz persönliches Erleben. Wenn ich hingegen jemandem, der nach meinem Befinden fragt, antworten würde: „Es geht mir perlig-rosa", wenn mir nach stillem Weinen zu Mute ist, oder: „Ich fühle mich korallenrot", wenn ich schluchzen möchte, dann würden mich wohl nur noch meine Freundinnen aus der Kindheit verstehen, weil wir uns vor vielen Jahren einmal von den Farben unseres Seelenlebens erzählten. Die meisten anderen Menschen würden mich im besten Fall für leicht spinnig halten.

Ich lasse aber nicht locker und spinne weiter an meinem Farbenfaden. Farben sind etwas vom Wunderbarsten im Leben. Sie verzaubern die äußere und die innere Welt, verführen die Menschen zum Lächeln, zum Spielen, zur Freude, leider manchmal auch zur Depression oder Dumpfheit. Vielfarbige, fröhliche Bauten in Städten, Dörfern oder Ausstellungen bringen die Menschen zum Lächeln. Man kann beobachten, wie Besucher überrascht werden von farbenfreudigen Installationen und Anlagen. Sie werden locker, fröhlich, sogar verspielt, wie wenn sich die farbige Verspieltheit und Kreativität der Bauten in den Menschen widerspiegelte. Die Farben bringen sie zum Lächeln oder gar zum Lachen.

Ja, welche Farbe hat nun das Lachen? Als ich kürzlich jemandem diese Frage stellte, sagte sie ohne zu zögern: „Blau!" Für das *Wort* „Lachen" konnte ich ihr zustimmen. Sobald das Lachen aber auf den Wellen der Gefühle und Emotionen reitet oder seelische Befindlichkeiten mit den Wellen des Lachens ausgebreitet werden, dann stimmt einfaches Blau nicht mehr. Ein Lachen kann samtig tiefrot sein wie guter Wein. Ein Lachen kann grüngelb sein wie ätzendes Gift. Ein Lachen kann mit seiner feuerroten Explosivität alle Anwesenden von den Stühlen reißen. Ein Lachen kann schüchtern, hell-lila-gräulich oder gelb-schwarz zynisch sein. Die jeweilige Farbe umhüllt den Gefühlsausdruck des Lachens, sie zeigt aber auch auf, woher das Lachen kommt, ob es aus der Tiefe des runden Bauches aufsteigt oder sich aus dem engen Räumchen hinter verbissenen Zähnen hervorzwängt.

Obschon diese Zusammenhänge meines Wissens noch wenig erforscht sind, meine ich doch, dass die Farbe eines Gefühlsausdrucks auch damit verbunden ist, wo dieser sich im Körper aufbaut oder schon festsitzt. Vielleicht wissen wir noch wenig über diese Zusammenhänge, weil wir uns zu selten die Zeit nehmen, in unsern Körper hineinzufühlen und unsere Gefühle und Emotionen, geschweige denn deren Farbigkeit im Körper aufzuspüren. Wir haben keine Zeit, keine Geduld, vielleicht auch kein Interesse, nach der Farbigkeit des Lebens zu suchen, wobei hier wieder ein doppeltes Leben mit Farben gemeint ist: Die Farbigkeit der Welt, die wir mit unsern Augen konkret sehen und aufnehmen können, aber auch eine innere Welt, ein inneres Leben in und mit Farben. Es ist dies ein inneres Leben, eine innere, farbige Sphäre, die nur wir selber in uns sehen und spüren können, niemand anderer kann sie erleben, es sei denn, wir geben dieser inneren Sphäre eine äußere, greifbare Form und brechen somit das Geheimnis unserer persönlichen Farbenwelt auf und machen es für andere erfahrbar.

Kinder haben damit keine Mühe, sie können sogar ihre Lebensjahre in Farben malen, sodass wir an der Farbigkeit ihrer Jahresringe ablesen können oder ablesen zu können meinen, wie ihnen in diesem bestimmten Jahr zu Mute war.

Da kommen mir noch Zweifel, ob die Interpretation der jeweiligen Farben, wie sie den Gesetzen unserer – erwachsenen – Farbsymbolik folgt, richtig ist und die Befindlichkeit des Kindes trifft. Oder ob das Kind seinem ganz individuellen, inneren Farberleben folgte. Wir müssten beim Kinde nachfragen.

Gewiss ist die Farbenlehre, die in der psychologischen Deutung von „Bildern aus dem Unbewussten" zur Anwendung kommt, eine wichtige Hilfe, um sich der seelischen Befindlichkeit eines Menschen anzunähern. Farben sind ja Teil eines Energiefeldes, das ein ur- oder archetypisches Erleben umschließt. Hier gibt es dann Verbindungen zwischen bestimmten Farben und bestimmten seelischen Befindlichkeiten, die für alle Menschen Gültigkeit haben dürften.

Doch folgte die „Farbenlehre" unserer Kinderseele auch diesen Gesetzen? Ich glaube nicht. Wir nahmen uns die Freiheit, Farben ganz individuell mit dem Klang eines Namens, dem Erleben unserer Gefühle oder dem Erspüren unserer Körperträume zu verbinden. Wir lebten in der großen Freiheit unserer ganz eigenen inneren Farbensphäre.

Wie ist es aber heute im Alltag der erwachsenen Menschen? Ich glaube, dass sich wohl noch einige Farbkleckse aus der Kindheit in den Seelen der Erwachsenen finden. Könnten wir diese nicht wieder beleben? Ich denke schon, wir müssten nur versuchen, sie wieder wahrzunehmen. Die Farben sind wie das Wasser oder die Luft der Seele. Sie hüllen alles ein, fließen durch die Seelenlandschaft oder erscheinen als Regenbogen am Seelenhimmel. Sie können unser äußeres und inneres Leben verzaubern, vergolden, ergrünen oder verdunkelblauen, vernebelgrauen lassen.

Wir könnten zu einander sagen: „Einen goldgelben Morgen wünsche ich dir!" oder: „Welche Farbe hat dieser Zeitungsartikel für dich?" „Diese Sitzung war smaragdgrün mit hellgelben Flecken" oder: „Erzähl mir mal die Farbe deiner heutigen Tätigkeit!"

Wir könnten das Farbspiel der Kinder als Erwachsene spielen, aber ich fürchte, dass wir uns nicht verstehen, nicht *mehr* verstehen würden. Wir würden die Seelenfarben in Schubladen stecken, die Farben der Gefühle in eine Gesetzmäßigkeit einordnen wollen. Wir würden nicht annehmen wollen, dass für jeden einzelnen Menschen das Lachen eine andere Farbe hat.

Oder vielleicht doch nicht? Muss es denn immer so ernsthaft und ordentlich sein? Setzen wir uns doch hin, nehmen wir uns die Muße zu fragen: „Welche Farbe hat dein Leben heute? Welche Farbe hat mein Leben gerade jetzt?"

BRIGITTE SPILLMANN-JENNY

Sehnsucht, an der wir sterben müssen – Über die transzendierende Kraft der Sehnsucht

Ein jegliches hat seine Zeit und seine Stunde, das Lachen, das Weinen, das Glück und die Trauer, das Leben, die Liebe und der Tod – das Predigerwort erinnert nicht nur exemplarisch an das wechselhafte Geschick des Menschen, sondern auch daran, dass zum menschlichen Leben die gegensätzlichsten Emotionen gehören. Was immer Menschen zustößt, sie werden dabei von Gefühlen ergriffen und umgetrieben. Ein Gefühl allerdings ist, das alle andern durchtränken und überdauern kann: die Sehnsucht; sie färbt unser Lachen und Weinen mit ihrem ganz eigenen Gefühlston ein, sie verbindet über den Tag und alle Zeit hinaus. Sie erfasst uns als inniges, heißes Verlangen nach Liebe und Zärtlichkeit, nach einem vertrauten Menschen, als tiefes Streben nach der unerreichbaren Heimat, nach Gerechtigkeit und Frieden, als oft verzehrende Suche nach dem verlorenen Paradies, dem Sinn des Lebens und vielem sonst, was wir schmerzlich entbehren. Sie lässt uns nicht zur Ruhe kommen, treibt uns immer weiter – bis ans Ende der Welt: „Nur Ewigkeit ist kein Exil" (Else Lasker-Schüler).

„Keine war so voller Sehnsucht", sagt Andersen von der kleinen Meerjungfrau mit den tiefblauen Augen im gleichnamigen Märchen; früh bereits war sie voller Sehnsucht nach der Welt der Menschen gewesen. Und lange bevor sie zu diesen auftauchen durfte, hatte sie schon ihren kleinen Garten am Meeresgrund mit einem Marmorstandbild geschmückt, einem schönen Knaben, in weißen Stein gehauen, der von einem gestrandeten Schiff versunken war.

Voller Sehnsucht suchte sie später nach der Liebe eines einzigen Menschen, durch die ihr endlich jene unsterbliche Seele verliehen werden soll, die sie sich mehr als alles andere erhofft. Für die Erfüllung dieser Sehnsucht nimmt die kleine Meerjungfrau sehr viel in Kauf, sogar den Verlust ihrer herrlichen Stimme. Da, wo sie schließlich die Grenze überschreitet von ihrer ursprünglichen Welt in jene lang ersehnte fremde der Menschen, wo sie aus dem Wasser ans Land geht, da wird uns eindrücklich vor Augen geführt, was diese Grenzüberschreitung eigentlich bedeutet: Sie muss lernen, aus ihrem allerschwächsten und schmerzhaftesten Stand heraus zu gehen – die ungewohnten Beine anstelle des geopferten Fischschwanzes fordern ihren Preis: ein messerscharfer Schmerz bei jedem Schritt, den die kleine Meerjungfrau künftig in der Welt tut; er ist der Tribut für den aufrechten Gang des Menschen und gleichzeitig für die Einlösung ihrer Sehnsucht, menschliche Gestalt anzunehmen. Aus der Unendlichkeit des Meeres – dessen Wasser „ganz blau" ist, so blau, wie der Himmel, der sich über dem Meeresgrund zu wölben scheint – drängt es sie unbedingt ins Leben. An dieser Sehnsucht muss sie schließlich sterben, denn mit der Menschwerdung wird sie sterblich.

Alle Sehnsucht wünscht Erfüllung. Das Geschick der kleinen Meerjungfrau zeigt, dass Sehnsucht aber selbst da noch Leiden bereiten kann, wo sie sich endlich doch erfüllt. Dagegen verbindet sich eine tiefe Sehnsucht so gerne mit der Vorstellung von einem Leben, das frei sei von Leiden und Schmerz, frei von Konflikten aller Art. „Flügel der Gefühle – Ringe der Sehnsucht", unter diesem Motto wirbt gegenwärtig ein Juwelier für kostbaren Schmuck auf tiefblauem Grund, aus dem sich die übergroßen, weit gespannten Flügel eines Adlers geheimnisvoll abheben – ein Bild von unendlicher, unbeschwerter Leichtigkeit des Seins und romantischer Liebe, alles erreichbar durch den Kauf der überirdisch aufleuchtenden Ringe ... Diese Botschaft vermittelt ein Plakat. Kein Zweifel, das Geschäft mit der Sehnsucht blüht.

Das Geschäft mit der Sehnsucht blühte zu allen Zeiten, heute wohl aber ganz besonders. Wie viele haben doch immer wieder das Gefühl, am falschen Ort im Leben zu sein und deshalb das Bedürfnis, den Gegebenheiten des eigenen Lebens zu entfliehen! Die Möglichkeiten dazu sind reichhaltiger denn je und mit ihnen die vermeintliche Erfüllung der Sehnsucht: Konsum, Reisen, Höchstleistungen in Arbeit und Sport, Drogen, vielfältig inszenierte Sexualität, Psychopharmaka, virtuelle Welten aller Art, Sekten, politisch-gesellschaftliche Heilslehren – das Angebot ist unabsehbar. Auch Psychoanalyse und -therapie leben seit ihren Anfängen ebenfalls von der Sehnsucht der Menschen. Es ist letztlich wohl immer (unbewusste) Sehnsucht, welche die Menschen in Therapie treibt und da auch aushalten und mitarbeiten lässt. Zweifelhaft wird dies erst dann, wenn wir die Hoffnung auf magische Wandlung verstärken und den emanzipatorischen Ansatz der Tiefenpsychologie aus den Augen verlieren.

Die Sehnsucht aber ist kostbarer und greift tiefer als aller falsche Umgang, der mit ihr betrieben werden kann. Schon im Schöpfungsmythos unseres Kulturkreises bricht sie auf: Mit dem Raub der Frucht vom Baum der Erkenntnis hat das erste Menschenpaar das Paradies verwirkt. Fortan bleibt das Paradies verschlossen, unerreichbar jener ursprüngliche Zustand von Einheit, Glück, Harmonie und ewigem Wohlbefinden, in dem jeder Hunger gesättigt, jedes Bedürfnis gestillt und jeder Wunsch erfüllt wird. „Adam weiß, was er verloren hat", meint Bonhoeffer: „Er weiß um sein Sterbenmüssen, Lebenwollen, Nichtlebenkönnen und Lebenmüssen. Dieses Leben des Adam ist nun ein dauerndes, erneutes Sichempören gegen dieses Dasein, ein Greifen nach dem Leben, das diesem Leben ein Ende machen würde, das das neue Leben sein würde. Leben will Adam unter allen Umständen. Adam hat vom Baum der Erkenntnis gegessen, aber der Durst, den ihm diese Frucht nach dem Baum des Lebens gemacht hat, bleibt ungestillt. Der Baum des Lebens ist bewacht durch Wächter des Todes, er bleibt in unberührter göttlicher Unnahbarkeit. Aber das Leben Adams vor den Toren ist ein dauernder Angriff auf das verschlossene Reich. Ein Fliehen, ein Suchen, auf dem verfluchten Acker zu finden, was er verloren hat, und dann immer wieder ein verzweifeltes Rasen gegen die Wächter mit dem hauenden Schwert. Aber das Tor bleibt geschlossen."[1]

Hier trifft sich die biblische Schöpfungsgeschichte mit Andersens Märchen: Die Sehnsucht nach Menschwerdung und die Sehnsucht nach dem Baum der Erkenntnis jagen unwiederbringlich in die Endlichkeit. Die kleine Meerjungfrau wie Adam und Eva tauchen auf aus der Unendlichkeit des Unbewussten und werden damit dem Tode verfallene Menschen.

Zurück bleibt die Trauer und Verzweiflung um das verlorene Paradies, das eine tief eingewurzelte Quelle der Sehnsucht durch alle Zeiten bleiben wird. Der faszinierende uralte Menschheitstraum vom Paradies findet sich nahezu in allen Schöpfungsmythen, ebenso wie dieser paradiesische Urzustand ausnahmslos aus irgendeinem Grund verwirkt wird. Zurück bleibt die brennende Sehnsucht, die sich im biblischen Mythos (und gewiss nicht nur da!) gerade auch in ohnmächtig verzweifeltem Aufbegehren, ja in Hass und unbändigem Vernichtungswillen zeigen kann: „Der auf den Tod hin erhaltene und am Durst nach dem Leben sich verzehrende Adam zeugt Kain, den Mörder. Das ist das Neue in Kain, dem Sohne Adams, dass er selbst sich am Leben des Menschen vergreift. Der Mensch, der nicht vom Baum des Lebens essen darf, greift umso gieriger nach der Frucht des Todes, der Vernichtung des Lebens."[2] Kain hat zahlreiche Nachkommen bis auf den heutigen Tag! Die Sehnsucht nach Leben und Liebe bewirkt Tod und zerstörerischen Hass, wo sie nicht geduldig ausgehalten wird, wenn das Ungenügen der konkret erfahrenen Wirklichkeit hinter den Wunschträumen und eigenen Vorstellungen zurückbleiben muss.

Die Sehnsucht nach dem Paradies[3], jenem Zustand ursprünglicher Glückseligkeit, aber ist uns allen eingeboren. Sie zieht eine unauslöschliche Spur durch die ganze Menschheitsgeschichte. Die einstmals religiöse Heilsgeschichte ist allerdings nach dem Tode Gottes ins

Diesseits verlegt worden. Das Gelobte Land scheint damit in greifbare Nähe gerückt, das Anrecht auf „Glück" jedes Einzelnen doch endlich einlösbar, der Baum des Lebens trotz der Wächter des Todes erreichbar – wenn auch nicht in seiner Ganzheit, so doch wenigstens in den vielfältigen Manipulationsmöglichkeiten, die uns heute gegeben sind, wenn wir in die Grundsubstanz des Lebens eingreifen und selbst den Tod noch aufschieben.

So vermischen sich in der Sehnsucht nach dem Paradies rückwärtsgewandtes Verlangen mit zukunftsgerichteten Idealvorstellungen, die aber stets genährt sind von jenem ursprünglichen Zustand selbstverständlichen Glücks und dem unbändigen Willen nach Leben. Marx z. B., der Nachfahre frommer Rabbiner, setze mit seinem historischen Materialismus auf die archetypische Heilserwartung des jüdischen Volkes und übersah dabei den metaphysischen Gehalt der messianischen Hoffnung. Sein Versuch, das in menschlich begrenzter, endlicher Welt nicht Einlösbare doch konkretistisch zu verwirklichen, schlug fehl und erwies sich als zutiefst lebensfeindlich – die ewige Sehnsucht nach Verschmelzung in klassenloser Gesellschaft führte in ihrer realen Umsetzung zur Entwürdigung des Menschen, zu krasser Ungleichheit und zerstörerischer Machtpolitik. Der Marxismus teilte damit das Los aller totalitären Ideologien: Angetreten mit höchsten Heilsversprechen, genährt von archetypischer Sehnsucht nach Aufhebung der Selbstentfremdung des Menschen und dem Ende allen Daseinskampfes, endete er in größter Destruktivität und Ohnmacht.

Gesellschaftliche Prozesse sprechen stets archetypische Sehnsucht an, die das einzelne Individuum ebenso ergreifen wie das Kollektiv. Das trägt mit dazu bei, Menschen zu willfährigen Werkzeugen von totalitären Ideologien (Nationalsozialismus nicht weniger als Marxismus und neuere Fundamentalismen) oder Heilslehren aller Art werden zu lassen. Sie rühren an höchste (unerreichbare) Werte, wecken tiefste Sehnsüchte und machen gerade damit verführbar.

Im Spannungsfeld zwischen Utopie und erlebter Wirklichkeit blüht die Sehnsucht. Ob bei der Menschheit insgesamt oder beim einzelnen Individuum, immer steht diese Sehnsucht zumindest unbewusst auch im Banne des Mythos vom Paradies. Der archetypische Bezug ist unübersehbar. Die Anfänge jedes Einzelnen in der Symbiose der frühen Mutter-Kind-Dyade sind darum ebenfalls mit der Paradiesessituation verglichen worden, namentlich Jungsche Analytiker haben diese ursprüngliche „Einheitswirklichkeit" sehr betont. Auch hier aber ist der Verlust des Paradieses und damit die Vertreibung aus der Geborgenheit der „Harmonia mundi" nicht aufzuhalten und dies keineswegs „nur" im Falle früher Traumatisierung, sondern durchaus auch als Folge ungestörter Bewusstseinsentwicklung. Selbst die moderne Säuglingsforschung kommt nicht darum herum, vom gewaltigen Verlust zu sprechen, den das Kind mit dem Erwerb der Sprache erleide: Mit der Sprache büßt es nämlich „die Kraft und Ganzheit des ursprünglichen Erlebens ein[4], es erlebt damit „eine Spaltung im Selbsterleben"[5] und erfährt „die entfremdende Wirkung der Sprache auf Selbsterleben und Zusammengehörigkeit"[6]. Holderegger, ein Psychoanalytiker, hat in neuester Zeit ausdrücklich an Sterns Beobachtung angeknüpft und den Verlust des frühen Dialogs zwischen Mutter und Kind (der affektiv vorsprachlichen Kommunikation) der Vertreibung aus dem Paradies gleichgesetzt.[7] Zurück bleibt die Sehnsucht, ein Heimweh nach diesem Leben in ursprünglicher Einheit.

Poetische Sprache hat zu allen Zeiten das Leiden an dieser Sehnsucht zu fassen versucht; Else Lasker-Schüler, die sich ein Leben lang ganz besonders in Sehnsucht verzehrt hat, soll hier mit einem kurzen Gedicht zum „Weltende", das der Verlust der frühen Welt immer auch bedeutet, zu Wort kommen[8]:

Es ist ein Weinen in der Welt,
Als ob der liebe Gott gestorben wär,
Und der bleierne Schatten, der niederfällt,
Lastet grabesschwer.

Komm, wir wollen uns näher verbergen ...
Das Leben liegt in aller Herzen
Wie in Särgen.

Du! wir wollen uns tief küssen –
Es pocht eine Sehnsucht an die Welt,
An der wir sterben müssen.

Durch Trauer und Tod hindurch scheint in diesen Zeilen Liebe auf. Und Eros weckt denn auch stets Bilder unserer Sehnsucht und unsere Paradiesessehnsucht mit Macht. Alle Lust wolle Ewigkeit, sagt Nietzsche, tiefe, tiefe Ewigkeit; dennoch sind die Momente des Glücks von kurz bemessener Dauer. Das gilt nicht nur für die erotisch-ekstatischen Augenblicke, das gilt auch für die fraglos innige Verbundenheit zweier Liebender. Als getrennte, vereinzelte Wesen haben wir unser Leben zu bestehen, die Eigengesetzlichkeit unserer Seele macht uns das Du zum Anderen – selbst in Liebesbeziehungen. Die Sehnsucht ist nicht dauerhaft zu stillen.

Für dieses nie endende Sehnen nach Vereinigung des Getrennten hat schon Platon den Mythos vom Kugelmenschen gefunden, den er im Symposion erzählt: Ursprünglich bilden Mann und Frau eine Einheit; ihre Körper waren zu einer Kugel verbunden, und sie waren in dieser Gestalt so mächtig und kraftvoll, dass sie sogar den Göttern die Stirn bieten konnten. Zeus strafte die Hybris des starken Menschengeschlechts, indem er die Ganzheit von Mann und Frau kurzerhand zerschnitt – seither suchen sich die beiden Hälften, fasziniert und voller Sehnsucht, sind sie sich doch das Urfremde ebenso wie das Urvertraute. „Von so langem her also ist die Liebe zueinander den Menschen angeboren, um die ursprüngliche Natur wiederherzustellen, und versucht aus zweien eins zu machen und die menschliche Natur zu heilen."[9] Die Sehnsucht nach dem andern verkörpert offensichtlich immer auch die unstillbare Sehnsucht nach Ergänzung, das Verlangen, sich nach qualvoller Zerrissenheit endlich im ursprünglichen Ganzsein wiederzufinden.

Gewiss ist damit konkretes Beziehungsgeschehen gemeint, aber mehr noch als das: Im Kugelmenschen inkarniert sich ein Symbol des Selbst. „Symbolisch erscheint denn auch das Selbst sehr oft im Symbol der Vereinigung der Gegensätze, häufig im Symbol eines Liebespaares", sagt Verena Kast und fährt fort: „gerade dieses Symbol erscheint mir außerordentlich wichtig, weil hier das Erleben von Liebe, von Ganzheit, von Vereinigung der Gegensätze, von Sehnsucht nach Entgrenzung ausgedrückt ist. Und es ist immer wieder feststellbar, dass Menschen die Sehnsucht nach Liebe und die Sehnsucht nach dem Selbst kaum voneinander trennen können. Wenn wir von Liebe ergriffen sind, ist damit noch eine Sehnsucht verknüpft, die über die Liebesbeziehung hinausgeht." [10]

So verkörpert die Sehnsucht nach dem Du immer auch die Sehnsucht nach der eigenen Vollständigkeit. Die Seele, „die nur aus der menschlichen Beziehung lebt" [11], findet erst in der Begegnung mit dem anderen Menschen und ganz besonders in der Liebesbeziehung zum unverwechselbar eigenen Wesen. „Der Mensch wird am Du zum Ich", lautet eine zentrale Aussage von Martin Buber [12]. Das Beziehungsfeld von Ich und Du eröffnet aber gleichzeitig den weiten archetypischen Raum, oder, um es noch einmal mit Buber zu sagen: „Die verlängerten Linien der Beziehung schneiden sich im ewigen Du. Jedes geeinzelte Du ist ein Durchblick zu ihm." [13] Die Sehnsucht weist uns über die Welt hinaus, verheißt Entgrenzung ebenso wie Geborgenheit im Ankommen und Verweilen – und ist doch nie auf Dauer einzulösen. Sie nimmt uns auf in dieses weite Zwischenreich zwischen Endlichkeit und Unendlichkeit, dem wir als „wunderliches Gespinst, gewoben aus Endlichkeit und Unendlichkeit" (Kierkegaard) besonders verwandt sind. Wo wir uns von Sehnsucht aus der Enge unseres begrenzten Daseins heraustragen lassen, eröffnet sie uns Räume der Transzendenz nach innen und außen ebenso wie nach Du und Selbst, nach Gott und den Menschen. Sie erfasst uns mit allen

Fasern unseres bewussten und unbewussten Wesens, gründet in elementaren Tiefen unseres Körpers und schwingt sich über dem faszinierenden „Feld des Eros" auf in die „endlosen Räume des Himmels".[14] In unvergleichbarer Intensität findet dieses Zusammenfallen von erotischer und spiritueller Sehnsucht Gestalt und Ausdruck in der Mystik und lange zuvor im Hohenlied.

Wo wir uns von dieser Sehnsucht anrühren lassen, gewinnt unser Leben an Lebendigkeit, an Intensität und Tiefe. Ja mehr noch: Die Sehnsucht entspricht dem stärksten Verlangen nach Selbstverwirklichung und Beziehung, nach Sinnfindung im Weltganzen, im Kosmos. Sie ist Ausdruck jener Kraft, die uns unablässig zur Entwicklung unseres persönlichen, unvergleichbar einzigartigen Wesens drängt und ist damit unerlässlich zum psychischen Reifungsprozess, zur Individuation. In der Sehnsucht findet der instinktive Drang nach Entfaltung der Individualität seine seelische Entsprechung. Wenn Jung von den Kriterien der Individuation sagt, sie seien alle „notwendigerweise subjektiv und außerhalb naturwissenschaftlicher Zielsetzungen"[15], so belegen die vielfältigen Bilder und Inhalte der Sehnsucht dies eindrücklich. Welche Einfärbung, welchen Grundton unsere Sehnsucht annimmt, auf welche Pfade sie uns führt, erwächst allein aus der Geschichte unseres Herkommens, aus unserer seelischen Konstitution und den Konstellationen unseres gegenwärtigen Lebens. Wie wir mit ihr umzugehen vermögen, entscheidet wesentlich über unseren Lebensgang und darüber, *wie* wir an der Sehnsucht sterben müssen (um das Wort von Lasker-Schüler noch einmal aufzunehmen).

Vor einigen Jahren machte ich in der einzigartigen Moschee-Kathedrale, der *Mezquita* von Cordoba, eine merkwürdige Beobachtung. Da findet sich im islamischen Teil ein Meer von Säulen und Rundbögen, die atemberaubend schön, in ihrer unfasslichen Vielzahl eine Ahnung von der Unendlichkeit Allahs auszudrücken versuchen. Das Allerheiligste aber, die achteckige Gebetsnische, die sogar vom Vorbeter nie betreten wird, ist der für den verborgenen Gott bestimmte Raum. Ich hatte bereits eine Weile berührt vor der leeren

Mitte gestanden, in der das Unsichtbare auf diese Weise sichtbar gemacht und geheiligt werden soll, als ein emsiges Treiben einsetzte, das mich aufs Äußerste irritierte: Touristen strömten herbei, die meisten mit der obligaten Kamera. Nun stellte ein Besucher nach dem andern seine Frau oder Partnerin ins Zentrum der leeren Nische und verewigte diesen Anblick auf einer Fotografie. Gelegentlich gab es danach einen Rollentausch, und dann stand der Mann im Raum des verborgenen Gottes. Mir erschien der Vorgang anfänglich als reine Blasphemie – bis mir allmählich dämmerte, wie geradezu idealtypisch dieses (für die meisten Akteure allerdings unbewusste) Geschehen war. Wie oft werden doch in Beziehungen die Partner und Partnerinnen tatsächlich an die Stelle des abwesenden Gottes gesetzt – und damit in ihrer menschlichen Unzulänglichkeit hoffnungslos überfordert, während gleichzeitig der transzendente Bezug verloren geht. Wo die Sehnsucht nach Du und Selbst, nach Liebe und einer sinngebenden Mitte des Lebens derart konkretistisch in der realen Welt Erfüllung finden soll, ist das Scheitern unausweichlich. Die vielen gescheiterten Beziehungsversuche in unserer Zeit gehören zum Strandgut derart fehlgeleiteter Sehnsucht. Die an ihr sterben, sterben in Resignation und nicht selten verzweifelt und hasserfüllt.

Das gilt nun freilich für alle fehlgeleitete Sehnsucht, eine Spielart davon ist die Eifersucht[16]. Die letztlich stets ungenügende Lebenswirklichkeit lässt Lücken, ja gelegentlich Abgründe aufbrechen zwischen dem unbewusst nie aufgegebenen Anspruch nach dem Absoluten und der mangelhaften Realität jedes individuellen Lebens. In diesen Lücken, diesen Abgründen gedeiht die Sucht – eine verkommene Sehnsucht. Hier gibt es kein geduldiges Aushalten des Ungenügenden; hier wollen Träume unbedingt verwirklicht werden; hier soll sich das Leben in all seinen Möglichkeiten schließlich doch ereignen, hier sollen Schmerzen, vor allem aber die ganze eigene Not endlich enden – und zwar möglichst sofort und total. Die Sucht erträgt keinen Aufschub und keine Abstriche.

Was beim süchtigen Menschen besonders deutlich wird, betrifft aber keineswegs nur diesen: „Bis zu einem gewissen Grade wohnt dieser süchtige Weltbezug allen Menschen inne, besonders aber jenen unseres Kulturkreises. Wir streben nach stets neuen Reizen und Objekten ... und kaum haben wir sie erlangt, interessieren sie uns nicht mehr, da sie zu einem Teil unserer selbst, ... zu unserem Besitz geworden sind. Was wir aber besitzen, beachten wir oft nicht mehr. Wir schauen unersättlich nach Neuem. Es ist die menschliche Unersättlichkeit, die so viel Leid in manche mitmenschliche Beziehung trägt."[17] Battegay publizierte diese Ausführungen 1987. Heute, im beschleunigten Wandel und im Zeichen der Globalisierung, sind sie wohl erst recht zutreffend. Der Vergleich mit früheren Zeiten macht es überdeutlich: Unsere gesellschaftlichen Lebensumstände laden zur Unersättlichkeit geradezu ein. In vorangegangenen Jahrhunderten wusste man beispielsweise, dass es fremde Kontinente und ferne Länder gab, nur ganz wenigen aber war es tatsächlich möglich, im Laufe ihres Lebens einmal in die Ferne aufzubrechen. Die Sehnsucht nach fremden Welten musste damals einen andern Niederschlag im Leben finden als heute, wo wir mit Charterflügen nicht nur schnell, sondern auch sehr billig in die entlegensten Ferien- und Naturparadiese dieser Welt gelangen und wo wir mühelos auch in ferne Gesellschaften und Kulturen eindringen können. Wir holen uns Nahrungsmittel und Kleidung aus oft weit entlegenen Ländern herbei. Die kulturelle Vielfalt allein schon in unseren Essgewohnheiten zeigt überdeutlich eine generell prägende Tendenz in unserer Gesellschaft: Es gibt auf dieser weiten Welt nichts, was wir nicht besitzen, über das wir nicht verfügen könnten.

Freuds alte (seinerzeit real unausweichliche) Forderung nach Sublimierung unserer Wünsche ist einer (vermeintlichen) Möglichkeit der konkreten Umsetzung gewichen, die kollektiv und individuell erst recht in die Unersättlichkeit treibt. So ist es denn nicht verwunderlich, dass unser Zeitalter überhaupt als das „süchtige" bezeichnet wird.[18]

Die Folgen dieser „Egomanie" (Richter) sind für den Einzelnen wie für Umwelt und Gesellschaft zerstörerisch. Wo ohne jede Rücksicht auf Verluste illusionär und selbstmächtig auf konkreter Erfüllung sehnsüchtigen Verlangens beharrt wird, verkommt die Sehnsucht zur Eigensucht jeglicher Art. Fehlgeleitet, tötet sie natürliches Wachstum ebenso ab wie den lebendigen Individuationsgang und zwingt den Menschen in eine erstickende Ich- und Weltbindung hinein, die Transzendenz nach innen und außen verhindert; da eröffnet sich kein Fenster mehr zum Du und zur Ewigkeit hin. Paradoxerweise gründet diese fehlgeleitete Sehnsucht letztlich in der Weigerung, Tod und Vergänglichkeit, Ohnmacht, Zerbrechlichkeit und Unergründlichkeit menschlicher Existenz anzunehmen.

In der „Zukunft einer Illusion" hat Freud aufgeklärt und im strengen Bemühen, die Erwartungen des Menschen vom Jenseits abzuziehen, damit er alle freigewordenen Kräfte auf das irdische Leben konzentriere [19], die Religion zur bloßen Illusion erklärt, geboren aus der „Vatersehnsucht" hilfloser und unmündiger Menschen.[20] Die Überwindung des Infantilismus und damit „die Erziehung zur Realität" sind Freud innerstes Anliegen [21] – und wer wollte ihm in diesem Punkt widersprechen? Wenn er dann aber der Religion den „Primat des Intellekts", „unseren Gott Logos" und seine Wissenschaft entgegensetzt [22], erkennen wir mit Staunen die Etablierung einer neuen Religion – einer Religion ohne Transzendenz allerdings.

„Die Beunruhigung des Menschen durch die Nachbarschaft des Ewigen" [23] bleibt damit dennoch erhalten und unbeantwortet. Die Beunruhigung aber sitzt tief; die Verletzlichkeit und Endlichkeit menschlichen Lebens wirklich wahrzunehmen, gehört zum geforderten Realitätsbezug und damit auch das Leiden am unzulänglichen, vergänglichen Leben, dem wir ohnmächtig ausgeliefert sind.

„Die Sehnsucht nach dem Ewigen, dem Unendlichen, nach dem Absoluten" aber ist die äußerste Gegenwehr gegen „das Leid der Vergänglichkeit: dass das Geliebte wahrgenommen wird; dass lebendige

Schönheit immer nur im Vorübergang ist; dass der Nachbar des Schönen der Tod ist."[24]

Diese Sehnsucht verleugnet den Tod nicht, sie nimmt ihn in ihr Verlangen wie das Leben und den Eros, dem der Tod verschwistert ist.[25] Ganz nah an diesem Wissen sind Menschen in der Schwermut, die, wie Guardini in seiner kleinen Schrift „Vom Sinn der Schwermut" behutsam aufzeigt, in ihrer Schwermut erleiden, „was mit den Tiefen unseres Menschentums zusammenhängt"[26] und gerade so den „kritischen Punkt unserer menschlichen Situation überhaupt deutlich" werden lassen.[27] In der Therapie kann es darum entlastend wirken, die eingeschlossene Sehnsucht im Leiden aufzuspüren. Ich erinnere mich an einen Mann in mittleren Jahren, der Zeit seines Lebens schon unter schweren depressiven Zuständen gelitten hatte. Wir wussten beide, dass es keine wirkliche Heilung geben konnte. Zu begreifen aber, dass seine Schwermut Ausdruck seiner Sehnsucht nach dem Ewigen sei, gab seinem unsäglichen Leiden eine Würde und einen Sinn und half ihm einen Weg finden, mit seiner Not zu leben.

In der Sehnsucht äußere sich das unbedingte Verlangen nach Entfaltung unseres Lebens, nach größtmöglicher Selbstverwirklichung, stellten wir fest. Die stets ungenügende Wirklichkeit unseres Lebens steht der Einlösung dieses Begehrens entgegen. Wo wir dennoch auf konkreter Erfüllung beharren und den notwendigen Verzicht verweigern, führt uns die Sehnsucht in die Irre, sie kippt in eine beengende, oft zerstörerische Eigenmächtigkeit oder lässt uns regressiv nach vergangenen (vermeintlich) mühelosen, beseligenden Zeiten suchen. Diese fehlgeleitete Sehnsucht entspringt der Unfähigkeit zu leiden, der Auflehnung gegen Tod und Trauer. Sie verweigert das unumgängliche Opfer, was den von ihr Ergriffenen und oft auch sein ganzes Umfeld früher oder später selbst zum Opfer werden lässt, wie wir heute auch weltweit beängstigend erleben: Die Sehnsucht nach Gottähnlichkeit bringt dem Menschen, diesem unersättlichen „Prothesengott" (Freud), schon längst die natürliche Umwelt, soziale Gerechtigkeit und Frieden immer wieder neu zum Opfer – allmählich dämmert ihm (hoffentlich), was er damit preisgibt.

Nur da, wo wir bewusst um die Begrenztheit unseres Daseins wissen, wo wir bereit sind, das uns abverlangte Opfer stets neu zu erbringen und auf unserem Weg mühsam tastend den aufrechten Gang zu erproben, wo wir menschliche Zerrissenheit und Ohnmacht, Tod und Schmerz annehmen – nur da erweist sich Sehnsucht als transzendierende Kraft, die uns das Leben wider alle Resignation in Hoffnung bestehen lässt. Da sucht sie in liebevoller Hinwendung die Vereinigung alles schmerzhaft Getrennten, bewahrt aber gleichzeitig eine Ehrfurcht vor dem Geheimnis des Unverfügbaren, das ihr im ganz Anderen des Du ebenso wie im Selbst entgegenkommt. In der Liebe und vor dem Absoluten endet der Machbarkeitswahn und hört alle Verfügbarkeit auf. Der achteckige leere Raum (ein eindrückliches Selbstsymbol, von dem oben die Rede war) kann unsichtbar erfüllt sein vom anwesenden, doch verborgenen Gott, er kann aber auch wirklich ganz leer sein, weil Nietzsche doch recht hatte und Gott schon längst tot ist – unsere Sehnsucht wird nicht nachlassen, immer wieder neu um diese leere Mitte zu kreisen, denn die Seele weist in ihrem Sein weit über die konkrete Wirklichkeit hinaus, besitzt sie doch nach Jung „natürlicherweise eine religiöse Funktion"[28].

Erfüllung aber ereignet sich nur im Vorübergehen; oder in Jungs Worten: „Alles ist Übergang."[29] Mehr noch: Sehnsucht, bezogen auf das Selbst, verlangt vom Ich Todesbereitschaft – es ist diese Sehnsucht, an der wir *sterben* müssen, *um zu leben*.

DANIELA HEISIG

Heimweh – Sehnsucht nach der vertrauten Ferne

Sehnsucht nach Ganzheit

Wir kennen sie alle: die kleinen Heimwehgefühle. Die Gefühle, die uns befallen, wenn sich etwas verabschiedet, das uns vertraut war. Wenn wir die Wohnung wechseln, so werfen wir öfter einen Blick auf die alte Wohnung hinauf. Wenn die Spielwiese unserer Kindheit zu einem Aldi-Parkplatz geworden ist, denken wir daran, wie wir dort als Kinder gespielt haben. Schon kleine Veränderungen am Heimatort, wenn zum Beispiel aus dem Edeka-Lädchen der Kindheit eine Imbissbude geworden ist, lösen nach längerer Abwesenheit ein Heimwehgefühl aus.

Größere Heimwehgefühle überkommen uns, wenn wir länger bzw. oft jenseits des Ortes leben, an dem wir uns zu Hause fühlen, sei es, weil wir einen Beruf gewählt haben, der viele Ortswechsel oder ein Hotelleben mit sich bringt, weil wir längere Zeit im Krankenhaus verbringen, weil wir ins Ausland gegangen sind, weil wir nach einem längeren Auslandsaufenthalt zurückgekommen sind und nun das Ausland als neu gewonnene und schon verlassene Heimat vermissen oder weil wir uns getrennt und das gemeinsame Heim verlassen haben. Kinder empfinden beim Ferienaufenthalt im Pfadfinderlager Heimweh. In Krankenhäusern und Kinderheimen potenziert sich ihr Heimweh bis hin zur Hospitalisierung, was sich z. T. auch bei Insassen von Gefängnissen finden lässt.

Zahlreiche Lieder und Kindergeschichten zeugen von der Sehnsucht nach der Rückkehr in die Heimat. Wurde einem Menschen früher verweigert, von der Fremde in die Heimat zurückzukehren, so hat dies nicht selten zum Tod durch Heimweh geführt.[1] Früher galt es als die schlimmste Strafe: die Verbannung.

Wir sehen: schon auf den ersten Blick hat Heimweh etwas zu tun mit Trennung, mit Verlassen des Vertrauten und Loslassen. Vertrautes wurde bei seiner Verwandlung in Fremdes zu wenig betrauert.

Trotz dieser Phänomene findet sich Heimweh heute ebenso wenig in psychologischen Wörterbüchern wie das alte medizinische Fachwort Nostalgia, obwohl diese „Krankheit" über Jahrhunderte hinweg sehr ernst genommen wurde (erwähnt erstmals 1569[2]). Heimweh galt ebenso wie die Nostalgia (ein Kunstwort aus dem griechischen nostos = Heimkehr und algos = Schmerz) als Krankheit, die durch den Verlust der vertrauten Umgebung und der Beschaffenheit der Luft ausgelöst wird. In der romantischen Literatur wurde Heimweh zum Gemütswert.

Heute begegnet uns Heimweh eher im Kontext von Anpassungsproblemen von ausländischen Mitmenschen in erster und zweiter Generation, Flüchtlingen oder Immigranten bzw. Emigranten. Darüber hinaus dürfte Heimweh in unserer Zeit kaum mehr Thema sein. Per Mausklick können wir einen Flug buchen und fast jeden beliebigen Ort auf der Welt wenige Stunden später betreten, so auch die Heimat. Vorausgesetzt, die politischen Systeme, der eigene Geldbeutel und das selbst gestaltete Zeitkontingent erlauben es. Und vor der Tür steht der Garant der Mobilität: das Auto, das ein Stück Heimat verkörpert, die wir zudem fast überall mit hin nehmen können. Die „Krankheit Heimweh" ist im virtuell-mobilen Cyberzeitalter kaum mehr denkbar.

Wenn nun Heimweh als psychopathologisch relevantes Gebiet an Bedeutung abgenommen und aus den Psychiatrielehrbüchern verschwunden ist, es eigentlich kein Thema mehr für den Weltenbummlermenschen ist, weshalb dann ein Beitrag zur Emotion Heimweh? Zudem gilt die Emotion Heimweh in der Emotionsforschung im Vergleich zu anderen Emotionen wie Trauer, Freude, Ärger und Angst nicht als klassische Emotion.[3]

Ich vermute, dass der veraltete, nicht mehr gängige Begriff des Heimwehs davon abhält, eine Reihe von Phänomenen zu benennen, die zusammengehören. Deshalb möchte ich hier darlegen, dass Heimweh ein existentielles Gefühl ist, das neue Worte braucht und das sich uns in vielfältigen Erscheinungsformen auch heute noch zeigt.

Heimweh ist ebenso wie Fernweh eine sehr starke Emotion, die jeder Mensch in seinem Leben mehr oder minder stark erlebt hat bzw. erlebt, in der Kindheit oder wenn beide Eltern gestorben sind meist intensiver. Heimweh ist eine tief eingewurzelte und ungestillte Sehnsucht. Es kennzeichnet den übermächtigen Wunsch, nach Hause zurückzukehren, nachdem man eine vertraute Umgebung verlassen hat bzw. musste und die Rückkehr schwierig erscheint. Als Sehnsucht nach der fernen Heimat entsteht Heimweh in der Fremde, was immer einen dort auch hingetrieben hat. War es ein ungünstiges Schicksal als Flüchtling, Vertriebener oder Verschleppter? Dann mischt sich zum Heimweh eine Belastungsreaktion auf die existentielle Bedrohung. Oder ist man selbst in die Fremde gegangen, weil man einem verlockenden Angebot gefolgt ist, die Liebe zu einem Menschen, zu einem Beruf oder einfach nur Fernweh den Wunsch angefacht hat, wegzugehen, auszubrechen? Unabhängig vom Anlass entsteht vor allem dann Heimweh, wenn es in der neuen Umgebung zu Schwierigkeiten kommt.

Die Emotion des Heimwehs hat viel mit der Annäherung an „Eigenes" und „Fremdes" in uns selbst zu tun, mit Selbstentfremdung auf der einen und Selbstwerdung in der *inneren* Heimat auf der anderen Seite, mit dem Gefühl, im Leben immer wieder den richtigen Platz für sich zu suchen und zu finden. Heimweh hängt damit zusammen, dass in der momentanen Lebenssituation keine Ganzheit gelebt und „gezimmert" werden kann. Wenn zum Beispiel ein kinderloses Paar zum wiederholten Male die künstliche Befruchtung versucht, so kann dies Ausdruck von Heimweh nach einer „funktionierenden" Familie sein. Heimweh kann als Sehnsucht verstanden werden, sich eine Zukunft zu gestalten, in der diese Ganzheit zumindest annähernd realisiert werden kann. Im Italienischen heißt Heimat „paese d'origine" – das ursprüngliche Land. Heimat weckt die Frage nach dem Ursprünglichen, dem Originären in uns, und damit verbunden die Frage, woher wir kommen, wohin wir gehören und wohin wir gehen.

Heimweh ist die Sehnsucht nach Sein, nach Dazugehören, nach Geborgenheit. Zugleich spiegelt es eine Zerrissenheit durch das Gefühl des „Nicht-Ankommen-Dürfens". Etwas, was uns zerreißt, soll wieder zusammenkommen. Diese starke Sehnsucht lässt uns nach Integration streben, danach, dass die innere Zerrissenheit aufhöre. In den Gefühlen des Heimwehs kehren wir symbolisch zurück zu den Orten und Menschen, mit denen wir Glück erleben. Deswegen ist Heimweh durch eine innere Ambivalenz gekennzeichnet: Man wünscht, an einem Ort zu sein, an dem man gerade nicht ist. Zeit und Raum laufen asynchron.

Nicht nur Orte sind Anziehungspunkt für Heimweh. Es richtet sich auch auf vertraute Freunde, auf die Natur, die Landschaft, die vertraute Umgebung. Heimwehleidende siedeln ihr Selbst in der Ferne an. Diese Verortung spiegelt ihre Sehnsucht nach räumlicher und menschlicher Bindung.

Heimweh, das sich verschieden stark manifestieren kann, wird erlebt „wie ein Schatten über der Umgebung, in der man sich befindet, eine untergründige Freudlosigkeit an der Gegenwart ... Heimweh, so scheint es, ist eine rückwärts gerichtete Sehnsucht. Die, wie jede Sehnsucht, die gegenwärtige Wirklichkeit ihres Glanzes beraubt, ein Anderswo dagegen, oder ein Damals, in das milde Licht einer imaginierten Beglückung taucht".[4] Die einstige Glückseligkeit scheint verloren.

Begünstigt wird Heimweh, wenn viele Umstellungen zeitgleich im Leben auftreten (Ort, Familie, Freunde, Zuhause, Arbeit, Umgebung, berufliche Aufgabe, Kulturkreis), die als Identitätsbrüche erlebt werden. Man hält sich mit dem Heimweh an einem alten Selbst fest, aber das ist im Moment nicht ganz tragfähig. Mehr noch wird Heimweh bis hin zu psychischen Traumata intensiviert, wenn das Verlassen der Heimat unfreiwillig geschah, die neue Umgebung als bedrohlich angesehen wird und die Rückkehr unmöglich oder sehr schwierig erscheint.

Heimweh lebt von der Sehnsucht, und das Wesen der Sehnsucht ist ein Gefühl von eingeschriebener Unerfüllbarkeit. Heimwehleidende haben Vorstellungen von einem Daheim-Sein, wissen, dass es ein Heim gibt, haben es erlebt. Das Daheim ist also ein innerer Teil.

Was aber ist die Heimat des Menschen, den Heimweh ergreift? Heimat ist nicht nur der Ort, an dem wir aufgewachsen sind. Heimat ist eher die Aura des Ortes, an dem wir emotional, spirituell, geistig-seelisch, körperlich und räumlich ein Gefühl von Vertrautsein, Geborgenheit, Ankommen verspüren. Wir erleben ein Gefühl der Teilhabe am Leben und an einer Gemeinschaft, und erfahren – über die Spiegelung durch Menschen und Orte – ein Gefühl von Ganzheit. Heimat ist in diesem ganzheitlichen Verständnis nie vollständig erreichbar. Das ist ein Grund, weshalb es Sehnsucht auslöst. Mit Heimat verbunden sind nicht nur reale, sondern vielmehr *imaginierte* Raumzeiten der Innerlichkeit, der Entspannung bis hin zu einer spirituellen Geborgenheit. Es ist der Ort, an dem wir uns entfalten, wo wir wachsen können, ein innerer Ort, an dem wir uns auf so etwas wie eine „unverlierbare Geborgenheit" in uns zurückbesinnen, ein Ort, der Glücklichsein verspricht und der in der Erinnerung Sehnsucht nach glücklichen Momenten auslöst. Die Nachtseite des Heimwehs ist, dass wir uns diese unverlierbare Geborgenheit nicht mehr selbst geben können und sie doch für immer verloren glauben.

Die Sehnsucht, die mit dem Heimweh verbunden ist, richtet sich darauf, ein alternatives Leben zum Hier und Jetzt zu erträumen, in dem das, was heute fehlt, vorhanden ist. Das führt dazu, dass die aktuelle Lebenslage sich noch deutlicher in ihren Mängeln zu zeigen scheint. Indem wir uns sehnen, werfen wir den Blick in die Zukunft, wo doch unser Heimweh wie eine Rückbesinnung auf die guten alten Zeiten scheint. Hier zeigt sich das Janusgesicht des Heimwehs: es verbindet die Vergangenheit über die Lebensträume und -sehnsüchte mit der Zukunft. Das, was nicht verwirklicht werden konnte, noch nicht erreicht wurde, führt zu Zukunftsantizipationen, weckt Hoffnungen und mobilisiert Energien. Das Andere ist noch möglich. Sehnsüchte lassen uns unsere Zukunft planen und das ins Leben zurückholen, was uns entgangen ist. „Heimat selbst kann zu etwas werden, das noch nicht ist, das man gestalten oder suchen will."[5]

Auch Menschen, die sich aus Abenteuerlust oder Fernweh für die Fremde entschlossen haben, empfinden Heimweh. Ist Heimat vielleicht auch die Geborgenheit, die es erlaubt, sich aus ihr herauszuträumen?[6]

Wenn wir an der Abwesenheit der Heimat leiden, dann wertet dies die Heimat auf. Aber wo Weh ist, wo Wehen sind, ist zwar Schmerz und Schweres, aber auch Geburt und damit der Beginn von Neuem. Ergreift uns die Emotion Heimweh, so fragt sie uns: Wo sind Bedürfnisse, eine Aufgabe zu erfüllen, der ich damals ausgewichen bin? Hier liegen die Ressourcen des Heimwehs, denn es fragt uns auch: Wie kann ich diese Bedürfnisse heute mehr ins Leben nehmen oder muss ich mich von ihnen verabschieden?

Die Sehnsucht unbehauster Polyglotter

Wir leben in einer Zeit, in der die Menschen versuchen, mehr und mehr Heimat in der Heimatlosigkeit zu finden. Heute brauchen wir nicht mehr nur symbolisch zu den Heimatgefilden zurückkehren, wir können es durch die transkulturelle Vernetzung der Welt, dem „Global Village", ganz konkret: Das Nestgefühl der Kindheit ist überall herstellbar, egal, wo wir uns auf der Welt befinden. Wir nehmen das Handy oder Telefon zur Hand und hören die Stimme einer vertrauten Person ganz nah am Ohr, wir chatten im Internet, reisen mit den Bytes in virtuelle Urlaubsorte oder essen in unserem Lieblingskettenrestaurant. Als Multikulti-Gesellschaft haben wir die Ferne und Fremde um die Ecke: Wir gehen zum Griechen essen, beim Italiener Trüffelpaste kaufen und schauen uns im Internet Bilder von Hawaii an. Ständig unterwegs, darf nie das Handy fehlen.

Beruflich dreht sich das Änderungskarussell schneller, Flexibilität und Mobilität werden mehr denn je gefordert, damit verbunden auch die Forderung der Bereitschaft, den Ort für die Karriere häufig zu wechseln.[7] Zum Teil verfügt man nicht mehr über eigene Büros, sondern wählt morgens das Notebook, den Bürostuhl und die Büroecke, die gerade frei ist. Oder man arbeitet direkt dort, wo man gebraucht wird. Mit Cyberspace, Multimedia und Telearbeit kann man sich auf dem Sofa „eincocoonen", d. h. in die eigenen vier Wände einspinnen. Damit wird auch ein Mythos vom Paradies zuhause beschworen. Die authentische Lebenserfahrung weicht Fluchtburgen von Technopartys und Ecstasy. Glücksversprechungen bieten künstliche Urlaubsparadiese, in denen man das Zuhause im Urlaub mit dabei hat.

Durch die wachsende Globalisierung scheinen Kosmopolitismus und Provinzgeist keine Gegensätze mehr zu sein. „Der moderne Mensch ist auch eine Folge von Mobilität, Migration und Multikultur, von Massenwanderung und Massentourismus."[8] Als Ausgleich zum Verlust der Wurzeln hat der moderne Mensch wie eine Schnecke sein Zuhause auf dem Rücken.

Wurzeln zu schlagen in einer fremden, neuen Stadt scheint heute leichter: erstens binden aufgelöste Familienstrukturen nicht mehr so stark an die Herkunftsfamilie zurück. Zweitens können wir heute über große Entfernungen relativ leicht Kontakt halten. Drittens finden wir auch in der Ferne viel Vertrautes, z. B. geliebte Nahrungsmittel. Und viertens gibt es einen großen Markt für die „Lonely-Seelen" in den Städten: über Kontaktanzeigen, Fisch-sucht-Fahrrad-Kennenlernfeten bis hin zu Chatrooms im Internet. Die mediale Heimatlosigkeit ist zugleich neue Heimat und die Computerwelt rettet über die Leere. „Als Kinder grenzenloser Kommunikationskulturen sind wir heute überall und nirgends zu Hause. Wir sind Menschen, die im

Weltdorf herumschlendern wie Spaziergänger in Suburbia. Wir sind Reisende im Spannungsfeld des Prä-Millenniums – ohne Herkunft, ohne Absichten, ohne Ziel, ohne Hass, ohne Liebe, ohne Gott."[9]

Was aber ist mit der Leere, die in dem Leben „ohne" entsteht? Heimweh kennt heute viele Gesichter: Irgendwann spüren wir, dass die Handyfesthalterei nicht mehr genügt. Online verschickte Bilder lassen uns gewahr werden, dass wir nicht *dabei* sind, dass wir nicht wirklich dazugehören. Wir sind ein Stück lebensmüde, hören wiederholt alte Melodien oder sehen alte Photos an, die uns Früheres zurückbringen sollen, tragen Anhänger, die uns an Freunde erinnern, die uns (örtlich und später auch seelisch) nicht mehr nahe sind. Im Extremfall entwickeln sich Fremdenhass, bei der das Fremde im eigenen Inneren abgewehrt und projiziert wird oder Selbstentfremdung. Beides sind Formen der nicht-gehörten Emotion Heimweh. Je mehr Mobilität und Flexibilität gefordert werden, desto mehr werden Heimwehgefühle ins Unbewusste verdrängt. Heimweh ist in diesem Sinne ein Merkmal der Zeit, weil es meist verdrängt ist. Es resultiert seelisches Heimweh.

Seelisches Heimweh erleben wir, wenn wir uns emotional verlassen oder isoliert fühlen, wenn wir, wie im Märchen vom „Hässlichen Entlein", nicht an einem Ort leben, wo wir mit uns seelisch Gleichgesinnten zusammen sind. Denn Heimat ist da, wo wir verstanden werden, uns zugehörig fühlen. Im Märchen vom hässlichen Entlein entdeckt die Entenmutter, dass ihr zuletzt ausgebrütetes Kind anders als die anderen ist. Es wird gehänselt, bis es „verloren" geht, in einer Familie unterkommt, deren Kinder es weiterhänseln. Schließlich sitzt es im Schilf und wird von Hunden gejagt. Da sieht es über sich Schwäne fliegen, die es wunderschön findet. Im Winter friert es im Eis fest, bis der Bauer es daraus befreit. Das hässliche Entlein kommt an einen See mit lauter Schwänen, die es als neuen, schönen Schwan begrüßen. Endlich hat das hässliche Entlein als schöner Schwan seine Heimat gefunden.

Das Märchen erzählt, wie es sich anfühlt, als unbehaustes und ungeliebtes Wesen zu existieren, und davon, eine seelische Heimat zu finden, einen Ort, in dem die innere Transformation sichtbar wird und sich auch in der Außenwelt spiegelt. Das Entlein ist mit Gleichgesinnten zusammen und erlebt Teilhabe. Erst im Spiegel Gleichgesinnter entdeckt es seine eigene Identität.

Das hässliche Entlein wird dem Vertrauten entrissen (ihrer Entenmutter), um die eigene Reise antreten zu können. Auch unsere Lebensreise entreißt uns immer wieder dem Vertrauten. Wir sind überall fremd und doch ein Stück daheim, ein Passagier im Zwischenraum. Dabei können wir verschiedene Identitäten ausbilden: „Der Katalog verfügbarer Identitätsbildungen vergrößert, verkleinert, wandelt, verzweigt und entwickelt sich mit der immer dichteren ökonomischen und politischen Vernetzung der Welt."[10] Wie Buddha sagte: Du kannst nicht auf dem Pfad gehen, bevor du nicht der Pfad selbst geworden bist. Ein Stück weit sind wir mit unserer nomadischen Natur immer auf einer Wanderung.

Eine Besonderheit zum Heimweh ergibt sich bei Migranten in einem Gastland. Das Heimweh wird von den Generationen unterschiedlich gelebt. In der ersten Generation ist es noch leichter, Heimweh zu empfinden. Da zeigt sich die Idee der Rückkehr, die diffuse Sehnsucht nach einer verlorenen Vergangenheit, zu der man nicht zurückkehren kann, obwohl es jetzt in der alten Heimat besser wäre, wo es in der neuen doch hätte besser sein sollen. Diese Rückkehr hebt sich in der zweiten Generation auf – Identität kann sich kaum mehr über das Ursprungsland der Eltern konstituieren. Dazu fehlen die Geschichte des Herkunftslandes, oft auch die Sprache, die Sozialisation, das andere Kulturumfeld sowie der Kontakt zur Herkunftsfamilie. Auch das neue Land wird nicht wirklich zur – identitätsbildenden – Heimat. Das Gefühl des „Anderssein" hat auch mit der anderen Kultur in ihnen zu tun, die dennoch wenig integriert bleibt. Sie stehen zwischen zwei Kulturen, in beiden sind sie zu Hause und doch auch wieder nicht. Einige von ihnen leben das Gefühl, nicht zu einem Land dazuzugehören, wobei eine starke Sehnsucht nach Heimat bleibt, die sie doch nicht kennen. Zum Generationenkonflikt addiert sich der Kulturkonflikt.

Paradiesessehnsucht, Narzissmus oder Utopie?

Es ist fast ein seltsamer Widerspruch. Mit dem ersten Schrei wird man zugleich ein unbehauster Weltbürger als auch in die Vertrautheit einer Familie hineingeboren. In den heimwehverklärten Vorstellungen von der Heimat mischen sich Paradiesessehnsüchte mit der Sehnsucht, anzukommen, daheim zu sein. Wenn Heimweh ein seelisches Bedürfnis nach Dazugehörigkeit, Geborgenheit und Vertrautheit signalisiert, kann es auch als Sehnsucht nach der guten Mutter in uns verstanden werden, die loslässt und doch auch da ist, die uns das Urvertrauen ins Leben gibt. Aber diese Sehnsucht ist nicht eine Regression, etwa im Sinne einer unbewussten Sehnsucht nach der intrauterinen Vergangenheit im Mutterleib.

Die Sehnsucht nach Heimat, die sich im Heimweh ausdrückt, kann vielmehr die Sehnsucht nach teilhabendem Bewusstsein sein, in der das teilhabende Ich ein Grundgefühl der Daseinsberechtigung empfindet. Verena Kast spricht von der „Landnahme im unbekannten Land"[11]: „Die kollektive Sehnsucht nach dem positiven Mutterkomplex ist sehr ernst zu nehmen und nicht einfach als eine Sehnsucht nach dem Paradies zu verstehen, die dann sogleich wieder als Illusion abgetan werden muss, sondern als eine Sehnsucht nach vielfältigsten Lebensräumen und Lebensgefühlen, die auch ihre Berechtigung und eine große Bedeutsamkeit haben."

Wer Heimweh hat, sehnt sich viel eher nach einem Teil des Selbst, der zu einer anderen Zeit an einem anderen Ort mehr Lebensmöglichkeiten hatte, der durch das Wegziehen – das doch im Dienste der eigenen (beruflichen oder andersartigen) Entwicklung stehen sollte – jedoch zu wenig oder keinen Raum mehr erhält. Im Heimweh drückt sich somit auch der Wunsch aus, abgeschnittene Persönlichkeitsteile mehr leben zu lassen und ins Heute zu integrieren. Heimweh ist letztlich die Sehnsucht nach sich selbst, die Sehnsucht, anzukommen – bei sich selbst.

Oft wird das, was an „Heimatboden" bereits existiert, im nostalgisch verklärten Rückblick nicht wahrgenommen, ja, darf nicht wahrgenommen werden, denn das hieße: Abschied nehmen, auch von überholten Vorstellungen. Es wird sichtbar, dass es sich um doppelte bzw. sich überlagernde Emotionen handelt: Die starke Emotion Heimweh ist eng verknüpft mit der Emotion der Trauer über das Zurückgelassene und die Veränderung. Es scheint unmöglich, im Heute die Weichen für das Morgen zu stellen, die einen erfüllter machen. Das Fremdbleiben in der neuen Umgebung kann ja auch helfen, aktuelle Probleme zu verdrängen.

Heimweh hat zwar auch etwas mit Idealisierung des vertrauten Fernen und der familiären Verhältnisse zu Hause zu tun. Die Libidoenergie richtet sich auf den Ort, der idealisiert wird. Aber Heimweh ist ja nicht nur die rückwärtsgewandte Sehnsucht, nicht nur Retrospektion und Leben in der Vergangenheit. Die Sehnsucht wendet sich gleichzeitig auch nach vorne, als Vision und Utopie. Wo Heimweh ist, ist auch Heimat, ein Bild in der Vorstellung, das eine ungeheure Zugkraft auslösen kann und in die Zukunft zieht.

Heimweh kann deswegen gleichbedeutend sein mit sich spüren, denn Heimweh belebt die Sehnsucht nach einem Ort, an dem man lebendig war und sein kann. Dort, wo Heimweh ist, wird beseeltes Leben, wird Anima[12] antizipiert. Das heißt, in der Psyche existiert ein Bild eines lebenswerten, beseelten Lebens.

Es ginge in diesen Sehnsüchten darum, die Bilder des „Sich-Beheimatet-Fühlens" wahrzunehmen, auszumalen, die Kraft daraus wahrzunehmen, bis die Phantasien konkrete Handlungen nach sich ziehen, damit sich die Seele im Hier und Jetzt zu Hause fühlt. Heimweh erleben heißt: sich ganz sehen können, sich in einer erfüllten Utopie visionieren können.

Die Sehnsucht kann jedoch auch einen Suchtcharakter annehmen, dann, wenn angesichts der im Laufe der Zeit immer mehr idealisierten Heimat nichts mehr mithalten kann, alles Bemühen sich stereotyp auf das Zurückkehren in die Heimat richtet und das Leben im Heute nivelliert wird. Idyllische Gedanken an damals entschädigen für den Mangel, den man aktuell spürt. Ist es eine Art von Selbstbetrug? Schließlich hat irgendetwas gefehlt, sonst wäre man nicht weitergegangen. Der Versuch, in der Vergangenheit zu leben, schränkt Lebensmöglichkeiten ein. Da Heimweh auch etwas damit zu tun hat, nicht da zu leben, wo man eigentlich hingehörte, können Menschen in die Opferhaltung rutschen, sich selbst immer mehr verlieren, indem sie ihre Selbstverantwortung abgeben: „Ich kann nicht zurückgehen, weil ...", „Ich würde ja zurückgehen, aber ..." Jedoch wird die Heimat, so wie sie einmal war, nie wieder in der gleichen Form existieren. So kann auch das Heimweh heimatlos werden, man kann in der Heimat heimatlos sein. Das Heimweh weiß nicht mehr, wohin es sich wenden soll. Ähnlich ergeht es Menschen, die heimkehren und alles als verloren ansehen, wie nach Kriegen oder Naturkatastrophen, wenn alle Dämme gebrochen sind und mit ihnen alle Erinnerungsstücke, die als Übergangsobjekte dienen könnten, weggespült sind.

Heimweh kann auch als Beziehungslosigkeit eines Menschen in einer neuen, fremden Situation gesehen werden, der er sich offenbar aussichts- und hoffnungslos auf unbestimmte Zeit ausgeliefert fühlt. Massive Trennungsängste, die real erlebte Trennung und die emotionale Isolation fördern ein Gefühl des Anders-, des Alleine- und des Hilflosseins.

Wenn wir Heimweh empfinden, kann das auch heißen, dass wir noch nicht den eigenen Platz im Leben gefunden haben, dass wir noch nicht ganz auf die Welt gekommen sind. Deswegen erleben wir Wehen, Schmerzen, die uns letztlich neu gebären wollen. Es entwickeln sich zum Kern zurückführende Kräfte.

Vielleicht tritt Heimweh bei narzisstischen, verletzten Menschen, die sich selbst entfremdet sind, eher auf – der Ort und die Umwelt dienen auch dazu, ihr Selbst und ihre Identität zu spiegeln. Im Mythos verhängt die Göttin Nemesis über Narziss den Fluch, lieben zu müssen, jedoch das Geliebte nie zu besitzen. Narziss, der sich selbst nie lieben kann, findet keine Heimat. Wie beim Heimweh leidet der narzisstisch verwundete Mensch daran, der eigenen Identität nicht habhaft zu werden und sich selbst tief entfremdet zu sein. Nach

Asper[13] ergeben sich daraus auch Sehnsucht, Sehnsuchtsgesten und Paradiesesphantasien.

Im Schamanismus wird Selbstentfremdung anders gesehen. Man geht davon aus, dass – aufgrund von Traumata – abgespaltene Teile des Selbst in der Topographie der nicht alltäglichen Wirklichkeit steckengeblieben sind. „Für den Schamanen ist die Frage, wohin die abgespaltenen Teile gegangen sind, von essentieller Bedeutung für die Behandlung."[14] Diese abgespaltenen Seelenteile können auch in der Heimat zurückgeblieben sein, als man diese verließ. Dies würde aus schamanischer Sicht das Heimweh erklären: als Sehnsucht, Seelenteile dem Ich wieder anzuschließen.

Im „Prinzip Hoffnung" schreibt der Philosoph Ernst Bloch, dass am Ende aller Entfremdungen so etwas „in der Welt entstehen [kann], das allen in die Kindheit scheint und worin noch niemand war: Heimat".[15]

Das Fremde im Eigenen

Die Dichotomie von Fern- und Heimweh korrespondiert eng mit dem Fremden und dem Eigenen, dem Innen und dem Außen.

Im Innenreich konzentrieren wir uns auf emotionale Beziehungen, vertiefen Innerlichkeit und Reflexion, entdecken mehr und mehr Eigenes. Das Innenreich gibt Orientierung und Schutz, während wir in der Fremde orientierungslos, unsicher sind und uns mitunter abhängig fühlen. Insofern kann Heimat als die Geborgenheit bezeichnet werden, „die den Mut ermöglicht, sich in das Fremde vorzuwagen"[16], um dort heimisch zu werden.

So, wie Heimweh die Sehnsucht nach Vertiefung in der inneren Welt verkörpert, bedeutet Fernweh die Sehnsucht nach Bewährung in der Außenwelt, Abwechslung, Freiheit (von Zwängen) und Loslösung. Das eine verspricht, was das andere versagt.

Im Fernweh äußert sich das Interesse an anderen Lebensformen und anderen Kulturen. Eigene kollektive Werte und Normen werden in der fremden Kultur relativiert und erfahren eine neue Perspektive. Mit dem Reisen und dem Fernweh verbunden ist so auch die Sehnsucht nach dem Anderssein, dem Anderen.

Reisen stellt im Idealfall die Veränderung des Eigenen durch die Aufnahme des Fremden dar, so, wie in der Heimat Fremdes vertraut geworden ist. In der Fremde kann das Eigene sowie das eigene Fremde besser gespürt werden.

Weil das eigene Fremde auch das sein kann, was wir glauben, versäumt zu haben oder noch nicht erreichen konnten, entsteht eine Wunschidentität, die Phantasien auslöst, wie wir werden wollen. Nicht selten wird dieser schmerzhafte Mangel auf die äußeren Umstände verlagert als Selbstentlastung. Dann erleben wir uns als Opfer der äußeren Umstände und geben das Vertrauen in unsere Selbstwirksamkeit ab.

Fremdes kann als bedrohlich erlebt werden, weil es unsere Identität, Selbstverständlichkeit und gewonnene Sicherheit im Vertrauten in Frage stellt. Deshalb wird inneres Fremdes nicht selten im Außen gesucht, idealisiert oder entwertet und im letzteren Fall auch bekämpft. Das Fremde in seiner Andersartigkeit anzuerkennen sowie das Fremde im Eigenen zu sehen fordert Toleranz und ein bewusstes Wahrnehmen eigener Schattenseiten. Weil das Fremde Angst auslöst, ist der Umgang mit dem Fremden immer auch mit den eigenen Schattenseiten verbunden.

Verdrängtes Heimweh als Angst vor Verlust der Heimat kann zu Gegenreaktionen oder Projektionen führen. So führt Schmid den Fremdenhass auf abgewehrte Heimwehgefühle zurück: „Und falls er [der Heimkehrer] nach einem längeren Aufenthalt im Ausland nach Hause zurückkehrt und sein Quartier überflutet mit Ausländern und total verfremdet vorfindet: ... sein Lieblingscafé als afrikanisches Restaurant, seinen Stammtisch umzingelt von Asylanten, seine Nachbarn ... in ihm unverständlichen Sprachen redend, spürt er erst recht, was es heißt, Heimweh zu haben, erkennt es aber nicht als solches und reagiert mit Fremdenhass, der die ihm unbewusste Lebensbedrohung seiner verkannten Heimwehreaktion abwehren soll."[17] Fremdenhass als Abwehr von Heimwehgefühlen ist umso stärker, je weniger die eigene Anpassung an veränderte Umstände gelingt.

Dass das äußere Fremde verschattete Aspekte des eigenen Ichs verkörpert bzw. an diese erinnert und – aus Angst davor – am Fremden bekämpft wird, hat auch in der Geschichte der Menschen bis heute zur Diskriminierung vieler Völker, Kulturen und Länder geführt. Ob Hexenverfolgung im Mittelalter, Judenvernichtung in der Zeit des Nationalsozialismus oder Gräberschändung durch Rechtsradikale heute: das eigene innere Fremde wird aus Angst davor nach außen verlegt. Dies dient nicht selten dazu, das eigene Ich zu schützen.

Das Fremde kann ebenso idealisiert werden. Wir integrieren fernöstliche Einsichten, asiatische Körperarbeit (z. B. Tai Chi, Qi Gong), tibetische Meditation, ayuravedisches Essen ebenso in unsere Lebensweise wie die Wirkweisen chinesischer Medizin und Businessstrategien aus Japan (z. B. Kaizen). In dieser Idealisierung liegt eine Annäherung, Fremdes in das Eigene einzulassen und damit inneres Fremdes zugänglich zu machen, verborgen.

Sich neu verwurzeln – Abschied nehmen und aufbrechen

Wie wir gesehen haben, verwurzelt Heimweh zurück. Es macht deutlich, wo die eigenen Wurzeln sind. Die Heimwehsehnsucht zeigt aber auch, was im Leben fehlt und in es hineingenommen werden soll, damit wir uns mit dem inneren Fremden versöhnen können. Heimweh haben erinnert daran, dass wir uns selbst mehr Nestwärme geben sollten.

Mit dem Heimweh geht es uns ähnlich wie dem heimatsuchenden Fisch in der schönen Geschichte von A. Mello: „‚Entschuldigung', sagte ein Fisch aus dem Ozean zu einem anderen. ‚Du bist erfahrener und älter als ich und kannst mir wahrscheinlich helfen. Sag mir, wo kann ich die Sache finden, die man Ozean nennt? Ich habe vergeblich überall danach gesucht.' – ‚Der Ozean', sagte der ältere Fisch, ‚ist das, worin du jetzt schwimmst.' – ‚Das? Aber das ist ja nur Wasser. Ich suche den Ozean', sagte der jüngere Fisch sehr enttäuscht und schwamm davon, um anderswo zu suchen … Kleiner Fisch, hör auf zu suchen, es gibt nichts zu suchen. Sei einfach still, öffne die Augen und sieh dich um. Du kannst es nicht übersehen."[18]

Vielleicht ist das Heim in uns, während wir noch denken, es zieht uns irgendwo anders hin. Nur fehlt uns noch die Perspektive, es in uns zu „schauen". Dann heißt es: das in Empfang nehmen und willkommen heißen, was längst schon *da* ist.

Die positive Haltung gegenüber dem Ersehnten zeigt deutlich, dass im Heimweh Ressourcen verborgen sind. Es gibt einen Hinweis darauf, wo wir verstanden werden und wo wir uns selbst verstehen. Indem wir von der Zukunft träumen, schaffen wir innere Bilder der Heimat und der eigenen Netze. Wir erhalten Orientierung und Ausrichtung unserer Sehnsüchte. Und im Heimweh sind immer zwei Dinge gleichzeitig angesprochen: Es ist die Emotion, die uns daran erinnert, Abschied zu nehmen, um aufzubrechen, loszulassen, uns neu einzulassen und unseren Sehnsüchten zu folgen. Und das ist etwas, wovon uns Verena Kast in ihren Büchern meisterhaft erzählt und wozu sie uns ermutigt.

HANS-GEORG WIEDEMANN

Verlustgefühle und Trauer – Der Übergang in den Ruhestand

Ich fühle mich „zwangspensioniert"! Ab in den Ruhestand nur weil ich 65 wurde? Im Brief der Behörde hieß es lapidar: „Hiermit werden Sie in den Ruhestand versetzt" und kein weiteres Wort, nur noch der Hinweis auf die „Versorgungskasse". Das Geld, das sie zahlen, heißt „Ruhegehalt". Aber ich fühle mich nicht ruhebedürftig. Der Arzt kann auch keine Einschränkungen erkennen. Es stellt sich das Gefühl ein, nicht mehr gefragt zu sein – obwohl man doch viele Erfahrungen gemacht hat und gewiss nicht geistig müder ist als die Jüngeren.

Für mich war es so etwas wie eine Wunde, die mir zugefügt wurde, weil das Gesetz es so will. Ich konnte den Zeitpunkt nicht selber bestimmen.

Mit dem Beruf des Gemeindepfarrers war ich sehr identifiziert. Die Veränderungen, die ich jetzt erlebe, sind krass:

Das Umfeld:
Dreißig Jahre in der Gemeinde. Ging ich auf die Straße, etwa zum Einkaufen, kannten mich fast alle Leute. Es gab viele kleine Gespräche. Ich genoss die allgemeine Aufmerksamkeit. Sie gab mir ein Gefühl der Vertrautheit, der Beheimatung. Ich hatte das Empfinden, mit vielen in einem Netz verbunden zu sein. In der neuen Umgebung meiner „Ruhestandswohnung" kennt mich niemand. Hier bin ich nicht „unser Pfarrer", dem man auch auf der Straße seine Sorgen anvertrauen kann. Es gibt keine „allgemeine Aufmerksamkeit" mehr. Ich bin einer von vielen anderen Nachbarn.

Das Telefon und die Türklingel:
Ich war nicht erbaut, wenn beide zugleich anschlugen und die Arbeit am Schreibtisch wieder mal unterbrachen. Das ist nun sehr zurückgegangen. An der Haustür klingelt allenfalls die Post oder ein verabredeter Besuch. Es gibt sogar Tage, an denen das Telefon stumm bleibt. Dann erwische ich mich dabei, wie ich den Hörer abnehme, um festzustellen, ob es überhaupt noch funktioniert.

Der Terminkalender:
Jeden Abend schlug ich ihn auf, um zu sehen, was morgen alles zu tun war. In der Regel alle zwei Stunden ein neuer Termin: Beerdigungen, Geburtstagsbesuche, Krankenbesuche, Unterricht, Gespräche mit Mitarbeitern, abends Trau- und Taufgespräche, Ausschusssitzungen ... Dazwischen Vorbereitungszeiten. Der Tag war durch das Amt völlig strukturiert. Gelegentlich habe ich den Terminkalender „verflucht". – Jetzt, im Ruhestand, könnte ich aufstehen, wann ich wollte. Die Vormittagsseiten des Kalenders sind blütenweiß. Aus Gewohnheit ist der Kalender noch groß. Es genügte aber ein kleines Büchlein. Nur wenig ist noch vorgegeben. Die Strukturierung des Tages muss ich selber setzen. Die Gefahr, zu „verschlammen", ist groß. Manchmal erwische ich mich bei der völlig ungewohnten Frage: Und was mache ich morgen? Lesen, Klavier spielen, spazieren gehen, Sprachkurs bei der VHS? Das kommt mir alles wie Zeitvertreib vor.

Drinnen – Draußen:
Ich habe nie gezählt, mit wie vielen Menschen ich während der Woche Kontakte hatte. Es waren immer sehr viele. Jetzt im Ruhestand: es gibt keine „Amtswoche" mehr und die Kinder sind aus dem Haus. Wir sind zu zweit. Beim Abschied schenkte man uns ein selbstgehäkeltes altes Puppenpaar, und ich dachte spontan an die Verse Wilhelm Buschs:
„Bei eines Strumpfes Bereitung / sitzt sie im Morgenhabit.
Er liest in der Kölnischen Zeitung / und teilt ihr das Nötige mit."

Manchmal ruft ein junger Kollege oder eine Kollegin an. Dann höre ich oft Klagen über Stress und beruflichen Ärger. Ich höre teilnehmend zu, aber auch mit einem leisen Gefühl von Neid. Sie sind „draußen", ich bin „drinnen".

Ein schon länger pensionierter Kollege sagte: „Ich habe für die Trauerarbeit zwei Jahre gebraucht". „Trauerarbeit"?

In ihrem Buch „Trauern" schreibt Verena Kast: „Der Tod ragt immer ins Leben hinein. Ständig verlieren wir etwas, müssen wir loslassen, uns voneinander trennen, etwas aufgeben. Immer wieder ist das Leben verändert, müssen wir Vertrautes loslassen, uns den Veränderungen stellen."[1]

Auch wenn es im Fall der Pensionierung nicht um den Tod eines geliebten Menschen geht, so geht es doch um den Abschied von einem Lebensabschnitt, von einer wichtigen und oft langen Lebensphase, und das macht traurig und „Trauerarbeit" notwendig. Jener Kollege sagte auch, dass er anfangs froh war, all die Pflichten los zu sein. Aber nach einem halben Jahr begann er sie – zu seiner Verwunderung – zu vermissen. Er litt an „depressiven Verstimmungen", wie ein Arzt ihm sagte. Da wurde ihm bewusst, dass er trauern musste.

Die Gefühle, die Verena Kast für die Trauer im Todesfall beschreibt, gelten – vielleicht in abgeschwächter Form – auch für den Übergang in den Ruhestand: das Gefühl der Ruhelosigkeit als Widerstand gegen die Veränderung; das Gefühl von Verärgerung oder gar von Wut; das Gefühl eines Selbstverlustes auf Grund des Verlustes der Beziehungen zu vielen anderen Menschen; das Gefühl anfänglicher Perspektivlosigkeit; das Gefühl, „nicht mehr dazuzugehören" und das Gefühl eines gewissen Sinnverlustes. Sie sagt zu Recht, dass das Gefühl, „aus der realen Welt ausgestoßen zu sein", dazu führen kann, „dass der Trauernde sich dann überwiegend mit dem Vergangenen beschäftigt".

Das habe ich hundertfach in Gesprächen mit älteren Menschen, vor allem Männern erlebt, die mit glänzenden Augen von ihrer Arbeit und ihrem Beruf erzählten, auch wenn das alles schon sehr lange zurück lag. Der pensionierte Bahnhofsvorsteher, der täglich zum Bahnhof geht, um „seinen" Zehnuhrzug einfahren zu sehen, ist genauso wenig ein Witz, wie der pensionierte Pfarrer, der bei wichtigen Geburtstagsbesuchen immer schon vor seinem Nachfolger oder seiner Nachfolgerin bei den Gemeindegliedern war. Natürlich werden beide in den Augen der Späteren allmählich zu Witzfiguren – bis sie dann auch so weit sind.

Aber so darf es nicht bleiben. Wird dem Pensionierten, dem so genannten Ruheständler nicht bewusst, dass er trauern muss, um von einer Phase seines Lebens Abschied nehmen und eine neue Perspektive gewinnen zu können, dann kann das seinen Tod bedeuten, den so genannten Pensionärstod.

Ich habe einen Mann beerdigen müssen, der als Arbeiter in einer Fabrik nach vierzig Jahren am Tag seiner Verabschiedung aus seiner Firma sein Fahrrad, mit dem er täglich zur Arbeit gefahren war, in den Schuppen stellte und nicht wieder herausholte. Er setzte sich in den Fernsehsessel und starb dort – ohne krank zu sein. Er sagte zu seiner Frau und seinen Töchtern, dass er seine Pflicht getan und seine Aufgabe erfüllt habe – und verstummte. Im Gespräch mit den Angehörigen erfuhr ich, dass die Arbeit „sein Alles" war. Er starb am Sinnverlust.

Sein Beispiel macht deutlich, dass die Berentung als Wunde nicht nur von Pfarrern oder anderen Männern und Frauen mit hoher beruflicher Identifikation empfunden werden kann, sondern auch von Arbeitern in einer Fabrik, vorausgesetzt, sie sind körperlich nicht völlig am Ende. Arbeit ist für die meisten doch mehr als eine bloße Beschäftigung, um das tägliche Geld zu verdienen. Eine Arbeit, die man übernommen hat, ordnet den Tag: gibt der Zeit ein Gerüst. Sie bringt die Menschen in aller Regel in Kontakt zu anderen Menschen; sie gibt das Gefühl, am gesellschaftlichen Leben teilzuhaben, irgendwie am „Großen und Ganzen" mitzuwirken, auch wenn man es kaum durchschauen kann. Arbeit kann auch Anerkennung verschaffen, und sei es nur die Zufriedenheit der Kollegen und Kolleginnen oder das Ausbleiben einer Kritik der Vorgesetzten. Das alles trägt zu einem Sinngefühl bei, zu einem Gefühl des Gebrauchtwerdens, auch wenn – objektiv gesehen – der eigene Beitrag für das Ganze kaum ins Gewicht fällt.

Ich denke, dass wir alle in unserem Selbstwertgefühl auch von außen mitbestimmt sind. In Gesprächen mit Rentnern und auch mit Rentnerinnen über ihre frühere Arbeit war oft herauszuhören: „Diese Arbeit konnte nur ich so tun; diese Maschine lief nicht ohne mich, ich kannte sie wie meine Westentasche." Man sagt so leicht, dass jeder ersetzbar sei. In Wirklichkeit ist keiner „ersetzbar", denn jeder ist ein anderer und macht es anders und hat eine andere Ausstrahlung.

In einer großen Untersuchung in den USA wurden 300 000 Arbeitnehmer und Arbeitnehmerinnen gefragt, was sie sich von ihrem Arbeitgeber wünschen. Auf Platz eins der Wunschliste standen nicht „mehr Geld" oder „bessere Arbeitsbedingungen", sondern: „Ich will eine sinnvolle Arbeit tun. Ich will, dass mein Job einen Wert hat."

Der Journalist Rudolf Großkopff beschreibt in einem inneren Monolog – und es ist nicht nur launig gemeint – seine Schwierigkeit, in den „altersgemäßen" Ruhestand zu kommen: „Als Katholik hast du immer geglaubt, du hättest ein weniger strenges Über-Ich. Aber ganz offensichtlich kommst du trotzdem nicht klar mit deinem Verhältnis zur Arbeit. Wenn du nichts Produktives tust, hast du ein schlechtes Gewissen. Wenn du etwas Produktives tust, ebenfalls. Der erste Fall widerspricht dem eingebauten Pflichtbewusstsein, der zweite dem Gefühl, faul sein zu können oder gar zu sollen. Das grenzt ja an Bewusstseinsspaltung. Ob du so je zur Ruhe und zum altersgemäßen Müßiggang kommst?"[2]

Am Ende seiner Betrachtung sichert er sich weitere Arbeit zu durch die Übernahme der Arbeit, einen Essay zu schreiben über die Schwierigkeiten, „Abstand von der Arbeit zu gewinnen".

Ich mache es nicht anders, indem ich diesen Beitrag schreibe. Aber habe ich ein schlechtes Gewissen? Will ich denn überhaupt den Müßiggang des Pensionärs lernen? Will ich mich einleben in das „Übliche, was Rentner so tun"? Großkopff nennt: In den Tag hineinleben, viel lesen, ein bisschen Hobbymalerei, Sport, Reisen. Es fehlen noch die Gartenarbeit, das Werkeln und Basteln, die Kurse zur Weiterbildung, der Besuch von Ausstellungen u. a. Nein, das will ich alles nicht – noch nicht. Es sind wohlmeinende Angebote, um mit dem Überfluss an Zeit fertig zu werden. Aber ich will nicht nur genießen. Vielleicht kann ich es nicht? Vielleicht sitzt auch in mir das „protestantische Arbeitsethos?" Das spielt sicher eine große Rolle. Aber was will ich dann? Ich will etwas Produktives tun, und das sind für mich Tätigkeiten, die etwas mit „Hilfe für andere" zu tun haben. So habe ich meinen Beruf gesehen, ja mein Leben. Ist das der reine Altruismus? Keineswegs. Ich weiß, wie viel Sinnerfahrung hier zu gewinnen ist und Anerkennung und das Gefühl, noch gebraucht zu werden.

In unserer Gesellschaft herrscht ein Jugendwahn, der Menschen, die wegen „Erreichen der Altersgrenze" aus dem Berufsleben ausscheiden müssen, als alt im Sinne von gebrechlich, nicht mehr verwendbar, diskriminiert. Liest man als 65-Jähriger die Stellenanzeigen, kann man nur deprimiert werden. Gesucht werden „junge, aufstrebende, engagierte, motivierte, aktive Leute mit dem Idealalter von Mitte dreißig". Daraus entsteht der Mythos vom schwachen, risikoscheuen, technikfeindlichen, nicht belastbaren, nicht mehr leistungsfähigen, müden und verbrauchten Alten. Die öffentliche Diskriminierung hinterlässt auch ihre Spuren im Gemütsleben, im Selbstwertgefühl der Ausscheidenden. „Man erklärte mich mit 59 zum alten Eisen", sagte mir ein Mann, der in seiner Firma einem „jungen, dynamischen Team" weichen musste. Er benötigte eine längere Therapie, um sein Selbstbewusstsein wieder zu erlangen. Und dabei sind das alles Klischees. Es gibt kein Gesetz vom Altersabbau. Der gesunde 65-Jährige ist nicht weniger leistungsfähig als der gesunde 50-Jährige. Zwei – noch junge – Redakteure aus der Wirtschaftsredaktion der ZEIT schreiben in einem Artikel „Raus aus dem Altersgefängnis", dass junge Menschen schneller viel Neues aufnehmen können. „Aber die kristalline Intelligenz bleibt erhalten oder wächst sogar ... Alte haben Erfahrung, sie kennen sich aus, und damit können sie ihr Defizit im mechanischen Lernen ausgleichen." Umfragen in Deutschland ergaben auch, dass jeder dritte angehende Ruheständler weiterarbeiten möchte, und man kann zu Recht vermuten, dass es noch mehr wären, wäre das Image arbeitender alter Menschen besser. Amerika könnte durchaus ein Vorbild sein: Seit 1997 gibt es dort ein Gesetz gegen die Diskriminierung der Alten am Arbeitsplatz. In Stellenanzeigen darf kein Wort zum Alter stehen. Darum war meine amerikanische Gemeindepraktikantin so erstaunt, als ich in Pension gehen musste: „Bei uns bestimmt jeder Pfarrer selbst, wie lange er arbeiten möchte oder wann er sich dafür zu alt fühlt."

Und wie ist es nun mit der „Trauerarbeit"? Es muss eine Trauer sein, die mit Protest verbunden wird. Nach Verena Kast gehören zur Emotion der Trauer auch Zorn und Wut, die auch geäußert werden wollen. Aber letztlich müssen wir uns im Fall des Todes dann doch in das Unvermeidliche schicken, uns mit unserem „Schicksal" abfinden. Bei der Altersgrenze als Berufsverbot geht es nicht um ein unabwendbares Schicksal. Wir können uns öffentlich für ihre Abschaffung einsetzen. Wir können gegen den Jugendwahn in den Personalabteilungen kämpfen und überhaupt gegen den Jugendwahn in unserer Gesellschaft. Vor allem aber sollten wir uns nicht das Hemd des gebrechlichen und zu betreuenden Alten überstreifen lassen, was wir wie alle wohl einmal sein werden, aber eben noch nicht sind!

Dieser Protest darf allerdings nicht so aussehen, dass wir uns nun gleichsam „auf Teufel komm raus" jugendlich erscheinen lassen wollen, äußerlich und nach dem Motto: „Wir sind ja noch so dynamisch." Dann sind wir selber dem allgemeinen Jugendkult aufgesessen. Nein, so wie wir sind: mit unseren Erfahrungen, mit unserer Lebenseinsicht sollten wir deutlich machen, dass es der Allgemeinheit zum Schaden gereicht, wenn sie das Potential nicht nutzt, das wir (noch) sind.

Trotzdem ist Trauer als vor allem innere Arbeit des Abschiednehmens angesagt, da sich vorerst in unserer Gesellschaft so schnell nichts ändern wird.

Dazu gehört vor allem, das Gefühl des Verlustes nicht zu verdrängen und nicht zu überspielen: Anlässlich der Pensionierung eines Pfarrers gibt es in der Regel ein kleines Interview in der Lokalzeitung. Da habe ich fast nur immer sehr „Fröhliches" gelesen: Wie froh man sei, endlich „privat" zu sein und all das tun zu können, was man „angeblich" bisher nicht tun konnte. Das kommt mir sehr wie „Überspielen" der Gefühle des Verlustes und auch der Unsicherheit vor der Zukunft vor. Es gehört zum gesunden Trauern, das Gefühl einer gewissen Leere, das sich wie bei der Trennung im Todesfall auch bei der Pensionierung erst nach dem Ende der Abschiedszeremonien und im Fall des Gemeindepfarrers auch des Umzugs einstellt, zuzugeben und auch mit anderen darüber zu sprechen. Man wird dann auch auf viele treffen, die sich nicht länger schämen, über ihre Empfindungen zu reden, gegen das Vorurteil, dass man froh zu sein habe, wenn die Arbeit zu Ende ist. Ich halte es für unerlässlich, sich das Ende des Berufes und der Berufsarbeit als einen tiefen Lebenseinschnitt bewusst zu machen und den Schmerz darüber zuzulassen.

Verena Kast schreibt am Ende ihres Buches über den Trauerprozess: „An der Emotion der Trauer, so paradox es klingt, können wir ‚gesunden', denn sie bewirkt Wandlung."[3] Sie meint damit, dass nur die Trauer wirklich Abschied nehmen lässt und den Menschen für Neues öffnen kann. Das gilt eben auch für den Abschied von einem Beruf, der uns Sinn verlieh und unsere Zeit strukturierte. Aber, so betont Verena Kast, „der Preis der Wandlung ist die Trennung". Das verstehe ich nicht so, dass sich der Pensionär nicht mehr mit seinen alten Kollegen und Kolleginnen treffen soll und dass er sich nicht mehr dafür interessieren darf, was nach ihm an seinem Arbeitsplatz geschieht. Aber er soll sagen können: „Das ist nun nicht mehr meine Sache. Das geschieht nun nicht mehr in meiner Verantwortung." Dazu gehört auch, und das ist nicht immer leicht, einzugestehen, dass die Nachfolgenden die Arbeit genauso gut oder in mancher Hinsicht vielleicht sogar besser machen. Aber auch wenn man nicht dieser Meinung ist, ist es besser zu sagen: „Sie machen es eben anders." Sich trennen heißt, diesen Lebensabschnitt als wirklich vergangen anzusehen und irgendwann nicht mehr zu räsonieren und nachzukarren und argwöhnisch zu beobachten, was die Nachfolgenden tun.

Wandlungen, neue Perspektiven: Ich sagte schon, dass wir uns dafür Zeit lassen sollten.

Es gibt heute viele Angebote zu ehrenamtlichen Tätigkeiten und ganze Netzwerke für Senioren der verschiedenen Altersstufen. Sie leisten sicher gute Arbeit und sind doch geboren aus dem Umstand, dass es bei uns keine Arbeit ohne Altersgrenze gibt. So gibt es immer mehr Menschen, die zu viel Zeit haben und dazu motiviert und damit beschäftigt werden müssen, sie zu füllen. Für „die Phase des Suchens und Sich-Trennens" (Kast) braucht unsere Seele aber Zeit. Und darum ist es notwendig, bevor Neues ausprobiert wird, in sich hineinzuhören und sich zu fragen: Was ist mir wichtig? Was könnte ich Neues tun? Was passt zu mir? Und angesichts der vielen Angebote auch zu fragen: Leuchtet mir der Sinn dieser Tätigkeiten ein oder sind sie gleichsam nur zu Beschäftigungszwecken erfunden worden? In diese Prüfung gehört auch die Frage, ob durch diese unbezahlte Arbeit nicht bezahlte Arbeitsplätze eingespart werden sollen. Geht diese Prüfung aber so aus, dass ich sagen kann: Diese Tätigkeit könnte mir liegen. Hier kann ich meine Erfahrungen einbringen oder auch meine besonderen Begabungen, die ich in meinem Beruf gar nicht alle nutzen konnte, dann sollte man zugreifen. Neuorientierung ist notwendig und möglich.

Trotzdem begegnet mir bei den so genannten „jungen Senioren" ab 60 viel Resignation – sehr viel mehr bei den Männern als bei den Frauen. Die Männer dieses Alters waren sehr viel ausschließlicher mit ihrer Berufstätigkeit identifiziert als Frauen. Daraus erwuchs ihr Selbstwertgefühl als Ernährer der Familie, der „draußen" das Geld verdiente und sich für das „Drinnen" und auch für persönliche Beziehungen nicht so zuständig fühlte. Frauen, auch wenn sie berufstätig waren, hatten immer noch andere Interessen- und Lebensbereiche und pflegten weit stärker persönliche Beziehungen innerhalb und außerhalb der Familie. Darum ist es erklärlich, dass im Bereich ehrenamtlicher „Tätigkeiten für andere", aber auch im Geselligkeits- und Kulturbereich weit mehr ältere Frauen anzutreffen sind als ältere Männer – einmal abgesehen von deren kürzerer Lebenserwartung. Ich hoffe, dass sich hier in der Entwicklung zum „neuen Mann" einiges ändern wird.

Bei meinen Versuchen, pensionierten Männern in der Frage „Was sollen wir jetzt tun?" Vorschläge zu machen, wurde mir oft entgegnet: „Sie als Pfarrer haben gut reden. Sie können weiter Predigten halten und Seelsorge treiben." Sie haben nicht ganz unrecht. Künstler, Schriftsteller, Komponisten, auch Therapeuten haben es leichter im Ruhestand. Ihr Arbeitsfeld ist eigentlich nie so ganz beendet. Aber jeder Mensch – das versuchte ich mit Josef Beuys zu sagen – hat Fähigkeiten in sich, die ihn ein Stück weit über sich selbst hinausheben – oft noch unentdeckte Fähigkeiten. Das kann ganz Verschiedenes sein: handwerkliche Fähigkeiten, emotionale Fähigkeiten; die Fähigkeit, zu erzählen; die Fähigkeit, zuzuhören; die Fähigkeit, eine Situation zu durchschauen und einen Rat zu geben; die Fähigkeit, etwas zu organisieren u. v. a. So kenne ich einen pensionierten Mann, der als Pensionär die Fähigkeit bei sich entdeckt hat, mit viel Geduld den Menschen in einem Altersheim zuzuhören.

Eine solche wirklich demokratische und humane Gesellschaft ist anzustreben, in der nicht nur die Fähigkeiten der Jungen, sondern auch die Fähigkeiten der Alten allgemeine Schätzung und Anerkennung finden.

Ich muss zum Schluss noch etwas sagen zu den älteren Männern und Frauen, die durch Krankheit und sehr hohes Alter daran gehindert sind, noch etwas Neues zu beginnen. Sie sollten nicht nur klagen, „dass wir nun nichts mehr tun können". Es hat jeder auch ein Recht darauf, auszuruhen von der „Mühsal des Lebens" und den

Platz eines Beobachters einzunehmen. Ich stelle mir auch selber vor, dann stärker als bisher auf das Vergangene in meinem Leben zurückzublicken. Ich wünsche mir dann das Gefühl: Du hast deinen Beitrag geleistet, gut und weniger gut – aber auch nicht schlechter als die anderen. Du kannst nun ausruhen und darauf warten, was kommt. Aber noch ist es nicht so weit.

INGEBORG H. BACHMANN

Vorwiegend heiter – Stationen des Lebens

Vor einiger Zeit fand ich in einem Tessiner Haus einen farbigen Druck in schlichtem Holzrähmchen, die Glasscheibe gepünktelt vom Fliegendreck vergangener Jahrzehnte. Das Bild faszinierte mich. Es trägt die Überschrift *„Le Varie Età Dell' Uomo"*. Jetzt hängt es bei mir zu Hause und ich betrachte es oft. Es gibt mir zu denken, es stellt mich vor Fragen und vor allem erfüllt es mich immer wieder mit dem Gefühl oder besser mit einer Gestimmtheit, die ich am ehesten mit Heiterkeit bezeichnen möchte. Wobei die Heiterkeit sich gemächlicher in mir ausbreitet als andere Stimmungen oder Gefühle, welche vorbeifliegen und von anderen abgelöst werden.

Manchmal nistet sich die Heiterkeit regelrecht als ein Grundgefühl in mir ein und trägt mich, und wenn nötig holt sie mich auch aus einer Tiefe wieder heraus.

Wenn ich mich darüber wundere und das Heiterkeitsgefühl nach seinen Zusammenhängen befrage, stelle ich fest, dass es etwas mit dem Älterwerden zu tun hat, mit Lebenserfahrung und Wissen und vielleicht auch mit der zunehmenden Gewissheit, dass unsere Zeit begrenzt ist.

Auf meinem Bild hat man das ganze Leben in einem Überblick.

Auf einem Halbkreis nach oben strebend führen vier Stufen zu einer fünften hinauf; als höchster Punkt bildet sie die Mitte, und dann gehen vier Stufen auf der anderen Seite wieder abwärts ans Ende des Bogens. Neben der ersten und der letzten Stufe musst du dir je eine ins Kreisinnere führende Nebenstufe oder einen Nebenraum vorstellen. Links liegt ein Neugeborenes in einem Körbchen, rechts ist ein hundertjähriger Greis in seinem Lehnstuhl eingenickt. Beide ganz nah am Paradies, denn das erstreckt sich im inneren Raum des Bogens in eine weite Ferne hinein, wie die Serengeti. Löwe, Tiger und Antilopen und ein Kamel sehen zu, wie durch Mitwirken der Schlange das menschliche Drama seinen Anfang nimmt. Adam ist gerade dabei, in den von Eva gereichten Apfel zu beißen. Lange Haare und Blattwerk verdecken die Schönheit. Der Baum der Erkenntnis hängt prall voll. Sein starker Stamm und sein Geäst stützen die Lebensstufen von unten ab, im Gegensatz zur Luftigkeit des Paradieses lastet auf ihnen erhebliches Gewicht.

An den Seiten wächst sich der Baum zu einem Rosengebüsch aus und umfängt Baby und Greis, das Baby ins Leben hinausweisend, den Greis nach Hause nehmend.

Nun aber musst du wissen, wie die Stufen benannt sind und was sich auf ihnen, die sich zu Podesten erweitern, abspielt.

Das Neugeborene hatten wir schon. *Nascita* – Geburt – steht über seinem Körbchen, und gleich daneben ist es bereits als spielendes Kind zu sehen, das es in zehn Jahren geworden ist.

Ein Knabe treibt mit einem Stock einen Reifen an, sein eines Bein hat er im Lauf nach oben abgebogen. *Infanzia 10 anni*. Der Abschnitt des unbeschwerten Fröhlichkeitsalters ist damit beschrieben.

Allzu bald führt er in die Problemzonen der *Giovinezza 20 anni*: die Jugend mit 20 Jahren. Ein Jüngling mit Strohhut und roter Schleife im Kragen beugt sich zu einem erblühten Mädchen, dessen Hand er zärtlich hält, um es zu sich heranzuziehen. Aber der aufgeregte Austausch verliebter Gefühle, das Zieren und Zögern und Werben und Wollen, das Blumenschenken, Kichern und Kuscheln führt, eh' man sichs gedacht hat, eins weiter, in den nächsten Zustand, den *Età Virile 30 anni*: Mit 30 ist man in der Blüte der Jahre. Da steht nun eine Familie, zwei Kinder und eine züchtige Mama. Eins der Kleinen am Rockzipfel, eins auf dem Arm. Sie strecken die Ärmchen nach dem Papa aus, der sich im Jagdkostüm gerade verabschiedet.

Er hat es zu einer Familie gebracht, jetzt kann er seinen Vergnügungen nachgehen.

Aber er scheint auch sonst nicht ganz untätig gewesen zu sein, denn auf der nächsten Stufe, die er erklommen hat, *Età Della Discrezione 40 anni*, zeigt er sich stolz als vierzigjähriger Mann von Bedeutung: ein Papier vor sich haltend, als zitiere er oder halte eine Rede oder eine Vorlesung. Ein Politiker, ein Beamter, ein Wissenschaftler, ein Unternehmer? Man sieht an der etwas nach auswärts gedrehten Schrittstellung, dass er ein dynamischer Typ ist. Besondere Würde verleiht ihm überdies sein schwarzer Zylinder. Er hat sich einen Bart wachsen lassen, was seinem Gesicht markanten Ausdruck verleiht. Was immer er als Beruf gewählt hat, hier findet er sich jetzt, hier setzt er sich nach Kräften ein. So könnte man den Begriff der Diskretion als eine Umschreibung für seinen Erfolg verstehen und erinnert sich bei dieser Gelegenheit an Luis Buñuels satirisches Gesellschaftsportrait „Le Charme discret de la bourgeoisie".

Es vergehen zehn weitere Jahre, und schon steht der Mann ganz oben, auf der fünften Stufe, dort wo Himmel und Erde zusammen stoßen, auf der Horizontlinie. Und wäre diese Stufe nicht ebenso wie die anderen trittfest ausgebaut, müsste der Mann balancieren, denn der Höhepunkt des Lebens dauert nur einen Herzschlag lang, bevor man auf der anderen Seite der Anhöhe zum Absteigen ansetzt.

Vorerst aber steht er hier im Vollbesitz seiner Kräfte, er schöpft aus Wissen und Erfahrung. Von hier aus überblickt er das Land der Erwachsenen wie eine weite Hochebene, auf der die Ernte eingebracht wird. So könnte es bleiben: *Età Stazionaria 50 anni.*

Aber so kompetent das Lebensgefühl in diesen Augenblicken sein mag, so anfällig für Krisen kann es auch sein.

Ist man nicht genau dort angekommen, wohin man sich in jugendlichen Vorstellungen geträumt hat? Und was, wenn sich die Laufbahn als nicht so gelungen erweist wie erhofft oder einfach ganz anders herausgekommen ist? Eine Konfrontation mit der eigenen Realität zwingt zur Einsicht und zur Verwandlung von Illusionen in lebbares Leben.

Und wenn der Mann oben seinen Kopf entblößt der Luft aussetzt, wehen ihn vielleicht neue hilfreiche Gedanken an.

Etwas bedächtiger macht er sich wieder auf den Weg. Beim Abwärtsgehen ist Vorsicht geboten, das weiß jeder Wanderer.

Zehn Jahre geht er weiter und kommt, elegant gekleidet auf der neuen Stufe an: *Età Declinante 60 anni:* Mit 60 Jahren beginnt der Abstieg. Er steht auf einen Stock gestützt in Ruhestellung, die freie Hand hat er unter dem Revers in den geknöpften Mantel geschoben wie Napoleon. Offensichtlich ruht er sich auf seinen Lorbeeren aus und geht jetzt häufiger spazieren. Seinen Blick richtet er zurück auf die vergangenen Jahre. Von diesem Podest aus, das auf gleicher Höhe steht wie das des Vierzigjährigen – eben nur auf der anderen Seite des Horizontes – hat er eine hervorragende Sicht. Er schaut und sinnt.

Als es bei mir vor einiger Zeit soweit war, sagte Verena Kast zu mir: „Na, dann hast du ja jetzt Narrenfreiheit." Was auch damit gemeint war, ich habe es ziemlich ernst genommen und mir seither einiges erlaubt, was ich mir früher verboten hätte. Und es ist mir gut bekommen.

Aber das Bild kennt noch weitere Stationen. Der sechzigste Geburtstag geht vorüber, und auch wenn du eine gemächlichere Gangart einschaltest, kommst du pünktlich nach zehn Jahren auf einen neuen Tritt hinunter: *Vecchiezza 70 anni:* Das Alter tritt ein. Jetzt kannst du, wenn du es genauso machen willst wie der Mann auf meinem Bild, ein Pfeifchen herausnehmen und eins schmauchen. Dazu schreitet der alte Herr schon etwas breitbeiniger, aber doch noch sehr rüstig aus, als triebe ihn die präsenile Bettflucht noch einmal vorwärts. Seine Kleidung ist einfach. Seit langem geht er nicht mehr ins Büro, hat aber sonst noch einiges zu tun. Das sieht man an seiner Kopfhaltung, die konzentriert aber zum ersten Mal nach unten geneigt ist. Er hat jetzt ein Ziel vor Augen weiter bergab.

Auf dem nächsten Stufentritt sieht er schon recht gebückt und grau aus, zittrig am Stock sich vortastend, und auch die andere Hand sucht nach Halt. *Debolezza 80 anni:* die Zeit, in der der Verfall droht. Und dann?

Dann kommt mein Lieblingsstadium. Mit neunzig landet man im *Rimbambimento 90 anni*: Die Wiederverkindlichung. Das ist schon ganz nah am Paradies, und auch auf der Erde kann einem kaum mehr was passieren, keiner kann etwas gegen einen haben, denn die Kindlein wissen nicht, was sie tun. Die Welt ist dann ganz ungefährlich klein geworden, so dass vielleicht nur noch die Amseln vor dem Fenster Freude machen. Und man ist dankbar für einen Moment ohne Gliederschmerzen.

Bald darauf, mit hundert Jahren, ist keine Stufe mehr da. Da hilft nur noch *Dio Mio Abbia Pietà Di Me*.

Ist das nicht ein schöner Bogen, ein aufsteigender, über den Horizont hinweg wieder absteigender Lebensbogen?

Wer weiß, was bleibt? Hat der Alte in seinem Leben etwas angesammelt, so geht es den Weg alles Irdischen.

Was aber ist von ihm in der Erinnerung der nach ihm Kommenden aufgehoben? Sein Lächeln, seine Kenntnisse, die er weitergeben konnte, seine ausgeglichene Güte, seine brummelige Kauzigkeit. Oder hat sich sein Rat bewährt? Hat sich bei allem Neuen, das sich zwischen die Generationen schiebt, nicht doch etwas als erhaltenswert erwiesen? Hat sich bewahrheitet, was er geahnt, vorausgesagt hat?

Man spricht vom Weisen, der ein Seher ist. Oft ist er blind. Und sind nicht die alten Mütterchen an den magischen Orten in den Märchen, hoch oben auf einem Berg oder tief hinten im Wald oder in der Hütte inmitten einer grünen Wiese, sind sie nicht die Weisen unter den Frauen?

Sie schließen die Augen und schauen nach innen in die Schatzkammer ihres Wissens, und dann blicken sie dem Fragenden freundlich, aber streng entgegen.

„Der Pöbel sieht erstaunt des Weisen Angesicht,
sieht seine Heiterkeit, doch ihre Quelle nicht."

Bei Grimm, im Wörterbuch der Deutschen Sprache, wird beschrieben, wie sich der Begriff Heiterkeit, der zunächst für Wetterverhältnisse zuständig war, in seiner Bedeutung bald auf den Gemütszustand ausweitete. Als ein klares Element hebt die Heiterkeit Herz und Gemüt. Der heitere Himmel stimmt uns fröhlich.

Der Weise aber hat den heiteren Himmel in sich. Er ist schon durch so viele Wetter gegangen und hat gelernt, die Heiterkeit in sich festzuhalten, auch wenn es draußen stürmt.

Und darum geht es: um das Gewinnen und das Festhalten von so etwas wie Heiterkeit.

Das Älterwerden erleichtert uns diese Aufgabe, und deshalb bin ich auch zu deinem sechzigsten Geburtstag auf das Thema Heiterkeit gekommen. Aus gewisser Distanz lässt sich der Lebensbogen, dessen Stufen du mit deinen persönlichen Inhalten versehen kannst, viel besser betrachten. Aus der Distanz wird Erkenntnis möglich.

Wenn ich immer wieder von Neuem versuche, aus meinem Lebensbild etwas herauszulesen, nehme ich die Brille ab, um besser zu sehen.

Ich stelle fest, dass viele Strebungen, die so stark mit Emotionen besetzt waren, mit Trauer, flammender Empörung oder leidenschaftlicher Liebe, viel gemilderter erscheinen, ruhiger und gedämpfter, als hätte ein großes umfangendes Licht den Farben die Grellheit genommen. Es beleuchtet das Leben nun gleichmäßiger, geklärter. Dabei muss den inneren Strebungen an Kraft nichts verloren gehen. Sie erscheinen aber anders und ordnen sich in anderer Form einander zu. Sie zeigen weniger extreme Wirkung als vielmehr eine stille Kraft und darin auch eine neue Genüsslichkeit.

Ein heiterer Mensch hat gewisse Grenzüberschreitungen ekstatischer Gefühle vom Ich zum Selbst bereits bewältigt, ohne dass sich das Ich verloren oder aufgelöst hätte. Die Ichgrenzen sind durchlässig geworden und regulieren mithilfe von Gelassenheitsdrainagen den affektiv/emotionalen Überschuss.

Das Heitere nämlich gleicht eher einem Zustand als einer spontanen Reaktion. Emotionen und Gefühle, die als Treibstoffe der Lebensentwicklung dienen, werden so im Prozess des Älterwerdens ins Heitere hineingefiltert. Und es kann sein, dass eine gleichschwebende Heiterkeit der gleichschwebenden Aufmerksamkeit des Analytikers den Rang abläuft, wenn sich die Heiterkeitsübung im Individuum verselbständigt.

Das folgende Gedicht von Giuseppe Ungaretti überschreibt er mit „Heiter":

> Nach so viel
> Nebel
> enthüllen sich
> einer
> um den anderen
> die Sterne
>
> Ich atme
> die Frische
> aus der Farbe
> des Himmels
>
> Ich begreife mich
> ein flüchtiges Bild
>
> Hinter ein unsterbliches
> Licht geführt

Eigentlich darf jetzt nichts mehr angefügt werden, würde mich nicht der letzte Satz Ungarettis enorm irritieren. Er stellt das flüchtige Leben dem unsterblichen Licht gegenüber und ist von den Kräften der kosmischen Rätsel, die für einen Sterblichen nicht durchschaubar sind, tief beeindruckt. Das ermutigt mich zuzugeben, dass mich das Betrachten meines Bogenbildes nie so ganz befriedigt hat. Ich fühle mich jedes Mal um den zweiten Teil des Kreises gebracht, der ja doch irgendwie da sein muss, so will es ganz dringend mein Formen zurechtsehendes Auge. Auch wenn sonst nichts zu erkennen ist.

Ein ganzer Kreis ist rund und niemand wird behaupten, dass ein ganzes Paradies in einem Halbkreis unter dem Bogen unterzubringen sei. Ich spiele mit dem Gedanken, das stufenförmige Aufsteigen und Absteigen müsse auch dort weitergehen, wo wir es nicht mehr sehen können, bis sich der zur Ruhe gekommene Greis im Neugeborenen wiederfindet.

Allerdings habe ich nirgendwo eine Weiterführung in diesem Sinne gesehen, obwohl es diese Darstellung der Lebensstufen in verschiedenen Formen und für alle Stände gibt. Für Fürsten und Bauern oder Bürgersleute, wie auf meinem Bild.

Von der im Dunklen liegenden Seite des Lebens will niemand etwas wissen. Dabei würde es sich ja auch um eine enorme Herausforderung handeln. Denn gibt es diese Entsprechung, dann gibt es auch ein Gegenparadies und einen Gegenhorizont, der entsprechend zur Mittagshelle des Lebens als tiefster Tiefpunkt zu verstehen ist, als ein dunkler Ort der Schmerzen und der Verzweiflung. Es muss sich ja nicht immer um Teufelsfratzen, Heulen und Zähneklappern handeln.

Die Hölle aber als einen Ort menschlichen Unglücks, die kann ich mir sehr gut vorstellen.

Wenn ich zum Schluss noch diese andere Seite des Bogens erwähnt habe, dann geschah es der Ehrlichkeit halber, aber auch in der Hoffnung, dass das Licht der Heiterkeit tief eindringen und heilen kann. Die Farben leuchten da am schönsten, wo sie auf dunklem Grund stehen.

Da steht die Heiterkeit als eine Allegorie. Sie dreht das Rad des Lebens. Die Bänder flattern. Sie winkt zum Geburtstag und wünscht das Beste.

THEODOR SEIFERT

Gefühlsraum Freundschaft und Dankbarkeit –
„Zwei kleine Smaragde in meinen Händen"

Die Aktive Imagination ist eine von C. G. Jung wieder entdeckte und jedem Menschen zugängliche Form der Selbstbegegnung und Begleitung auf dem Weg der Individuation. Es gibt hierfür eine lange Tradition. Die älteste heute bekannte Imagination ist in einem ägyptischen Papyros mit dem Titel „Gespräch eines Lebensmüden mit seinem Ba" enthalten. Darin begegnet ein zu Tode verzweifelter Mann seiner Seele, die ihn in Gespräche verwickelt und zum Leben zurückführt. Saint-Exupérys Erzählung vom Kleinen Prinzen wie auch die Gespräche Krishnas mit Ardjuna sind weitere Beispiele.

In der Aktiven Imagination nehme ich aktiv eine Beziehung zu einer inneren Figur z. B. aus einem Traum auf, das kann ein Mensch, ein Tier, auch ein Baum oder ein Stein sein, und spreche mit ihm oder ihr über eine mich beschäftigende oder belastende Frage. Es entwickelt sich ein meist intensiver Dialog, den ich über längere Zeit fortsetzen kann und dessen Inhalte viele, meist ganz überraschende Antworten und Lösungsmöglichkeiten anbieten.

Alle Imaginationen sind von oft sehr starken Gefühlen begleitet, der ganze Reichtum des Gefühls kommt dabei zum Ausdruck. Geborgenheit, Freude und Glück, Schmerz, Trauer und Schuld, ganz neue, noch nie erlebte Formen der Freundschaft und Begegnung mit Weite und Freiheit werden zugänglich, ja eine Poesie und Schönheit des Gefühls, seine belebende Kraft und zuverlässige Wegweisung, in der hier beschriebenen Imagination mit tiefer Dankbarkeit verbunden.

Die folgenden Seiten schildern aus einer längeren Aktiven Imagination die bewegende Geschichte eines Mannes, J. genannt. Im

Vordergrund steht, wie bei vielen Aktiven Imaginationen, der gemeinsame Weg mit dem inneren Freund, seine Treue, Zuverlässigkeit – seine Freundschaft – aber auch seine Traurigkeit, weil er über längere Zeit gar nicht gesehen oder gefragt wurde. Diese hier beschriebenen Bilder und Erlebnisse sind eher ungewöhnlich, sie ereignen sich nicht in jeder Aktiven Imagination, sind aber bei längerer Praxis zu beobachten. Die Aktive Imagination ist besonders gut geeignet, wichtige innere Prozesse anzuregen, sie kann „weit hinaus" führen oder „weit hinein" in die eigene Tiefe.

Der Weg führt weit zurück

„Ich wusste plötzlich, dass mich der Weg weit zurückführt in eine Zeit, wo die Indianer, in diesem Fall die Navajos, mit den weißen Soldaten und Siedlern kämpften. Ich war offenbar in der damaligen Zeit ein Häuptling, dem die Menschen ganz selbstverständlich vertrauten."

Der innere Freund erzählte nun, dass dieser Häuptling sich intensiv um Friedensverhandlungen mit den weißen Soldaten bemühte und auch Erfolg zu haben schien. Doch dann griffen diese ihn und seine Leute plötzlich aus dem Hinterhalt an, es kam zu einem wütenden Kampf.

„Auf dem Rückweg kamen wir zu meinem Dorf, es war auch das Dorf des inneren Freundes, und wir sahen eine entsetzliche Zerstörung: Alle Frauen und Kinder waren ermordet, die Zelte abgebrannt. Mir blieb damals vor Schreck und Entsetzen beinahe das Herz stehen, es kam zu einer Stockung des Lebensprozesses und zu der Erkenntnis, dass alles ‚meine Schuld' ist. Ich hatte den Überblick verloren, mich in einen Kampf mit den Weißen eingelassen und nicht mehr bedacht, dass sie einen Hinterhalt legen und alles zerstören könnten. Diese Naivität und Gutgläubigkeit, die Rückseite meiner Friedfertigkeit, hatte furchtbare Folgen, unter denen ich bis heute leide."

Die Imagination bewegte sich hier im Raum einer kaum erträglichen Intensität des Gefühls, des Schmerzes, der Trauer und eben auch der Schuld. Es war eindeutig seine Schuld, dass er diese Gemeinheit der Fremden nicht vorhergesehen hatte, denn er kannte sie aus früheren Verhandlungen der Navajos mit den weißen Siedlern. Die Erfahrung zeigt, dass über die Aktive Imagination Zugang zu Gefühlen gefunden werden kann, die offenbar sehr tiefe Wurzeln haben, welche die Grenzen von Gegenwart und Vergangenheit, aber auch von Kulturen und Ländern überschreiten und diese verbinden können.

„Später war ich einfach mit ihm auf dem Weg, wie von selbst. Ich hatte es mir nicht vorgenommen, ihn auch nicht darum gebeten. Der Weg führte durch eine weite Landschaft, einer Savanne ähnlich, mit Büschen und kleinen Wäldern. Meine Schritte waren schwer, wir gingen langsam – ich wusste ja wohin. Erstaunlicherweise war ich nicht depressiv oder traurig, nur ernst, wirklich sehr ernst. Der Freund war mir ganz nah und doch nicht zu eng an meiner Seite, ich wusste um seine Anwesenheit, konnte ihn sehen und auch wieder nicht sehen. Dann kamen wir zu meinem Dorf, das auch sein, unser Dorf war. Wir sahen verbrannte Erde, auch die noch sichtbaren, kaum zu erkennenden Körper der Frauen, Kinder und Alten. Da lagen sie, ganz still und friedlich, als habe sich die Erde ihrer erbarmt. Sie hatten ihr im Schutze ihres Häuptlings, dessen Name jetzt auch erschien und dem sie ganz selbstverständlich vertrauten, mit ihren heiligen Liedern gedient. Sie lebten im Rhythmus des aufsteigenden und verlöschenden Lichtes und waren in Frieden.

Welch ein Schreck muss es für sie gewesen sein, als die weißen Soldaten plötzlich über sie herfielen, ohne Vorwarnung und ohne den Schutz ihrer Männer und ihres Häuptlings. Ehe sie starben, brach noch eine, brach ihre Welt für sie zusammen, sie konnten gerade noch die meisten ihrer Kinder in ihre Arme nehmen. Ich wusste, dass mein Freund genauso fühlte und genauso still und tief, lautlos erschüttert war wie ich. Jeder Schmerzensschrei ging nach innen. Wenn es lautlose Schreie gibt, die man hören und zugleich mit den normalen Ohr nicht hören kann, dann waren sie jetzt da, erfüllten den ganzen Raum um uns herum."

Mutter Erde und das Herz aller Dinge

„Wir knieten nieder, nebeneinander, den Kopf auf die Erde gelegt. Es war, als spürten wir, als spürte ich den Herzschlag der Erde. War es auch das Herz der Toten, mit denen wir jetzt so innig verbunden waren? Es war beides, als vereinte sich das Herz der toten Menschen mit dem Herz der Erde, wie in einem Herzschlag. Auch hier wieder die eigenartige und für mich völlig neue und überraschende Situation, verbunden mit dem entsprechenden Erleben, dass das Herz der Toten im Herzschlag der Erde weiterschlug. Mich durchströmte ein Gefühl tiefer Geborgenheit."

Hierher gehören die großen Visionen vom „Herz aller Dinge", von „Dem großen Einen", dem Tao, usw. Bei der Begleitung einer solchen Imagination ist es beeindruckend, wie diese visionären Bilder plötzlich im unmittelbaren Erleben erscheinen. Wer solche Erlebnisse hatte, für den sind sie keine leeren Worte, sie sind psychische Realität. Und sie vermitteln ein Gefühl des Eingebettetseins und auch der Geborgenheit im Kosmos.

Die Imagination setzte sich wie folgt fort:

„Wie lange wir gekniet hatten, weiß ich nicht, auch das Licht war irgendwie gleichmäßig, nicht hell und auch nicht dunkel, keine Sonne und auch kein Mond, eben einfach Licht. Und dann war es, als käme eine Wolke von Kraft oder Energie, wie ein warmer Wind ging sie über uns hin, hüllte uns ein, sodass wir den Kopf hoben und zu schauen begannen. Und dann stand sie plötzlich da, Mutter Erde, die wir immer verehrt hatten. Sie stand voller Würde und Klarheit vor uns, groß, schlank, mit einem langen Gewand bekleidet, schaute über das verbrannte Dorf und seine Toten und dann zu mir, zu uns. Es war, als kenne sie den Freund, als sei er ihr schon lange vertraut. Ich war hier neu und im Sinne der Verbindung zu dem Freund auch wieder nicht. Sie schaute ernst, nicht vorwurfsvoll, eher fragend. Die Frage ging an mich, als wolle sie eine Erklärung, wie mir das passieren konnte. Ich war noch so voller Entsetzen und konnte ihr jetzt nicht antworten. Nach einer Zeit der Stille legte sie ihre Hand auf meinen Kopf, mitfühlend, als wolle sie mir sagen: Ich verstoße dich nicht, mein Sohn. Mich durchfloss wieder dieses Gefühl des warmen Windes, ganz sanft und irgendwie heilend, mein ganzes Inneres berührend. Auch dies war wieder eine unendliche Kette zeitloser Augenblicke. Ich schaute hinüber zu dem Freund und suchte in seinen Augen, die ich jetzt deutlich sah, eine Bestätigung, dass das alles ganz wirklich ist, ein volles klares Erleben. Er bestätigte das. Und ich glaubte ihm, es war so. Er, Mutter Erde, die Toten, die verbrannte und doch noch atmende Erde, deren Göttin bei uns war, es geschah alles in einem großen Miteinander. Da war nichts von Vorwurf, es war nur die fast brennende Frage in uns, wie und warum Menschen so etwas tun. Ich dachte: Das gibt es also, dieses große tragende Gefühl der Verbundenheit mit allem."

Ein Gefühl des sanften warmen Windes und die Bahn des Herzens.

Hier sei auf die wunderbare Formulierung „Gefühl des warmen Windes, ganz sanft und irgendwie heilend, mein ganzes Inneres berührend" hingewiesen, auch auf die „unendliche Kette zeitloser Augenblicke". Das sind Erlebnisse, wie sie im Rahmen eines normalen Lebens, also nicht in klösterlicher Abgeschiedenheit oder in den Höhlen des Himalaja, zugänglich werden. Sie sind von einer Poesie des Gefühls, zu der sich J. in seinem bisherigen Leben nie in der Lage gesehen hätte.

Und wer es einmal erlebt hat, „dieses Gefühls des warmen Windes, ganz sanft und irgendwie heilend, das ganze Innere berührend", der versteht auch etwas vom Gefühl und erlebt dann in seinen persönlichen Beziehungen die heilende Wirkung dieser Gefühle. Auch aus diesem Grunde habe ich mich entschlossen, diese Aktive Imagination zur Verdeutlichung des Lebenswertes der Emotion zu beschreiben.

„Nach einer wieder nicht benennbaren Zeit schaute ich mich erstmals um, jetzt etwas ruhiger geworden. Und ich sah ein Büffelhorn liegen, das nicht verbrannt war, und eine unversehrte Holzkugel. Und dann noch den Rest eines Bogens mit einigen kleinen Schnitzereien, die ich für meinen Jungen, um seinen so geliebten Bogen zu schmücken, auf dem Holz angebracht hatte. Er war darauf sehr stolz gewesen. Bei diesen Bildern und Erinnerungen überwältigte mich ein unendlicher Schmerz. Wie nur konnte das geschehen? Ich hatte es nicht bemerkt im Kampf mit den weißen Soldaten, in den ich mich ganz hineingestürzt hatte. Jetzt wusste ich, dass ich in dieser intensiven Situation einen inneren Abstand hätte behalten müssen, um wahrzunehmen, was noch geschehen könnte. Das wäre mir möglich gewesen auf der Bahn meines Herzens. Denn die war und ist es, die mich mit den mir anvertrauten Menschen immer verbunden hat. Ohne sie wäre ich als Häuptling ungeeignet gewesen. Ja, die Bahn meines Herzens war unterbrochen."

Dies ist nun ein ganz zentraler Satz und eine schmerzliche, aber weiterführende Erkenntnis. J. fiel sehr viel dazu ein, was es für ihn heute heißt, dass die Bahn seines Herzens unterbrochen war oder ist. Auch dies ist eine Formulierung, die er sich im Rahmen seiner sonstigen rationalen und kenntnisreichen Überlegungen nie hätte ausdenken können. Dies ist eine besondere Erlebnismöglichkeit der Aktiven Imaginationen, dass wir Zugang zu einer Form der Poesie finden können, die uns in der Regel nicht zugänglich und zugleich ein großes Geschenk ist. J. erlebte sie als ein großes Geschenk und auch als einen Zugang zur Schönheit des Gefühls. Wie „schön" Gefühle sind, wird selten bedacht, die „Schönheit des Gefühls" geht weit über ein angenehmes Wohlgefühl hinaus.

Die kleinen Smaragde

„Ich nahm nach einiger Zeit wieder die Verbindung zu meinem Freund auf. Er wunderte sich, warum ich so lange nicht gekommen war, ja er war darüber traurig, denn die Verbindung mit ihm ist ja ständig möglich. Ich erlebte es jetzt ebenso. Es tat mir sehr leid. Ich sehe, dass ich es mir auf diese Weise selbst immer wieder schwer mache.

Wieder erschien das Bild von Mutter Erde. Ich wollte auf sie zugehen, aber er bremste mich sofort. Ich könnte sie von einiger Entfernung aus anschauen, ihr auch zuwinken, aber näher heran dürfte ich jetzt nicht, dafür sei ich noch zu unkonzentriert, was gleichbedeutend ist mit ‚zu weit weg'. Aber dann geschah etwas Wunderbares: Ich hatte meine beiden Handflächen nach oben gerichtet und auf meinen Oberschenkeln liegen. Da kam er, ich weiß nicht so recht wie, und legte in jede Handfläche einen kleinen grünen Smaragd, der dann ganz rasch in die Handfläche ‚hineinwuchs', aber doch noch offen zu Tage lag. Ich konnte ihn genau sehen, auch eine Art leise Wärme spüren, die mich seitdem nicht mehr verlassen hat. Ich kann sie mir jederzeit bewusst machen. Wenn ich jetzt beim Notieren der Aktiven Imagination daran denke, durchströmt mich ein Gefühl tiefer Dankbarkeit.

Wenn ich mir noch einmal vorzustellen versuche, wie er zu mir kam, so ist das schwierig zu beschreiben. Hier war der Freund keine körperliche Person, eher ein Hauch, aber doch von starker Energie. Eine Verbindung von ganz leicht und ganz stark, eigentlich genau das oder so, was oder wie ich selbst sein möchte. Ganz leicht und ganz stark, zarter Hauch und starke Energie, eine Einheit von Polaritäten."

Es braucht hier nicht mehr betont zu werden, wie überraschend dieses Erlebnis war. Alles hätte sich J. vorstellen können, aber auf die Idee, dass plötzlich zwei kleine Smaragde in seine Handflächen gelegt werden und dort hineinwachsen, überschreitet nun wirklich die Grenzen der normalen Fantasie. Wir sind hier am Rande des Undenkbaren, im Raum der Freiheit. Die Möglichkeiten der Freiheit, wie sie in der Aktiven Imagination gegeben sind, können gar nicht oft und intensiv genug betont werden. Was uns hindert, ist unsere Angst, weil wir dann Erlebnissen und Möglichkeiten gegenüberstehen, die zu unseren bekannten und auch rationalen Bildern und Theorien und unserem entsprechenden Selbstverständnis als denkende oder auch wissenschaftlich arbeitende Menschen in Widerspruch stehen. Aber „eine leise Wärme zu spüren" ist doch eine wunderbare Beschreibung eines Gefühls, für das wir zwar noch keinen Namen haben, aber was auf diese Weise genau umschrieben ist. Er kommt uns immer entgegen, wenn wir ihm entgegengehen. Er mischt sich nicht ein, drängt sich nicht auf, schränkt den Raum der persönlichen Freiheit nicht ein, macht uns jedoch die Möglichkeiten der unendlichen Freiheit bewusst.

Jetzt gibt es für J. zwei starke und lebendige Beziehungen: die Beziehung zu dem inneren Freund wie auch zu der leisen und starken Kraft des Smaragds. Dass diese beiden Edelsteine nun ausgerechnet in den Handflächen sind, regt zu vielen Überlegungen und Fantasien im Hinblick auf Handlungsspielräume, Handlungsmöglichkeiten und auch die Qualität des Handelns an. Was heißt es, wenn ein Mensch mit dem Edelstein in der Handfläche handelt? J. hat sich darüber viele Gedanken gemacht, nicht zuletzt über die Kostbarkeit seines Lebens.

Und hier noch ein kleines abschließendes Erlebnis:

„Im Anschluss an einen Besuch kam mir die Idee, dass ich die Welt durch die beiden Smaragde sogar *sehen* kann, irgendwie können sie auf meinen Augen sein. Der innere Freund bestätigt das. Wenn ich es versuche, die Welt durch die Smaragdaugen zu betrachten, breitet sich ein ganz sanftes grünes Licht aus und hüllt alles ein. Oder war es ein leises Leuchten? Es schimmerte fast weiß oder leicht silbern. Auf diese Weise wurde alles eins, am ehesten dem vergleichbar, wenn die Erde in Mondlicht getaucht ist. Ist es nicht nur das Mondlicht, sondern das Licht von Mutter Erde, das ich heute zum ersten Mal sah und erlebte?

Ich kann jetzt verstehen, dass für sie in diesem Licht alle Wesen auf Erden ihre Kinder sind und sie zu allen sowohl eine ganz persönliche wie mit allen gleiche Beziehung hat."

Man kann sich beim Lesen sicher vorstellen, in welche große Weiten diese Imagination J. geführt hat und es wurde gleichzeitig klar, dass sie ohne die innere Begleitung des Freundes kaum möglich gewesen wäre.

Aus diesen Erlebnissen können psychologische oder therapeutische Konstrukte entwickelt werden bzw. eine ursprüngliche Bestätigung erfahren. Wahrscheinlich hat C. G. Jung, wie aus seiner Biographie ersichtlich ist, aus solchen Erlebnissen heraus wesentliche Teile seiner psychologischen Begriffe formuliert. Dieses könnte vielleicht die eigentliche empirische Basis einer mit der Seele noch verbundenen Psychologie sein.

Zu seiner und meiner großen Überraschung erlebte J. einen intensiven Wunsch, jetzt ein Gedicht zu schreiben. Das hatte er bisher noch nie getan, er traute es sich eigentlich auch nicht zu. Gedichte sind ja, wie wir alle wissen, seit der Schulzeit ein oft schwieriges Thema. Dann hat er sich der Kraft der Smaragde hingegeben und ein Gedicht geschrieben über den smaragdenen Mond.

Smaragdener Mond

Kleine Smaragde in meiner Hand,
die Hände ertasten smaragden die Welt,
Geschenke der Mutter Erde.
Kleine Smaragde auf meinen Augen
sehen die Welt in smaragdenem Licht,
dorthin gelegt von Mutter Erde.

Ein Geschenk der Erde
erleuchtet die Welt
noch nie von mir geschaut,
weit, immer weiter leuchtet es,
wird immer feiner,
erfüllt den ganzen Raum
mit seinem kaum wahrnehmbaren,
zarten weichen Grün
wie ein Hauch über allem.
Ein unendlich zarter
kaum noch grüner Hauch,
schon durchwebt mit feinstem Silber.
Leuchtet so der Mond,
wenn sein Licht den Raum erfüllt?
Ja, so leuchtet er.

Kleine Smaragde,
Geschenke der Mutter Erde,
damit ich Welt und Raum
in diesem feinsten Licht
ertasten und erschauen kann
und meinen Weg weiter gehen
in der heilenden Kraft des Smaragds.
Große Mutter Erde,
Großer Geist des Himmels,
ihr spiegelt euch im stillen Wasser meiner Seele
und lasst euch schauen und erkennen
mit dem Smaragd auf meinen Augen.

So schaue ich den smaragdenen Mond
in mir und in jedem Menschen
auch hinter den Wolken.

Das sind für J. und auch für den Begleiter außergewöhnliche Erlebnisse. Es geht um den Sprung hinüber in große Weiten des Gefühls, die wir im Alltag in der Regel nicht zulassen und die uns da auch eher belasten würden, in Visionen und Fantasien – eben in den Raum der Freiheit.

Warum haben wir eigentlich immer wieder so viel Angst, diesen Raum zu betreten? Natürlich fürchten wir, uns lächerlich zu machen. Ich habe auch gezögert, diese Bilder hier darzustellen, denn man könnte hierzu „Esoterik" im heute landläufig leider nur noch negativ gemeinten Kontext assoziieren. Es sei aber noch einmal mit aller Klarheit festgestellt: es handelt sich hier um empirische Phänomene der Psyche, für die unsere Theorie vielleicht erst ansatzweise die entsprechenden theoretischen Konzepte und Kontexte zur Verfügung stellt, aber wie soll sich diese Theorie je erweitern, wenn wir uns den Räumen der Freiheit nicht öffnen? Dieses Anliegen und diese Thematik hat mich immer mit Verena Kast verbunden. Wir waren wohl beide oftmals Gäste, vielleicht auch mutige Gäste in diesem Raum der Freiheit und sind beschenkt zurückgekehrt, wie die Begleitung auch dieser hier berichteten Imaginationen zeigt.

Der Edelstein – der Lapis der Alchemie

Seit Alters ist der Stein nicht nur ein Mineral, sondern ein großes Symbol. Es sei hier an den Grabstein erinnert, um zu verdeutlichen, dass der Stein für den Menschen so etwas wie eine Vorstellung von Ewigkeit beinhaltet. Mit ihm überspringen wir, auch wenn es uns nicht so bewusst ist, die Grenzen der Zeit, auch die Grenzen zwischen Leben und Tod. Auf den Friedhöfen lebt die Seele des Verstorbenen über die Steine weiter. Der Stein trägt ihren Namen, man muss sich vergegenwärtigen, was das eigentlich heißt.

Die großen Steinskulpturen, die an verschiedenen Stellen der Welt gefunden wurden, haben eine hohe symbolische und religiöse Bedeutung. Sie sind immer mit Kultstätten verbunden, in ihrem Schutz oder in ihrem Energiefeld wurden die Götter angerufen, um Hilfe gebeten, sie waren der irdische Rahmen für die vom Menschen gesuchte Zuflucht zu seinen Göttern.

Der kleine Vers:

> Gott schläft im Stein
> atmet in der Pflanze,
> träumt im Tier
> und erwacht im Menschen

weist in dieselbe Richtung. Es ist, als müssen wir den Gott im Stein erwecken, über den Stein zu ihm Zugang finden.

In den alten Kulturen Europas war der Smaragd dem Merkur, dem Götterboten und Gott der Wege, des Schlafs und des Traums zugeordnet und galt daher als Stein für göttliche Eingebungen. In der Antike wurde er als Augenheilmittel verwendet und im Mittelalter als Heilmittel gegen alle Gebrechen des Menschen, wie Hildegard von Bingen es annahm. Die kleine Parallele in der Aktiven Imagination, wo J. mit den Smaragden auf den Augen die Welt neu und umfassender sieht, sei hier nur angedeutet. Aber auch in körperlicher Hinsicht wird dem Smaragd die Kraft zugeschrieben, die Sehkraft zu verbessern. Er soll helfen, Schicksalsschläge zu überwinden, Ausgeglichenheit, Offenheit, Erholung und Regeneration zu ermöglichen. Er regt an, intensiv zu leben und zu genießen. Und in mentaler Hinsicht heißt es, er bringe Klarheit, Wachheit und Weitblick.

C. G. Jung ist es zu verdanken, dass er die psychologischen Komponenten des alchemistischen Opus erkannt und sorgfältig analysiert hat. Es geht bei der Alchemie um das Erreichen des Lapis, des Steines, der auch als „Stein der Weisen" inzwischen allgemein bekannt ist. Jeder sucht ihn, jeder würde sich glücklich schätzen, wenn er ihn besitzen könnte. Im Kontext der Alchemie ist es der Edelstein schlechthin, das höchste Gut, die größte Kostbarkeit, die einem Menschen zugänglich ist. Und wer wollte es nicht erreichen, dieses höchste Gut? Die Aktive Imagination kann diesen Weg weisen.

Für mich als Begleiter war es beeindruckend, hier eine Erlebniskette mit beobachten zu dürfen, in der sich der Lapis, die hohe Kostbarkeit der Alchemisten, konstellierte und abbildete und dies zur größten Überraschung von J., der die Imagination konsequent und treu, wenn auch immer wieder mit von ihm hinterher sehr bedauerten Unterbrechungen durchführte. Ich habe zwar schon viele beeindruckende Entwicklungsschritte begleiten dürfen, auch Imaginationen mitverfolgt, doch diese hat mir in einer bisher noch nicht zugänglich gewesenen Form die Möglichkeit dieser einzigartigen Methode gezeigt. Sie ist wirklich der Weg in den Raum der Freiheit.

Noch einmal der innere Freund – Die transzendente Funktion

Mit den beschriebenen Erlebnissen, Bildern und beschrittenen Wegen ist hinreichend deutlich geworden, dass „der innere Freund" eine einzigartige Möglichkeit darstellt, „die Beziehungen zwischen dem Ich und dem Unbewussten", wie eines der berühmten frühen Werke C. G. Jungs heißt, herzustellen. In jeder analytischen Psychotherapie geht es darum, dass das wie auch immer zur Zeit eingeengte, belastete und von allen möglichen Nöten geplagte Ich mit der schöpferischen Kraft des Unbewussten, die ihm zunächst Angst macht, wieder in Verbindung kommt. C. G. Jung hat für diese verbindende Funktion zwischen dem Ich und dem Unbewussten die Bezeichnung „Transzendente Funktion" vorgeschlagen und damit die symbolbildende Funktion der Psyche bezeichnet. Dabei ist zu bedenken, dass ein Symbol, nach dieser Definition, den derzeit bestmöglichen verbindenden, meistens bildhaften Ausdruck für einen Inhalt des Unbewussten darstellt, der vom Bewusstsein zunächst nur in dieser Form aufgenommen werden kann. Das Symbol stellt Beziehungen her, die für den Einzelnen und den Heilungsverlauf in einer Psychotherapie wichtig sind. Für J. war es das überwältigende Erleben seines Wertes.

So wird die Arbeit mit der Aktiven Imagination zum unmittelbaren Erkennen der transzendenten Funktion. Der Einzelne erlebt, wie seine Seele Wege sucht, das eingeengte Bewusstsein zu erweitern, wenn auch in tausend kleinen Schritten. Dies ist ein lebenswichtiger Prozess, ein schicksalhafter, wie C. G. Jung es beschreibt. Das Wissen um den inneren Entfaltungsprozess, um das Weitergehen Schritt für Schritt, gehört zu uns Menschen wie grundlegende physiologische und andere Gegebenheiten. In der Aktiven Imagination wird es immer wieder deutlich, welche Räume wir durchschreiten können, wie auf diesem Weg auf eine ganz persönliche Weise der innere Edelstein, die Kostbarkeit gefunden werden kann. Sie stellt sich hier in zwei kleinen Smaragden dar, die das Handeln leiten können, die Hände möglicherweise vor unbedachten Handlungen schützen und den Augen einen Blick in eine Weite eröffnen, die dem alles verbindenden Mondlicht gleicht.

Freundschaft und Dankbarkeit

Am Beispiel der hier dargestellten Aktiven Imagination konnte deutlich werden, dass sich ein großer, vielleicht sogar unendlicher Raum für die Vielfalt und Intensität der Gefühle darstellt. Die erlebten Gefühle sind, bezogen auf das Leben, Lehrstücke auf dem Weg der Individuation, über die einzelnen Bilder ist es möglich, sie immer besser sehen, erleben und verstehen zu lernen, eben bis an jene Grenze, an der Worte nicht mehr genügen, an der ein anderes „Wissen" beginnt, das mitzuteilen wir erst am Anfang unserer Möglichkeiten stehen.

Aus der Fülle des Erlebten und hier Berichteten heben sich zwei große Gefühls-Räume hervor, der Raum der Freundschaft und der Dankbarkeit. Sie sind nach heutiger wissenschaftlicher Definition keine Gefühle oder Emotionen im eigentlichen Sinn, aber sie sind ein lebendiger Rahmen, in dessen Schutz sich eine Vielfalt von Gefühlen entfaltet und gegenseitig befruchtet. Das Feld der hier miterlebten Gefühle umfasst Glück und Schmerz, Not, Schuld und Erlösung, Befreiung von jahrzehntelanger oder vielleicht sogar jahrhundertelanger Last, Staunen und Respekt vor den Welten, die im normalen Bewusstsein nicht zugänglich sind, aber auch Entsetzen und Schrecken in einem Ausmaß, wie es uns im Alltag im Normalfall ebenfalls erspart bleibt. Menschen, die den Krieg, Bombennächte, Folter und andere entsetzliche Erlebnisse erleiden oder miterleben mussten, wissen natürlich auch davon zu berichten. Vor dem Hintergrund dieser Vielfalt ist das Bild einer großen treuen und zuverlässigen Freundschaft sehr ermutigend. Treue und Zuverlässigkeit, die wiederum Geborgenheit und Sicherheit vermitteln, Vertrauen in Beziehungen begründen, sind große tragende Gefühle des Lebens. Um eine Freundin, einen Freund zu wissen, gehört zu den größten Geschenken, die uns im Leben zuteil werden können. Sie sind einfach da und kommen uns von innen immer schon entgegen. Das Thema der Freundschaft wurde von Verena Kast in ihrem Buch „Die beste Freundin" sehr lebensnah, ermutigend und mit großer Kraft dargestellt.

Und die Dankbarkeit? Es gibt wohl wenige Haltungen oder Einstellungen, die das Leben so bereichern können wie die Dankbarkeit. Es ist schnell gesagt, man solle dieses oder jenes nicht einfach so selbstverständlich nehmen, aber es geschieht halt doch unaufhaltsam. Wenn wir uns wieder einmal darauf besinnen, wie Weniges selbstverständlich ist, z. B. dass wir jederzeit telefonieren können, wenn wir wollen, über warmes Wasser, ja überhaupt über genügend Wasser verfügen, um nur zwei Beispiele zu nennen, dann finden wir Zugang zur

Dankbarkeit. Und um eine solche innere Freundschaft zu wissen, einen Freund zu kennen, der mir immer schon entgegengeht, ist dies nicht ein Grund der Dankbarkeit? Und vermittelt dies nicht Sicherheit und Geborgenheit im Leben, in dem auch soviel Ängste und Sorgen ausgehalten werden müssen? Und zwei grüne Smaragde in der Hand zu haben, ist ein besonderes und freundliches Geschenk, ein Grund zur Dankbarkeit. Die Aktive Imagination eröffnet den Erlebnisraum für die Weite und Schönheit des Gefühls in seiner ganze Weite, Kraft und auch Poesie.

PETER SCHELLENBAUM

Liebe als heilende Kraft – Resonanz in der psychotherapeutischen und anderen Beziehungen

Zwei extreme Missverständnisse

Notwendig ist es, auf Missbräuche mit der Liebe hinzuweisen. Doch mindestens ebenso notwendig scheint es mir, Augen und Herz für deren schicksalsbewegende Kraft zu öffnen. Es geschieht leicht, dass die einseitig defensive Einstellung zur Liebe – „diese Grenze musst du beachten", „pass auf, dass du nicht zu weit gehst" etc. – diese insgesamt flügellahm macht. Die bloße Fixierung auf das Thema, was an einer bestimmten Liebe unrealistisch ist, also auf einen Irrtum in ihrem Adressaten, und vor allem die morbide Faszination für alles, was nach übergriffiger Liebe riecht, tarnt in diesem Fall die Angst vor der Wildheit der Liebe, die nie ganz zu rationalisieren und kanalisieren ist. Die nicht nur auf die Liebe beschränkte, sondern allgemeine gesellschaftliche Tatsache einer einseitig zu defensiven Grundhaltung mit versteckten aggressiven und selbstaggressiven Zügen tritt in den sich weiterhin überschlagenden Reaktionen auf die Terrorakte am 11. September 2001 offen zutage. Angst macht blind, vor allem für die Angemessenheit oder das Vermessen im eigenen reaktiven Verhalten, für das Übermaß der eigenen sich prahlerisch richtig und gerecht darstellenden Gegenaggression, die Eigentore vorprogrammiert. Natürlich kompensiert die defensive Grundhaltung eine wachsende Verunsicherung in der Gesellschaft, Verunsicherung durch nicht kalkulierbare Terrorrisiken, Verunsicherung durch die ungedeckten Wechsel der marktwirtschaftlichen Ordnung, Verunsicherung durch zügellose Grenzüberschreitungen im Umkreis der Liebe, wie sich zum Beispiel in der offenkundig werdenden und in Ringen organisierten Pädophilie oder in Übergriffen mit Schutzbefohlenen oder in gewalttätigem Verhalten in der Ehe zeigt. Solche defensiven, nur auf Absicherungen bedachten unbewussten Kompensationen sind letztlich ebenso destruktiv wie das, was sie zu vermeiden und auszumerzen versuchen. Nur die Verbindung beider Extreme – einer rücksichtslosen Offensive und einer ebenso rücksichtslosen Defensive – in einem bezogenen Neuen und Dritten kann das heillose Ping-Pong-Spiel transzendieren und einer Lösung näher bringen.

In diesem aktuellen gesellschaftlichen Zusammenhang situiere ich meine Überlegungen zur Liebe als heilender Kraft, verdeutlicht unter anderem am Fall der psychotherapeutischen Beziehung. In dieser zeigt sich besonders klar, dass die heilende Kraft der Liebe im Zeichen der Resonanz steht. Eine Beziehung, deren treibende Kraft die Resonanz ist, bewirkt in zwei Menschen Verbindung mit dem ängstlich Abgewehrten, Unterdrückten, Verdrängten. Aus solcher Verbindung wächst die Wandlung des Destruktiven in etwas Konstruktives und Heilendes. Die förderliche Wandlung ist allerdings nie vollständig; es bleibt der Rest eines Zerstörerischen, das niemand je wird ganz bannen können.

Unerlässlich war es, gerade im psychotherapeutischen Bereich darauf hinzuweisen, dass die Liebe einer Frau oder eines Mannes zum Psychotherapeuten bzw. zur Psychotherapeutin auch auf der Übertragung eines fixierten Elternbildes beruht, also nicht einfach diese oder diesen meint. Freud wäre mit diesem einschränkenden Zusatz des „auch" nicht einverstanden. Wenn er in Bezug auf die Übertragung an C. G. Jung schreibt: „Es ist eigentlich Heilung durch Liebe"[1], so meint er damit uneingeschränkt die Übertragungsliebe. Angesichts der Tatsache, dass Jung und andere Schüler Freuds die „Abstinenzregeln der Kur" verletzen, sah sich dieser gezwungen zu unterstreichen, dass das Verlieben der Patientin durch die analytische Situation erzwungen wird und nicht den Vorzügen der Person des Analytikers zugeschrieben werden kann.

Und doch: Damit ist nicht alles und nicht einmal das Wesentliche an der therapeutischen Beziehung erfasst. Wenn diese nicht von wirklicher Liebe getragen wird, kann Heilung nicht geschehen. Das gilt für die therapeutische ebenso wie für jede andere Beziehung. Gefühle wollen beim Namen genannt werden, um leben zu können. Aber was ist das: „wirkliche Liebe"? Erich Fromm schreibt dazu schöne Sätze, zum Beispiel diesen: „Sich ganz zu geben, ist der einzige Weg, sich ganz zu sein." Doch bleiben solche atmosphärisch zwar starken, aber zu allgemeinen Formulierungen Leerformeln: Jeder kann sie leicht mit dem gleichsetzen, was in ihm bereits der Fall ist. Der verbindlichen, aufrüttelnden Wirklichkeit der Liebe schon näher kommt der ungarische Psychoanalytiker Sandor Ferenczi, wenn er unterstreicht, dass es keine Heilung ohne „Sympathie" gibt und dass zu dieser die Wahrhaftigkeit gehört, die nichts Wesentliches, auch nichts Peinliches in den Mitteilungen an den anderen ausklammert. Durch Wahrhaftigkeit werde das Interesse gesteigert und die Beziehung neu belebt.[2]

Agape, Philia und Eros – Drei Modelle der Liebe

Die Triade Agape, Philia, Eros hat die Geschichte der Auffassungen von der Liebe im Abendland geprägt. Während die zwei letzteren – Philia und Eros – in der griechischen Antike wurzeln, bezieht die erste, Agape, ihre Inspiration aus dem Christentum und ließ in dessen Geschichte die beiden anderen eher in den Schatten treten. Trotzdem wurden diese drei in Theologie und Philosophie meist nicht voneinander isoliert, sondern zusammen gesehen, als Einheit erlebt.

Agape ist gewissermaßen die edelste, von den christlichen Quellen hoch gepriesene Form der Liebe. Sie ist die Liebe Gottes zu den Menschen, wie sie sich in Christus zeigt, Verkörperung reiner, selbstloser Hingabe. Auf diesem Hintergrund bedeutet sie dann auch Nächsten- und Feindesliebe, in der letztlich Gott geliebt wird, sozusagen als die angemessene Antwort des Menschen auf die Liebe Gottes zu ihm. Paulus preist die Agape – in der lateinischen Übersetzung Caritas – in emphatischen Ausdrücken: Die Liebe ist geduldig, gütig, nicht neidisch und eifersüchtig, prahlt nicht, bläht sich nicht auf, handelt bezogen, sucht nicht ihren Vorteil, lässt sich nicht provozieren, trägt Böses nicht nach, freut sich nicht über Unrecht, sondern über die Wahrheit, sie erträgt alles ... (1 Kor 13). Wer möchte dem nicht zustimmen und wer fühlt sich nicht gleichzeitig überfordert! Die Agape für sich alleine gesehen wirkt ein wenig körper- und schattenlos. Und doch berührt und bewegt die Vorstellung von ihr. Einen Teil von dem, was heilende Liebe ist, scheint sie also auszudrücken.

Die Freiheit von egoistischen Beweggründen und Eigennutz in der Agape ist nicht nur eine idealtypische Phantasie; sie kann auch Ausdruck einer echten, unmittelbaren, wenn auch zeitlich begrenzten Erfahrung mit der Liebe sein: die Erfahrung einer tiefen Ergriffenheit durch die Wahrheit eines anderen Menschen, durch sein Sosein, das Mitschwingen im Anderssein des anderen, Resonanz mit dem, was ohne den anderen in mir nicht belebt würde, unmittelbares Erfasstwerden durch eine gemeinsame Wahrheit, deren Mitteilung ich dem anderen verdanke, die beglückende Feststellung, dass der andere durch mein Mitgehen und Mitschwingen in seinem Eigenen bewusst und bestärkt wird und ich selber bei alledem frei und verfügbar bleibe. In der Agape kommt etwas zum Ausdruck, das keinem Liebenden ganz fremd ist.

Auch ein Weiteres, das die Theologie betont, fehlt in ihr nicht: In der Liebe sind zwei Menschen nicht miteinander im Glashaus einer Dyade gefangen, ineinander verfangen und verstrickt; ein Drittes ist noch da: eine Öffnung auf das Ganze der Welt, die mystische Ahnung eines großen Zusammenhangs, die Erfahrung, dass beide von etwas ergriffen werden, das sie übersteigt. Vielleicht ist es besser, dieses Dritte nicht gleich, wie die Theologie es tut, Gott zu nennen. Dieses Dritte ist sowohl ein gemeinsamer Organismus, ein „Dritter Leib", als auch der präzise Ort, wo gerade in diesem Moment Begegnung stattfindet, fruchtbare Begegnung, die etwas Neues, Drittes zeugt, ein gemeinsames Kind im geistigen und seelischen Sinne des Wortes. So kann ich die „trinitäre Struktur", welche die Theologie in der Agape sieht, verstehen. Der Agape-Aspekt in der Liebe zeigt das transzendierende Dritte in einer menschlichen Gemeinschaft.

Leicht können dabei grundsätzliche, handfeste zwischenmenschliche Werte in den Hintergrund gedrängt werden. Durch die Berufung auf Gott wurden und werden immer noch Keile zwischen Menschen und menschliche Gruppierungen geschlagen: Die Drei zerstört die Verbindung zwischen der Eins und der Zwei und degeneriert zur getarnten Machtausübung der Eins gegen die Zwei und der Zwei gegen die Eins. Heilende Liebe und entzweiendes Denken und Verhalten aller Art lassen sich nicht vereinen. An diesem Punkt braucht die Liebe die Qualität der *Philia*, der Freundschaftsliebe, die in der griechischen Antike und später auch in der Renaissance und Romantik einen hohen Stellenwert hatte. Freunde können, so lesen wir bei Homer und anderen altgriechischen Autoren, unverbrüchlich aufeinander zählen, sie sind sogar bereit, füreinander in den Tod zu gehen. Freunde erleben sich in ihrer Ähnlichkeit und teilweisen Ebenbildlichkeit. So stehen sie weniger in Gefahr, sich polarisierend gegeneinander zu richten. Solidarisch und loyal packen sie gemeinsame Aufgaben an. Freunde sind gleichzeitig verbunden und frei: das Paradox der Freundschaft. Zwei Extreme gefährden folglich die Freundschaft: erstens ein sich vor sie schiebendes entzweiendes Verhalten der Freunde: In der Romantik gibt es einige Beispiele dafür, wie ein Freund die Geliebte des Freundes begehrt und dadurch die Freundschaft verrät. Das zweite, dem ersten entgegengesetzte Extrem ist ein Überwiegen der sexuellen Erotik in der Freundschaft, das leicht zu einem Machtgefälle und einer Zerstörung der Freundschaft führt.

Philia nimmt eine Zwischenstellung zwischen Agape, der geistigen Liebe, und dem Eros, der sowohl geistigen als auch körperlichen Liebe, ein. Zwar klingt in der Freundschaft auch der Ton des Eros mit. Eros nährt und beschwingt die Freundschaft. Deren Begeisterung und Ergriffenheit kommen aus dieser erotischen Beimischung. Und doch: Der anwesende Eros unterliegt in der Freundschaft einer natürlichen Hemmung. Diese Einschränkung ist sinnvoll. Sie garantiert die notwendige Freiheit der Freunde, erleichtert ihre unerschütterliche, vielleicht lebenslängliche Solidarität, fördert die notwendige Abgrenzung und den Respekt vor gemeinsamen Regeln. Freundschaft befindet sich „auf der Grenze zwischen Einsamkeit und Liebesbeziehung, Isolierung und Verschmelzung"[3]. Die im alten Griechenland so hochgehaltene Gastfreundschaft, die Xenia, bezieht ihr Ethos aus der Kultur der Freundschaft. Der Fremde (Xenos) wird zum Gast, und dies unter allen Umständen. Die Doppelbedeutung des Wortes Xenia zeigt die zwei Seiten der Freundschaftsliebe: die Fremde und die Nähe, die deutliche Abgrenzung und die tragende Sympathie.

Eben dies trägt zum Verständnis der Resonanz in Beziehungen generell bei, besonders bewusst in der therapeutischen Beziehung. Es braucht die erwähnte natürliche Hemmung der Freundschaftsliebe, um sich möglichst ohne private Interessen und Beweggründe wirklich auf das Anderssein im anderen zu beziehen und darauf zu achten, was im anderen jetzt zum Selbstausdruck und zur Entfaltung konstelliert ist. Es braucht aber auch die Nahrung und Begeisterung, welche die Freundschaftsliebe aus dem Eros bezieht. In der therapeutischen Resonanz herrscht zunächst, mindestens im Bewusstsein, die einseitige Resonanz des Psychotherapeuten mit seinem Therapiepartner vor, im Gegensatz zu anderen Beziehungen, in denen von allem Anfang an die Qualität der Philia in der Liebe sich durch die Gegenseitigkeit der Resonanz unter Beweis stellt. Diese Gegenseitigkeit schließt natürlich nicht aus, dass in bestimmten Beziehungsphasen die Resonanz des einen oder anderen überwiegt.

Eros aber ist die Haupteigenschaft der Liebe als heilender Kraft. Seit Homer bezeichnet Eros leidenschaftliche Liebe von oft dämonischer, das Ich überwältigender Kraft. Im dionysisch-orphischen Eroskult traf sich Erotik und Religion in Fruchtbarkeitsriten und über den Sinnesrausch hinaus zur Begegnung mit dem Göttlichen, mit dem Gott Dionysos. En-thu-siasmus ist wörtlich der Zustand des Im-Gott-Seins, des durch den Gott ganz und gar Ergriffenseins, transzendierende Verbindung also mit Ursprung und Quelle von Mensch und Welt. Dadurch überantwortet sich der Mensch nicht einseitig einem ungeordneten Chaos, wie Aristoteles unterstreicht, sondern wird erfasst von einem das Seiende, also auch das individuelle Leben, neu ordnenden Urprinzip. Gerade weil im Eros geistige Liebe – Agape – und sinnliche Liebe in eins zusammenfließen, besitzt er diese gleichzeitig dämonisch überwältigende und schöpferisch strukturierende Kraft, kann er das mystische Verlangen nach Einigung mit dem einen Ganzen stillen. Eros ist die elementare, ekstatische Eigenschaft der Liebe, er übersteigt das bloß Vernünftige und entlädt sich in schöpferischem Überschwang (Platon im Symposion und in Phaidros). Er mobilisiert das entscheidende Mehr an Lebensenergie, das nicht mehr von alltäglichen Notwendigkeiten, von der „Anangké", aufgezehrt wird, sondern für ein freies, schöpferisches Dasein zur Verfügung steht.

Welche Folgen ziehe ich daraus für die psychotherapeutische Resonanz? Vor allem zwei. Die erste: Es darf in einer Psychotherapie, welcher Provenienz auch immer, nicht nur darum gehen, den Menschen innerhalb seines sozialen Umfeldes lebenstüchtig zu machen. Ein gelingendes, glückliches Leben besteht nicht nur darin, dass wir uns innerhalb des Koordinatensystems der konkreten Gesellschaft, in der wir leben, zurechtfinden. Sicher, oft steht dieses klare Ziel im Laufe einer Behandlung zunächst im Vordergrund und muss es auch: Zum Eros gehört auch handfestes An- und Zupacken. Und doch: Der schließlich entscheidende Entwicklungssprung nährt sich aus anderen Quellen als aus denen des Kollektiven Bewusstseins (C. G. Jung). Er kommt aus dem unmittelbaren Kontakt mit dem Kollektiven Unbewussten: mit den jetzt sich regenden angeborenen Entwicklungsbereitschaften, selbst wenn diese im Widerspruch zu den gängigen Auffassungen stehen, wie der Mensch zu sein hat. Solche Auffassungen können übrigens auch von einer zu engen Psychologie unterstützt werden. Wie früher die Theologie, so macht sich heute manchmal auch die Psychologie zur Handlangerin des Kollektiven Bewusstseins. Therapeutische Resonanz hat sich genau an diesem Punkt zu bewähren. Auch der Therapeut nimmt teil an der heimlichen, schöpferischen Revolte der sich ihm anvertrauenden Menschen gegen die lähmende, vereinnahmende Macht gesellschaftlicher Einseitigkeiten und Vorurteile. Er selber ist für den Therapiepartner sogar Chiffre dieser Revolte: virtuell ein parteilos, unparteiisch, uneingeschränkt Liebender, kein Spießer, der sein Spießertum mit therapeutischer Zurückhaltung tarnt, sondern ein offener Erotiker, kein Technologe eines psychologischen Know-hows, sondern ein „Erotologe"[4].

Die zweite Konsequenz, die ich aus dem Eros für die psychotherapeutische Resonanz ziehe, liegt mir besonders am Herzen. Liebe kann nur dann zur heilenden Kraft werden, wenn in den Liebenden das Gespür für die Einheit des Leibes — das Einssein von Körper, Geist und Seele — genügend entwickelt ist. Dann gibt es keinen wesentlichen Unterschied mehr zwischen einem Wort und einer Gebärde, einem Bild und einem Bewegungsmuster, einer Farbe und einer Gefühlstönung, einem Gedanken und einer körperlichen Empfindung, einer Phantasie und einem selbstvergessenen Tanz, einem nächtlichen Traum und dem Ablauf verschiedener miteinander verbundener körperlicher Äußerungen, einer komplexhaften Hemmung und einer körperlichen Verspannung oder einem Anhalten des Atems.

Es gibt vermutlich heute keine Therapeuten mehr, die zumindest theoretisch damit nicht einverstanden wären. Konkretisieren wir also das Thema Resonanz durch folgende Fragen: Nehme ich mich auch körperlich als Beziehungswesen wahr? Das heißt: Stelle ich die Verbindung her zwischen meiner momentanen körperlichen Empfindung und dem, was ich gerade mit einem anderen Menschen erlebe? Nehme ich eine solche Empfindung überhaupt bewusst wahr? Bemerke ich sie nicht nur wie von außen, wie nicht zu mir gehörig, sondern spüre ich sie von innen, bin ich mit ihr ganz und gar bewusst identisch, gleichzeitig bezogen auf mich selbst und auf den anderen? Ist sie mir also spürbewusst? Bin ich, wenn ich in Berührung mit einem anderen Menschen bin, spürbewusst? Merke ich, dass das, was sich gerade leiblich abspielt, weder nur in mir noch nur in dir, sondern untrennbar zwischen uns beiden schwingt, ein gemeinsames Erleben, mir vielleicht bewusster, wenn es sich um eine therapeutische Beziehung handelt? Vielleicht ermutigt dieses mein stärkeres Spürbewusstsein den anderen, das offen zu leben, was in ihm unterschwellig schon lebendig da ist. Registriere ich das lebendige Zwischen als ganzer Mensch: in bestimmten körperlichen Empfindungen, im Impuls zu bestimmten Gebärden, in bestimmten Gefühlen, Phantasien, Bildern, Gedanken? Und bleibe ich damit ganz mit dir verbunden, besser: macht gerade dies unsere gemeinsame Verbindung aus? – Das Fragen geht noch weiter: Schenke ich dem, was zwischen uns lebt, selber genügend Raum zur Entfaltung? Und gebe ich ihm in dir die Möglichkeit zur Entfaltung auf deine dir eigene Weise, die sicher anders ist als meine individuelle Art? Fördere ich das Weiterphantasieren deines Leibes, deines lebendigen Traums in dem, was in dir am Erwachen ist? Doch vor allem: Bin ich mit dir leiblich verbunden? Erweckt in meinem Leib die Vorstellung, dich zu berühren und von dir berührt zu werden, Zustimmung? Und bleibe ich frei in der gemeinsamen Resonanz? Lasse ich mich durch sie nicht so vereinnahmen, dass sie zur mich und dich gefährdenden Ansteckung wird? Habe ich jederzeit die Liebe als heilende Kraft im Sinne?

Das Fragen muss in uns allen weitergehen. Eros ist ein großer Dämon (Diotima zu Sokrates) und als solcher auch ein großer Lehrer, der einzige Lebenslehrer, falls er die zu ihm gehörigen Elemente von Agape und Philia genug berücksichtigt. Weit sind wir nunmehr davon entfernt, Eros mit dem pfeilschießenden Knaben Cupido gleichzusetzen, der auf knäbische, kindische Weise zu Verwirrung und Verliebtheit anstiftet, zwar eine reizende Erfahrung, die wir nicht missen möchten. Doch zu sehr ist sie mit Projektionen und Wiederholungszwängen eingefärbt. Eros dagegen ist im Mythos ein voll ausgewachsener junger Mann auf dem Gipfel seiner Schönheit und Kraft, der sich mit Psyche, der sich im Leib ausdrückenden Seele, in immerwährender Liebe und Hingabe vermählt. Nur er ist imstande, sich ohne allzu viele Projektionen mit sich selber und anderen in Resonanz zu verbinden.

Gegenübertragung und Resonanzliebe zum „Sonderlichen"

Sexuelle Frustrationen und ungestillte sinnliche Bedürfnisse, sowohl in der Gegenwart als auch in einer weit zurückliegenden Vergangenheit, können Psychotherapeuten dazu verführen, diese mit den sich ihm anvertrauenden Menschen unbewusst auszuagieren (private Gegenübertragung). Die Gefahr ist desto größer, je mehr sich in die eigene persönliche Bedürftigkeit Signale der Verliebtheit beim Gegenüber hineinmischen, die dann den Therapeuten in das inzestuöse, noch unbewältigte frühe Beziehungsspiel des Therapiepartners mit einer Elternfigur hineindrängen: ein regressiver Zwang im Dienste der Abwehr der oft schmerzlichen Einsamkeit und Verantwortung in einer erwachsenen Beziehung (induzierte Gegenübertragung nach Georges Downing).

Um der für beide schädlichen Gefahr eines gemeinsamen Ausagierens zu entgehen, muss der Therapeut zunächst auf seine in diesem unbewussten Spiel typischen Gefühle der Vereinnahmung achten: diffuse, vernebelnde, süß oder quälend bezirzende und einlullende, in Zwangsverhalten ziehende Gefühle, Verlust von Freiheit, Verschwimmen des Überblicks und des eigenen Standpunkts, eine Mischung von Anziehung und Abstoßreflex. Dazu erforscht er sorgfältig die verschiedenen Nuancen dieser seiner Gefühle und entsprechenden Körperempfindungen, beschreibt sie sich innerlich und kommt dadurch in die Lage, sowohl die beiden Aspekte seiner Gegenübertragung für sich zu entschlüsseln als auch die entsprechende Übertragung des anderen auf ihn mit diesem zu verarbeiten, ein Unterfangen, das sich oft über einen längeren Zeitraum erstreckt. Er findet zum notwendigen Maß an Freiheit zurück, um seine Sinne mehr und mehr auch für solche Signale im Therapiepartner zu öffnen, die diesem unbewusst, vor allem spürunbewusst sind, Signale, die in eine ganz andere Richtung als die der inzestuösen Verliebtheit gehen: Energiesignale.

Im Laufe dieses Prozesses tritt der Therapeut in eine zunehmend klare und unmittelbare Beziehung mit seinem Körper und seinen Gefühlen und beginnt, in Freiheit das in sich mitschwingen zu lassen, was in seinem Gegenüber beginnende Entwicklungsschritte signalisiert, zum Beispiel Entspannung in der Darmperistaltik, bestimmte neue Bewegungsimpulse, Körperempfindungen, Gefühle, Phantasien und Einfälle. Die frei machende „Zwischenleiblichkeit" (Merleau-Ponty) überwiegt mehr und mehr die gegenseitig vereinnahmende „Einverleibung". Die heilende Kraft der Liebe in der Resonanz setzt sich durch. Der Begriff „Gegenübertragung" deckt in keiner Weise mehr das vom Therapeuten in seiner Beziehung zum Klienten nun mehr Erlebte ab. Er ist ausgesprochen falsch und verhindert die Bewusstwerdung des mit Resonanz Gemeinten. Wann wird sich der Begriff Resonanz als notwendige Ergänzung des Begriffs Gegenübertragung endlich durchsetzen? Das jetzt gemeinsam Durchlebte bezieht sich ja nicht mehr auf fixiert gebliebene alte Geschichten des Therapiepartners. Es ist nicht mehr Reaktion eines Menschen auf einen anderen (*Gegen*-übertragung). Resonanz geschieht in Gleichzeitigkeit und Gleichwertigkeit. Vor allem aber geht es um ein leibliches Erleben, das eines leiblichen Wortes bedarf. In der Physik meint Resonanz das Einstimmen zweier Oszillatoren in die gleiche Schwingung. In der Musik beruht Resonanz auf der Hörbarkeit der meisten Instrumente inklusive der menschlichen Stimme.

Einswerden mit dem anderen durch Resonanz setzt voraus, dass wir mit dem, was in uns resonieren will, selber eins geworden sind. Das wusste bereits die mittelalterliche Alchemie, wie C. G. Jung mit den Worten eines Meisters belegt: „Du wirst nie das Eine machen, wenn du nicht selber zuvor Eines geworden bist"[5]. Eros, auch der therapeutische, nährt sich aus dem teilweise Unvollkommenen. Ist die Unvollkommenheit allerdings zu groß, kommt es zu den beschriebenen, grenzüberschreitenden Gegenübertragungsreaktionen. Jeder Mensch in Beziehung ist Grenzgänger zwischen mindestens zwei Abgründen. Würde einer der Abgründe fehlen, so bräche die Spannung zusammen. Allgemein lässt sich sagen, dass in jeder Beziehung Verbindung und Trennung, Nähe und Distanz, Verschmelzung und Freiheit zusammenwirken: ein natürliches Paradox[6].

Resonanz aber ist die leibliche Form des heilenden in Beziehung-Seins. In ihr wird erfahrbar, dass Leib, Liebe, Leben sich nicht nur klangmalerisch ähneln und etymologisch gleiche Wurzeln haben, sondern gemeinsam den Raum öffnen, in dem soziale Beziehung und individuelle Entwicklung zusammen möglich werden. das Bewusstsein, mit dem wir diesen Raum betreten, kann nur Spürbewusstsein sein, denn Bewusstsein, das an gedankliche Prozesse geknüpft ist, bleibt oft dem alten, das Sonderliche ausgrenzenden System verpflichtet und verhindert Heilung.

Resonanzliebe in Beziehungen ist eine große, heilende Kraft. Beziehungen müssen nicht Kisten – Beziehungskisten – sein, in denen Freiheit und Kreativität eingeschachtelt werden; sie können auch in neue, bisher verbotene gemeinsame Räume führen. Wenn jedoch das Schild „Betreten verboten" vor den gleichen Räumen die Entfaltung beider hemmt, dann wird es sinnvoll, die Psychotherapie auf den Plan zu rufen. Therapeutische Resonanz kann dann Pionierin für die später hoffentlich mögliche, auch partnerschaftliche oder freundschaftliche Resonanz im früher gemeinsam Ausgesonderten und nun besonders Einzubeziehenden werden.

GÜNTER HOLE

Herzlichkeit in der Patientenbeziehung – Wie viel wir zulassen und geben können

Die Formulierung des Themas mit dem Leitwort „Herzlichkeit" lässt aufhorchen – dies war zumindest meine Erfahrung in Gesprächen. Es scheint ziemlich ungewöhnlich, im Zusammenhang mit Kontakten und Beziehungen zu Patienten ausdrücklich das „Herz" ins Spiel zu bringen, und dies gar noch im Rahmen eigentlicher therapeutischer Situationen. Und am wenigsten selbstverständlich, ja sogar deutlich mit kritischem Vorbehalt versehen ist dies gerade dort, wo die psychische und menschliche Beziehung am intensivsten ist, nämlich in der Psychotherapie.

Hierzu passt, dass man selbst in den umfangreichsten Stichwortverzeichnissen psychotherapeutischer oder psychiatrischer Werke den Begriff „Herzlichkeit" vergeblich sucht. Und ähnlich verhält es sich auch mit der psychologischen Literatur allgemein, selbst dort, wo wenigstens eine rein phänomenologische Benennung dieser im Leben so wichtigen Gemütsregung und Verhaltensweise erwartet werden könnte. – Die seltenen, umso auffälligeren Ausnahmen sind deshalb besonders erwähnenswert. So hat neuerdings B. Pauleikhoff in seinem Vorwort zu dem Band „Begegnungen mit psychisch Kranken"[1] dargelegt, dass solche Begegnung weniger mit dem Verstand, „vielmehr mit dem Herzen" zu tun habe und dass hier die „Herzenserkenntnis mit ihrem Feinsinn" eine unentbehrliche Basis sei. Er erinnert gleichzeitig an die berühmte „ordre du coeur" von Blaise Pascal, und dass schon dieser in eben solcher Herzenserkenntnis mit ihrem „esprit de finesse" das dynamische Zentrum zwischenmenschlicher Beziehungen sah.[2]

Die Polarität „Verstand" – „Herz" durchzieht in den verschiedensten Variationen die Geistes- und Philosophie-Geschichte und ist Ausdruck tiefer Lebensweisheit und bewegender Alltagsproblematik. Das „Herz" (griech. „kardia", lat. „cor") gilt seit Alters als Sitz der „Seele" oder der personalen Mitte des Menschen. Und es wird in der abendländischen Kulturgeschichte auch weithin zur Chiffre für die besonders auszeichnende und ethisch positive Bewertung von menschlichem Handeln.

Dass ein Mensch „Herz" hat, „auf sein Herz hört", etwas „von Herzen" tut, „der Stimme des Herzens" folgt: dies sind alles Formulierungen mit dieser implizit positiven Bewertung, wobei meist der – dazu gedachte oder auch direkt benannte – negative Pol um die Begriffe „Verstand", Vernunft", „ratio", „Kalkül" u.a. kreist. Als schönste und auch wohl berühmteste Formulierung hierzu in der Literatur darf wohl das Wort von Saint-Exupéry im „Kleinen Prinzen" gelten: „Man sieht nur mit dem Herzen gut. Das Wesentliche ist für die Augen unsichtbar."[3] Ich habe in meinen Vorlesungen die Studenten öfters angeregt, zu versuchen, die Aussage dieses Satzes in die moderne psychologische Sprache zu übersetzen; erst bei diesem konkreten Versuch zeigt sich, wie weit weg von der Wiedergabe solcher innerster seelischer Regungen – die wir ja alle unmittelbar „verstehen" – unsere psychologische Begrifflichkeit liegt.

Das, was wir mit „Herzlichkeit" meinen, ist freilich schon um einige Grade spezieller und auch in der Gestalt und Ausdrucksform besser erfassbar. Eine „herzliche" Begegnung zeigt, im Unterschied zu einer „sachlichen" oder „distanzierten", gar erst einer „kühlen", misstrauischen oder feindseligen Begegnung, eine vom Ansatz her eigene emotionale Offenheit. In ihr sind Gefühle der Freundlichkeit und des Wohlwollens, auch der primären Akzeptanz und Wertschätzung zugelassen und auch für das Gegenüber erkennbar. Vor allem aber wird Nähe, gefühlsmäßige und evtl. auch körperliche Nähe, spontan oder bewusst hergestellt. In der „Herzlichkeit" zeigt sich „Herz" konkret in der Begegnung, und damit wird diese Begegnung angstfrei, was mit eine der wichtigsten Voraussetzungen für emotionale Nähe ist. Beide können sich mit offenem Visier anschauen, sich gar vertrauen, wenigstens in dieser jetzigen Situation. Damit ist eine besondere, kaum hoch genug einschätzbare menschliche Kommunikation gegeben. Dass es auch gespielte, heuchlerische Herzlichkeit, ebenso auch Routine-Herzlichkeit geben kann, nimmt einer solchen echten Begegnung nichts an Wert.

Wie viel „Herz" soll dabei sein?

In der Patientenbegegnung nun ist die Rahmensituation zweifellos eine andere als in menschlichen Begegnungen allgemein. Mag man auch heute noch so sehr die „Partnerschaftlichkeit" und „Gleichwertigkeit" als anzustrebende Kommunikationsebene betonen, die primär bestehende Unterschiedlichkeit wirkt gleichwohl als Realität: der Patient als Hilfsbedürftiger, Hilfesuchender, auf ärztliche Zuwendung Angewiesener, sich letztlich in der „schwächeren" Position Befindlicher auf der einen Seite, und der Arzt bzw. der Therapeut oder Helfer in sonstiger Profession, als Hilfegebender, Wissender, Kompetenzträger aus Souveränität und letztlich aus der „stärkeren" Position heraus Handelnder auf der anderen Seite. Diese Verschiedenheit in der Ausgangsposition kann nicht eliminiert, sie kann nur gestaltet, gehandhabt und verwandelt werden.

Dass diese Eingangssituation auch für die Helfer- und Therapeutenseite eine stabilisierende, das eigene Selbstwertgefühl stützende Auswirkung hat, ist hinreichend belegt und erforscht. Und wir wissen, dass dem sog. „Helfer-Syndrom" in der ihm eigenen Psychodynamik[4] nicht nur situativ solche wichtigen kompensierenden Funktionen zukommen, sondern dass schon die Berufswahl auf dem sozialen und therapeutischen Berufsfeld von solchen selbststabilisierenden Impulsen und Motiven mitbestimmt ist.

Die Frage, wie viel „Herz" und wie viel spürbare „Herzlichkeit" wir in der Patientenbegegnung zulassen und zeigen sollen, ist gerade im Umgang mit psychisch Kranken – um die es hier geht – niemals generell oder auch nur tendenziell zu beantworten. Nirgends sonst in der Heilkunde muss, je nach Art und Symptomatik der Krankheit, so subtil und einfühlend mit den jeweiligen Nähe-Bedürfnissen oder aber Nähe-Ängsten der Patienten umgegangen werden. Denn Herzlichkeit ist nun einmal, von ihrem Wesen her, stets ein Signal emotionaler und menschlicher Nähe. Und so sehr auch die Medizin insgesamt höchst bedürftig ist für mehr praktizierte Nähe – denkt man an so viele distanzierte, „herzlose" und „unterkühlte" Beziehungsformen im klinischen und ambulanten Alltag, mit und ohne Zeitdruck –, so sehr bedarf der Umgang mit psychisch Kranken einer differenzierten Zulassung und Handhabung von Gefühlsregungen und -impulsen.

Das Welterleben und demzufolge das Begegnungsverhalten der meisten schizophren Erkrankten z. B. ist durch den so genannten Ambivalenz-Konflikt zischen Nähe und Distanz bestimmt. Aufgrund ihrer Ich-Schwäche und Ich-Entgrenzung entwickeln sie Angst vor zu viel Nähe zu den als Ich-stark und deshalb übermächtig und bedrohlich erlebten Gesunden; aus dem gleichen Grund aber haben sie auch das Bedürfnis nach Ich-stützender Nähe und Zuwendung. Mit diesem inneren Zwiespalt und seiner Psychodynamik gut umzugehen, erfordert Einfühlungsfähigkeit und subtiles Abtasten der jeweiligen inneren Situation des Patienten, dessen Nähe-Toleranz sehr wechseln kann. „Naive" Herzlichkeit vom „schulterklopfenden" Typ – im konkreten und übertragenen Sinn – muss hier in der therapeutischen Beziehung ebenso fehlgehen wie kühle oder ängstlich-unsichere Distanz.

Die Kontakt- und Nähebedürfnisse depressiv Kranker wiederum sind durch ganz andere intrapsychische Vorgänge bestimmt. Die meisten Depressiven leiden intensiv unter ihrer inneren Isolierung, Leere und Antriebsarmut, und erhoffen sich so aus möglichst viel Nähe anderer Menschen hilfreiche Stützung und ein Herausgezogenwerden aus der ohnmächtig erlebten Tiefe des depressiven Zustands. Deshalb verhalten sich solche Patienten oft stark nähesuchend, ja geradezu symbiotisch anklammernd, können sich schwer wieder trennen und vermitteln dabei das Gefühl der Verlassenheit. Gerade der Anfänger ist hierbei nicht selten in Gefahr, sich in den depressiven „Sog" und die Symbiose hineinziehen zu lassen oder umgekehrt diesem Sog von vornherein durch deutliche Nähe-Verweigerung zu entgehen. Beide Mal ist ein freies Zeigen von „Herz", bei dem die eigene Identität und gleichzeitig die eigene therapeutische Beziehungsfähigkeit gewahrt bleibt, gestört und blockiert. Und die Patienten merken eine solche Einseitigkeit recht gut.

Beispiele für die notwendige – und auch erlernbare – Verhaltensflexibilität in der Kommunikation mit dem Patienten ließen sich auch für andere Krankheits- und Störungsbereiche darlegen. Der Patient mit seiner typischen Problematik, Psychodynamik und Anfälligkeit stellt die eine Seite des Beziehungsablaufs dar, der Therapeut mit seiner Eigenart, Struktur und ebenfalls Anfälligkeit jedoch die andere Seite. Ich muss von mir wissen, wo meine neurotischen Anteile liegen, wie ich nach außen wirke und wie es mit meiner Fähigkeit und gleichzeitigen Selbstkontrolle im Zulassen von Herzlichkeit bestellt ist. Hier spielen, wie es seit langem Erkenntnisgut der Tiefenpsychologie ist, komplexe und unbewusste Anteile und Einflüsse eine große Rolle. Um die Bedeutung dieser „unbewussten Kommunikation zwischen Arzt und Patient"[5] wenigstens stets zu wissen – auch wo sie noch nicht konkret erhellbar ist –, sollte deshalb immer zum selbstkritischen Anteil im Beziehungsablauf dazugehören.

An die hier in den Mittelpunkt rückende Frage, welche emotionale Grundhaltung und welche menschliche Grundeinstellung denn überhaupt geboten und also anzustreben sei – und dies gerade bei aller notwendiger Flexibilität –, hat C. Rogers bis heute wohl die beste Annäherung gefunden. Bei den drei Elementen des psychotherapeutischen Basisverhaltens, die keineswegs nur für Gesprächstherapie im engeren methodischen Sinn gelten, steht die „emotionale Wertschätzung" des Klienten im Zentrum; zusammen mit der notwendigen „Einfühlung" (Empathie) in dessen Zustand sowie dem Element der „Echtheit" (Kongruenz) der eigenen Gefühlsäußerungen darf sie als elementare Leitlinie für eine positive therapeutische Beziehungsgestaltung gelten.[6]

Dass in solchen emotional bestimmten Annäherungen an den Patienten, insbesondere an den psychisch Kranken, ebenso auch Risiken und Gefahren liegen, wurde schon deutlich. Auch für die so unverzichtbare, grundlegend menschliche Haltung der „Einfühlung" muss dieser Vorbehalt gelten. „Der Empathie-Begriff zeigt am deutlichsten die notwendige, aber auch riskante Beziehung des Therapeuten zum Patienten", formuliert J. E. Meyer; er grenzt deshalb die „vorübergehend probatorische" von der „unbewussten, andauernden" Identifizierung ab, ebenso aber auch von der Sympathie sowie dem Mitleid und dem Bedauern; die „essentielle Bedeutung der Empathie für die Therapie, aber auch die Gefahren einer unkontrollierten Empathie" haben für den Therapeuten gleichermaßen im Blickpunkt zu stehen. Erhellend und bemerkenswert ist hierbei noch seine zusätzliche Anmerkung, dass die „sich in der Empathie vollziehende Teilhabe an den Gefühlen" des Patienten „deren Qualität, nicht deren Quantität" betreffe. Auch dies sei ein Hinweis auf die notwendige Begrenzung empathischen Verstehens gegenüber dem unmittelbaren Mitfühlen.[7]

Auch zum Wesen und zur Erscheinungsweise von „Echtheit" in ihrem Zusammenhang mit dem Wesen der Herzlichkeit ist mancherlei zu sagen. Denn das „Echte" kann ja nicht nur ein innerpsychischer Zustand bleiben, sondern muss sich bestimmter Ausdrucksformen bedienen. So ist „echt", nach Stoffer, z.B. das „Sprechen ‚ohne Einspruch' aus dem ‚Zentrum' oder vom ‚Boden' der Gestimmtheit"; es sei das „stimmige" Sprechen, bei dem auch Stimmlichkeit und sonstiges Gebaren mit der Stimmung übereinstimmen; deshalb würde sich „echt" und „unecht" wesentlich auf Gefühle beziehen.[8] In der Patientenbeziehung in diesem Sinn „echt" zu sein, also in Übereinstimmung zwischen eigenem Gefühl und der Sprech- und Ausdrucksweise, erfordert freilich mehr als nur naive Gefühlsäußerung. Die Mitverantwortung für die Wirkung dessen, was der Patient von mir und an mir erlebt, auch für die mögliche Fehlverarbeitung oder das Missverstehen meiner Worte und Gebärden, liegt gleichzeitig und immer auch auf meiner Seite. Echtheit kann deshalb nie Unkontrolliertheit heißen, und es setzt bereits ein deutliches Wissen um die Struktur und die innere Situation des Patienten voraus, wenn ich ihm in wirklich „hilfreicher" Echtheit begegnen will. Ob ich den Kranken z. B. meinen eigenen Ärger über ihn, oder andere – negative oder positive – Gegenübertragungsgefühle spüren lasse bzw. dies ihm mitteile, ist eine Sache höchst sorgfältiger therapeutischer Handhabung. Es kann im einen Fall richtig und förderlich, im anderen Fall antitherapeutisch und schädlich sein.

Herzlichkeit zu zeigen oder einfach „herzlich" zu sein, wird deshalb in der Patientenbegegnung immer nur eine bewusst kontrollierte Gefühlsäußerung sein können. Dies widerspricht nicht ihrer Echtheit, auch nicht ihrer Spontaneität. Denn wenn ich sie zulasse, habe ich mir ja überlegt bzw. spüre ich, dass sie in der jetzigen Situation mit dem jetzigen Patienten angemessen, gut und förderlich ist. Die Zurückhaltung, die ich damit in der Beziehung aufgebe, und die menschlich-partnerschaftliche Note, die ich damit in die Beziehung hineingebe, dienen bewusst einer größeren persönlichen Nähe, ohne dass ich hierbei die letzte Distanz aufgebe, die nun einmal für die Erreichung der therapeutischen Ziele unabdingbar bleibt.

Die spezielle Situation in der Psychotherapie

Das Einhalten einer notwendigen „letzten" Distanz, ebenso deren Ausmaß und Form, ist seit Beginn der psychotherapeutischen Ära, speziell aber in der Entwicklung der Psychoanalyse, immer ein Diskussionspunkt gewesen. Vor allem sind die Arten, wie die jeweils praktizierten Gestaltungsformen solcher Distanz erlebt und bewertet werden, auf Seiten der verschiedenen Beteiligten – Therapeut, Patient, Angehörige – enorm unterschiedlich. Ein bewusst emotionsreduziert und „neutral" gestaltetes Kommunikationsverhalten auf therapeutischer Seite kann auf der Patientenseite schon sehr stark als einfühlungsarmes, „kühles" – und eben „herzloses" – Verhalten erlebt werden.

In der Psychoanalyse in Sonderheit hat die an sich begründete Forderung nach sog. „Abstinenz" auf Emotions- und Handlungsebene und noch mehr das Konzept des „spiegelnden" Verhaltens zu einer geradezu als Ideal angesehenen Grundeinstellung ganzer Analytikergenerationen geführt. Nach Freud sollte der Arzt „undurchsichtig für den Analysierten und wie eine Spiegelplatte nichts anderes zeigen, als was ihm gezeigt wird"[9]. Dass schließlich diese Spiegelanalogie mit der als Passivität praktizierten Abstinenzhaltung eine „allerengste Verbindung" einging und wie sich gerade diese Verbindung therapeutisch negativ auswirkte, hat neben anderen auch Thomä sehr deutlich gemacht. Nach seiner Sicht würde dadurch nicht nur das therapeutische Potenzial der psychoanalytischen Theorie erheblich eingeschränkt, sondern es würden auch direkte unerwünschte Folgen gesetzt.[10]

Die Gefahr einer therapieschädlichen Auswirkung der analytischen Passivität, wenn diese zu „wörtlich" genommen oder übertrieben werde, hat schon Freud selbst gesehen. Und überraschend klingt Freuds Äußerung zum Umgang mit der Übertragung: „Was dann von der Übertragung erübrigt, darf, ja soll, den Charakter einer herzlichen menschlichen Beziehung haben."[11] Hier begegnet uns ein therapeutischer Zug, mehr noch eine therapeutisch-menschliche Zielsetzung, die so, bei Kenntnis seiner Struktur und seines Verhaltens, aufhorchen lässt. Gleichwohl war für ihn die Einhaltung von Regeln und Grenzen in der therapeutischen Rahmenbeziehung und Begegnung von großer und prinzipieller Wichtigkeit, zum Schutz des Therapieverlaufs, zum Schutz des Patienten und nicht zuletzt zum eigenen Schutz. Eine für ihn hier klar gebotene Grenze sah er z.B. bei seinem Schüler Ferenczi als bedenklich überschritten an. Dieser, der in der analytischen Pionierzeit wohl mit am meisten mit der psychoanalytischen Methodik experimentierte, ist vor allem durch seine so genannte „Aktive Technik" oder durch seine „Verwöhnungs-Technik" bekannt geworden.[12] Freud erinnerte an den Grundsatz, dass dem Patienten erotische Befriedigungen zu versagen seien, und warf ihm kritisch vor, „dass Sie Ihre Patienten küssen und sich von ihnen küssen lassen"; er prophezeite ihm die spätere Einsicht, dass er mit seiner „Technik der Mutterzärtlichkeit" doch *vor* dem Kusse hätte halt machen sollen, weil gerade die jüngeren unter den Kollegen es nicht schaffen würden, an dem geplanten Punkt stehen zu bleiben.[13] Die an diesem historischen Beispiel skizzierten möglichen Grenzüberschreitungen einerseits und das Praktizieren einer kühl-unpersönlichen Distanz andererseits: im Extrem sind beide in der Psychotherapie vom Übel – und führen zum Übel. Herzlichkeit im richtigen Rahmen hat hingegen ihre eigene Qualität auf der menschlich-persönlichen Beziehungsebene, und sie drückt ein unmittelbares Gefühl der Nähe aus. Ist dieses echt, dann teilt es sich ebenso unmittelbar den Patienten mit. Auch wenn in diesen Gefühlen über die bloß menschliche Wertschätzung hinaus erotische Momente mitschwingen, muss gleichwohl ihre Echtheit als der höhere Wert gelten, und es geht dann einfach darum, im Umgang mit der eigenen Gegenübertragung solche Momente nicht weiter auszuagieren.

Aus meiner eigenen Erfahrung in der Leitung eines großen psychiatrischen Krankenhauses mit regionaler Vollversorgung kenne ich

Beispiele, wo junge Kollegen, die gerade inmitten ihrer psychotherapeutischen Ausbildung standen, ihre angeblich notwendige Abstinenz in Form schweigend-abwartender Passivität praktiziert haben. Wenn es, als Beispiel, einer depressiven Bauersfrau aus dem Allgäu bei ihrem Aufnahmegespräch passiert, dass sie vor einen solchen emotionslos zurückgelehnten Schweiger zu sitzen kommt, der nur auf Assoziationen wartet, kann man sich wohl vorstellen, wie sie ein solches, für sie völlig unverständliches Verhalten verarbeiten wird. Fast jede Form der Bezeugung von Verständnis und herzlicher Nähe, auch der körperlichen Berührung, wäre hier hilfreicher. Es bleibt hinzuzufügen, dass überhaupt bei psychiatrischen Erkrankungen im engeren Sinn ganz andere therapeutische Methoden und menschliche Qualitäten gefragt sind, die insgesamt größer Flexibilität bedürfen.

Herzlichkeit im praktischen Verhalten

„Mehr Herzlichkeit" – dies kann, so positiv es auch klingt, als einfaches Programm oder gar als Imperativ allerdings sehr rasch zu einer Überforderung auf beiden Seiten, bei Therapeut und Patient, führen. Und es kann damit zu therapiewidrigen Schieflagen in der Kommunikation kommen, so wie dies umgekehrt ja auch bei zu viel Distanz, Kühle und „Abstinenz" der Fall ist.

Angefangen von der Art der einfachen Begrüßung bis hin zu der komplexen Dynamik im psychotherapeutischen Beziehungsgeflecht: Der Therapeut sollte ein klares emotionales Profil zeigen, das im oben beschriebenen Sinne echt, dabei menschlich offen und vertrauensbildend ist und das die Wertschätzung des Patienten unmittelbar erkennen lässt. Bezeugung von Wertschätzung lässt sich aber ohne gleichzeitige Bezeugung von menschlicher Nähe schwer vorstellen, und diese wiederum nicht ohne das, was wir „Herz" nennen, zumindest als eine bestimmte Einstellung im Hintergrund.

„Herzlichkeit" im konkreten Sinn freilich hat, wie wir gesehen haben, ein wesentlich deutlicheres emotionales Profil als „Herz" im Sinn einer inneren Grundeinstellung. Sie zeigt bestimmte Verhaltensmerkmale. Wie aber sollten diese in der praktischen menschlichen Begegnung aussehen? Wie und wie weit kann Herzlichkeit einfach zugelassen werden, ohne Filter, ohne dass es zu naiv und damit dann „zu viel" wird, und wie kann sie umgekehrt „entbunden" und „erzeugt" werden, wenn sie sich nicht spontan einstellen will?

Die Frage beantwortet sich in der alltäglichen Begegnungspraxis zumindest von selbst aufgrund der vorgegebenen Rahmenbedingungen. So besteht die Gefahr z.B. in der Situation der klinischen Visite gewiss nicht darin, dass ein Zuviel an Herzlichkeit und Nähe praktiziert wird. Es ist ja nur allzu bekannt und spielt in vielen Patientenklagen zu Recht eine Rolle, dass umgekehrt solche Krankenbett- und Krankenzimmer-Visiten viel zu sehr als menschlich steriles Ritual ablaufen und weithin nur dem medizinischen Informationsaustausch und der Äußerung von Anweisungen dienen – trotz des vielversprechenden Namens „Visite", was ja einen „Besuch" beim Patienten verheißt. Ein solches, meist auch angstverbreitendes Ritual ist, gelinde gesagt, ein alltäglicher Skandal in unseren Krankenhäusern.

Es sollte z.B. zum einfachsten, jederzeit und auch unter jeglichem Zeitdruck zu leistenden Anstand gehören, dass der Arzt bei der Begrüßung dem Patienten beim Händedruck deutlich in die Augen schaut, und dies ebenso bei der Verabschiedung. Und es gilt für mich als fraglos unanständig und entwürdigend, während dieses kurzen Augenblicks intensiver Kommunikation, noch die Hand des einen Patienten haltend, schon zum nächsten zu schauen oder sich mit den Umstehenden zu unterhalten. Dies sind scheinbar Kleinigkeiten, doch in ihnen zeigt sich das, was wir mit „Herz" meinen, nämlich ein Von-Herz-zu-Herz-Annehmen des andern, gerade in dessen ohnehin so schwacher und untergeordneter Position als Leidender und Hilfebedürftiger. Und „Herzlichkeit" im engeren Sinn kann schon in dieser kurzen, aber intensiven Begegnung der Augen aufscheinen, auch wenn die Mimik beiderseits ernst bleiben mag. Schön ist es natürlich, wenn deutliche, warme Herzlichkeit in eine solche Kommunikation einfließt. Es gehört dabei zur durchaus lernbaren Kunst und Anforderung in unserem Beruf, sich in einem kurzen Besinnungsmoment innerlich vom einen Patienten zu lösen und sich mit gleicher Intensität auf den andern einzustellen.

Die Äußerung von Herzlichkeit im praktischen Umgang speziell mit psychisch Kranken, erst recht in der psychotherapeutischen Beziehung, muss jedoch, wie schon eingehender dargelegt, in einen Reflexionsprozess und in ein Verhaltenskonzept eingebunden sein. Die Verknüpfung mit dem jeweils gebotenen Nähe-Distanz-Verhalten lässt eine „naive" Herzlichkeit ohne kritische Handhabung der laufenden Übertragungs- und Gegenübertragungsabläufe nicht zu. Und dennoch muss Herz und Herzlichkeit gerade hier unabdingbare Beziehungsbasis sein und bleiben.

Unter solchen Gesichtspunkten ist die Begegnung mit dem psychisch Kranken, wie Benedetti sagt, „auf der einen Seite eine von bestimmten, lernbaren Regeln definierte Situation, auf der anderen Seite eine mitmenschliche Situation im schlichtesten und absoluten Sinne des Wortes"[14]. Der Psychotherapeut liebe seinen Patienten „in einer ‚intransitiven Weise‘, in der Identifikation mit ihm", und die sachliche Betrachtung erfolge immer „auf der tragenden Grundlage einer gleichzeitigen Partner-Beziehung"; die personale Beziehung beginne dort, wo wir die seelische Natur unserer Patienten „als Repräsentant unserer eigenen Menschlichkeit wahrnehmen"[15]. – Diese gewiss großen Worte, und die Grundhaltung, aus der sie gesprochen sind, erfahren ihre sinnvolle Konkretisierung sicher in der unterschiedlichsten Weise. Sie zeigen aber deutlich das Spannungsgefüge auf, in dem unsere alltäglichen Patientenbegegnungen notgedrungen ablaufen und aus dem heraus sie therapeutisch weiterführend gestaltet werden müssen.

Wie wir uns auch verhalten und wie auch unsere Signale und emotionalen Regungen beim Patienten ankommen, immer muss eine grundsätzliche Wertschätzung und menschliche Akzeptanz für ihn spürbar sein. Dies auch dann, wenn Meinungsverschiedenheiten und kontroverse Diskussionen aufkommen, wenn Kritik und Zurechtweisungen notwendig werden und wenn harte Wahrheiten zu vermitteln sind. Eigene emotionale Basis hierfür bildet die —durchaus erlernbare und in den Begegnungen einübbare — Einfühlung in den Zustand des Patienten, die kontrollierte Identifikation und das empathische Verhalten also, aus dem heraus dann „emotionale Wärme" im Sinne von Rogers fließen kann.

In der Mimik, den Gesten und den sonstigen Begegnungselementen auf Therapeutenseite wird dieser innere Ablauf für den Patienten erkennbar, und in ihnen erlebt er Herzlichkeit. Diese kann sich durchaus auch einmal in besonderer körperlicher Form ausdrücken, als herzliche Umarmung z. B., wenn es situativ stimmig, spontan und doch überlegt bleibt und die Gefühlsbewegung echt ist. Die Angst vor zu großer Intimität, vor erotischen Missverständnissen oder der Kritik Außenstehender verhindert leider allzu oft ein solches besonderes Zeichen, wo es durchaus möglich wäre. Es ist bemerkenswert, dass umgekehrt eine zu große Reserviertheit und ein persönliches Sichverschließen und damit also ein Mangel an „Herz" weit weniger als Fehlverhalten benannt wird. Was ein solches Defizit beim Patienten anrichtet und an Entwertungsgefühlen bei ihm hinterlässt, ist ein sehr dunkles Kapitel in unserem Medizinbetrieb.

Durch Persönlichkeitsstruktur und eigene Erlebniswelt bedingt, fällt es dem einen leichter, Herz und Herzlichkeit zu zeigen, dem andern schwerer. Aber, so fraglich es zunächst zu sein scheint, eine solche Einstellung ist entwickelbar und einübbar, wenn sie nur gewollt wird. Auch dies haben wir eingehender dargelegt. Denn die elementaren inneren Voraussetzungen hierfür sind ebenfalls in der menschlichen Psyche, also auch in unserer eigenen, vorhanden. Und oft ist allein schon das Zeigen von bloßer Freundlichkeit oder das Bemühen um sie das Tor zu mehr Herzlichkeit in der Begegnung.

INGRID RIEDEL

Vom Lebenswert der Emotionen
Verena Kast zum 60. Geburtstag

Wenn ein Mensch, eine Frau, sechzig wird, ist es Zeit, einiges loszulassen und einiges neu zu gewinnen: zu trauern und sich zu freuen zugleich.

Oft im Leben sind die Zeiten zum Weinen und die Zeiten zum Lachen streng voneinander geschieden – wie es auch der bekannte Text aus der Weisheitsliteratur der Bibel (Prediger 3,4) sagt – oder sie folgen doch phasenhaft aufeinander.

Wenn eine Frau sechzig wird, sind die beiden großen Emotionen Trauer und Freude dialektisch aufeinander bezogen und klingen miteinander an wie in einer kontrapunktischen Komposition bei Bach, wobei sie sich sogar gegenseitig steigern können.

Einen jeden emotional offenen Menschen wird es auch traurig machen, von einigem Abschied nehmen zu müssen, was Vorrecht der Jugend ist: Zum Beispiel im physischen, im sportlichen Bereich keine Spitzenleistungen mehr erbringen, beim Windsurfen etwa bei höheren Windstärken das Segel nicht mehr halten zu können, im Wettrennen mit den erwachsenen Kindern und selbst mit den heranwachsenden Enkeln eines Tages den Kürzeren zu ziehen. Manche Züge sind endgültig abgefahren: Jetzt noch das Violinenspiel erlernen oder einen ganz anderen Beruf ergreifen zu wollen als den, den man hatte und hat, das dürfte wohl sogar unmöglich sein. Das hat man bei einem geglückten Leben auch nicht im Sinn.

Die einmal nahen Menschen hingegen, die nicht mehr mitfeiern können, weil sie verstorben sind, werden einem zum sechzigsten Geburtstag unweigerlich einfallen: der dem Kind so wichtige Großvater zum Beispiel, die Eltern, eine Freundin, ein geliebter Mann ... so viel gelebtes, vergangenes Leben schon! Auch Funktionen und Ämter, die einem wichtig waren und in denen man für andere wichtig war und Weichen stellen konnte, sind abgegeben, weitergegeben an andere Jüngere, die sie mit ihrem eigenen Geist füllen und weiterführen werden.

So sagt der Traum einer Professorin, deren Vortragsblätter vom Wind ergriffen und hinaus auf die Straße unter die Leute geweht werden: „Der Geist muss unter die Leute kommen." Kein Grund also sich zu grämen. Andere Verantwortungen sind mit sechzig da, vielleicht sogar noch größer gewordene, andere Rollen und Posten können vielleicht jetzt erst eingenommen und voll ausgefüllt werden. Dennoch: Wehmut, ja Trauer über das Vergangene, Abgegebene und Weitergereichte ist die eine emotionale Melodie in der kontrapunktischen Komposition eines sechzigjährigen Lebens; Freude die andere: Da ist der staunende Blick auf die einfahrenden Erntewagen, hochbeladen mit Korn, auf die Kufen voller Trauben, die Körbe voller Obst, um im Bilde einer landwirtschaftlichen Ernte zu sprechen. Wieviel kostbarer noch, wenn es gar um eine geistige Ernte geht! Eine gewisse Lebensernte aber gilt es in jedem Menschenleben einzufahren und sie wird beim Übergang in die Sechzig bewusst: erfüllte Berufsjahre in Zusammenarbeit mit Menschen, die einem vertraut und wichtig geworden sind, in Übereinstimmung und auch in Auseinandersetzung, es gibt die altgewordenen Lehrer und die jungen Schüler, die nachwachsende Generation, die man auch bei manchen Konflikten mit ihnen mit Dankbarkeit, oft mit Wärme und Rührung sieht, weil sie das gemeinsame Werk auf ihre Art weitertragen und einen auch zu Neuem inspirieren.

In so manchem sechzigjährigen Leben gibt es physische und auch psychische Kinder und Enkel, die mit Dankbarkeit erfüllen, mit Hoffnung, die auch die Älteren mit ihren neuen Ideen anregen. Mit neuer Inspiration kann es aber einen emotional offenen Menschen auch erfüllen, dass er von sechzig an die Luft einer neuen Freiheit zu wittern beginnt: Die neue Freiheit imaginiert[1] ein Leben, das noch mehr Authentizität und Ureigenes enthalten könnte als auch das bisherige schon, das doch noch stark von der Verantwortung in der Sozietät und in der engeren und weiteren Familie und Berufsgemeinschaft bestimmt war. Es gilt sich die neue Freiheit zu erschließen, die sich nach sechzig immer weiter öffnet, eine Freiheit für neue originelle Interessen, zum Beispiel einen Krimi oder doch einen Roman zu entwerfen, einen neuen Lebensstil zu finden, in dem sich zum Beispiel die noch immer vorhandenen Pflichten mit immer mehr Muße, ein Vortragstermin zum Beispiel mit dem Besuch einer Ausstellung am gleichen Ort verbinden. Selbst die Narrenfreiheiten der weisen Alten kommen in Sicht, die sich noch weniger als bisher nach den Reaktionen und Erwartungen anderer richten werden, auch nicht nach deren möglichem Neid, den es vorwegzunehmen gälte, sondern immer souveräner auf den emotionalen Ausdruck von Ärger, von Langeweile, aber auch von heller Freude. Ein schönes Beispiel für die Narrenfreiheit der Uralten ist für mich die Künstlerin Louise Bourgeois, die mehr als Neunzigjährige, die in diesem Alter ein einzigartiges und weltweit Aufsehen erregendes künstlerisches Werk schafft, das keine Tabus mehr kennt, und die sich gegenüber der journalistischen Öffentlichkeit kein Blatt mehr vor den Mund nimmt bzw. die Antwort auf inadäquate Fragen schlicht verweigert.

Der psychologischen Erforschung der Emotionen unter der Perspektive der Jungschen Psychologie galt Verena Kasts bisherige wissenschaftliche Lebensarbeit, verbunden mit Grundlagenstudien zur Symbolik, zu Komplexen und Archetypen. Sie begann mit dem Aufsehen erregenden Buch über Trauer[2] – zugleich dem Thema ihrer Habilitation –, wo sie den phasenhaften Verlauf des Trauerprozesses an Hand von Traumserien der Betroffenen erkannte und herausarbeitete samt seinem inneren Ziel, dem seelischen Wiederfinden des geliebten Menschen, von dem der Tod ihn trennte, auf der psychischen Ebene, gerade indem die äußere Trennung unerbittlich für wahr genommen wird. Der Trauerprozess – ein kreativer Prozess, den unsere Psyche zu erbringen vermag, wenn sie ihren Emotionen folgt – mündet so in die Wiedergewinnung eines neuen Selbst- und Weltbezugs für den Trauernden ein, der sich aus dem verflochtenen Beziehungsselbst mit dem geliebten verstorbenen Partner gelöst hat und nun wieder zum Einzelnen geworden ist.

Es ist keine Frage, dass das existentielle Interesse an solcher Problematik nur aus eigenem Verlusterleben erwachsen sein kann: Früh wurde Verena Kast vom Tod zweier geliebter Menschen betroffen, von dem eines Partners, bald gefolgt von dem der damaligen nächsten Freundin, deren beide Kinder, damals in jungem Schulalter, von Verena Kast aufgezogen wurden; deren drei heutige Kinder sind als ihre Enkel eine ständige Quelle der Freude, Anregung und Inspiration für die Großmutter, denen sie einen Löwenanteil ihrer freien Zeit widmet.

Nach dem Buch über Trauern, das auf außerordentlich großes Interesse stieß, auch weil es eine bis dahin bestehende schmerzliche Lücke füllte, wurde Verena Kasts Name so stark mit der Emotion Trauer verbunden – man sprach gelegentlich von „Trauer Kast" –, dass es eine Herausforderung für sie wurde, der sie mit dem neuen Buch über „Freude, Inspiration, Hoffnung"[3] entgegentrat, einer inspirierenden Studie über die „gehobenen Emotionen", die merkwürdigerweise in unserer Zivilisation und auch in der psychologischen Forschung stark vernachlässigt und oft als „naiv" eingeschätzt und übergangen werden.

In diesem Zusammenhang entwickelt Verena Kast auch die Idee einer „Freudenbiographie", die Idee, dass wir an Stelle der Anamnese unserer Leiden, wie sie zu Beginn einer jeden ärztlichen und psychotherapeutischen Behandlung erhoben wird, auch einmal eine Anamnese unserer Freuden von Kindheit auf erstellen könnten: der kleinen und großen Anlässe und Dinge, an denen wir uns gefreut haben und bis heute erfreuen. Dies würfe ein gänzlich neues Licht auf unser Leben und veränderte auch unser Lebensgefühl. Denn so wahr unser Leid ist, so wahr sind auch unsere Freuden. Auf den jeweiligen

Kontrapunkt kommt es auch hier an: Nur durch ihn wird unser Leben als Gesamtkomposition sichtbar und vernehmbar.

Mit großer Konsequenz und immer neuer Forschungsneugier entdeckt Verena Kast in der Folge, wie jedes Lebensthema von einer bestimmten Emotion begleitet wird. Dabei geht sie auch tabuierten Emotionen wie Neid[4], Ärger[5], Angst[6] und Langeweile[7] nach: Hier werden unangenehme Gefühle wie Neid und Eifersucht zum Beispiel als Hinweise und Ansporn zu dem verstanden, was von uns selber gelebt und verwirklicht werden möchte und was wir vielleicht vorerst nur an einem anderen, den wir beneiden, auf den wir dieses Können projizieren, wahrnehmen können. Neid kommt ja nicht allem gegenüber auf, was andere besser können und verwirklichen als wir, sondern nur dort, wo es um etwas geht, was wir selber eigentlich auch können möchten und müssten. Weit entfernt von moralischer Disqualifikation oder Ablehnung solcher unangenehmer Gefühle befragt Verena Kast sie immer wieder auf den in ihnen enthaltenen Lebenswert, den Ansporn zur eigenen Entwicklung, der in ihnen liegt: „Man muss sich auf ein Gefühl einlassen, damit sich etwas verändert"[8].

So wird ihr zum Beispiel die Fähigkeit, mit Angst und Krisen umzugehen, zu einer Schlüsselqualifikation für die Zukunft in einer sich mehr und mehr verändernden, globalisierenden und viele bisherige Sicherheiten auflösenden Lebenswelt. So liegt ihr bisheriges Lebenswerk bereits als eine umfassende Psychologie, Tiefenpsychologie der Emotionen vor: von Trauer, Angst und Aggression bis zu Hoffnung[9], Interesse, Liebe[10] und Freude reicht der Regenbogen der Gefühle, die sie uns nahe bringt. Dabei liegt auf dem inneren Zusammenhang zwischen Emotionen, Komplexen und Symbolen[11] ein Hauptakzent ihres psychologischen Interesses. Die persönliche Motivation aber entspringt einer Lebensleidenschaft, die sie selbst erfüllt und die sie auch anderen vermittelt, zuspielt und aufschließt.

Ein Kreis von persönlichen Freunden und Freundinnen, aber auch von Kollegen und Kolleginnen, die sich Verena Kast beruflich verbunden oder von ihrem Lebenswerk über Emotionen inspiriert fühlen, haben sich zusammengefunden, um das gemeinsame Thema Emotionen durchzuspielen, zu erfahren und zu beschreiben und ihr damit ein Geburtstagsgeschenk zu machen. Der weit gespannte Bogen reicht von Langeweile (noch dazu im Kloster!) über Heimweh, Sehnsucht bis hin zum Staunen (zum Beispiel über unsere Existenz in der Weite des Universums), zu Zärtlichkeit und Dankbarkeit, bis hin zur Frage, ob und wie Emotionen in der professionellen Beziehung zwischen Therapeutin bzw. Therapeut und deren Patienten eine sinnvolle Rolle zu spielen haben. Zum Mitspielen auf dem Feld der Emotionen, auf dem wir uns alle tummeln, lädt uns dieses Buch ein. Mein Dank geht an alle, die meiner Einladung gefolgt sind, einen Beitrag zum Geburtstagsbuch für Verena Kast beizusteuern und damit das Spielfeld der Emotionen noch weiter auszuschreiten und zu durchmessen, vor allem aber an Frau Dr. Karin Walter, die keine Mühe gescheut hat, aus den recht unterschiedlichen und eigenwilligen Beiträgen ein Ganzes zu machen.

ANMERKUNGEN UND LITERATUR

INGRID RIEDEL:
Weinen und Lachen – Vom Mut zu starken Emotionen

Anmerkungen:
[1] Kast, Verena, Trauern. Phasen und Chancen des psychischen Prozesses, Stuttgart 1982
[2] Kast, Verena, Freude, Inspiration, Hoffnung, Olten 1991

HEIDI GIDION:
Vergügen am Dankbarsein – Der Ruf durch die Nacht

Anmerkungen:
[1] Kaschnitz, Marie Luise, Gesammelte Werke, Bd. 5, Die Gedichte, Frankfurt a.M. 1985, S. 492
[2] Wolf, Christa, Kindheitsmuster, Berlin und Weimar 1977, S. 37
[3] Andreas-Salomé, Lou, Lebensrückblick, Frankfurt a.M. 1968, S. 57
[4] Andreas-Salomé, Lou – Freud, Anna, „ ... als käm ich heim zu Vater und Schwester", Briefwechsel 1919–1937, 2 Bde., hrsg. von Rothe, Daria A. u. Weber, Inge, Göttingen 2001, S. 107
[5] Andreas-Salomé, Lou, Mein Dank an Freud, in: Weber, Inge u. Rempp, Brigitte (Hg.), Das zweideutige Lächeln der Erotik, Texte zur Psychoanalyse, Freiburg 1990, S. 324
[6] Kast, Verena, Vater-Töchter. Mutter-Söhne, Stuttgart 1994, S. 203

DANIEL HELL:
Freude, eitel Freude? – Die Wirkung eines flüchtigen Gefühls

Anmerkungen:
1 Kast, Verena, Freude, Inspiration, Hoffnung, Olten 1991, S. 9/10
2 Tolstoi, Leo N., zitiert nach Marcuse, Philosophie des Glücks, Zürich 1972
3 Kast, Verena, a. a. O., S. 49
4 Darwin, Charles, Der Ausdruck der Gemütsbewegung bei Menschen und Tieren, Stuttgart 1872
5 zitiert nach Marcuse, a. a. O., S. 291
6 vgl. Reich, Wilhelm, Charakteranalyse, Berlin 1933
7 Mentzos, Stavros, Depression und Manie. Psychodynamik und Psychotherapie affektiver Störungen, Göttingen/Zürich 1995
8 Weil, Simone, Schwerkraft und Gnade, München 1989, S. 27
9 Gerhardt, Volker, Friedrich Nietzsche, München 1999, S. 189 f
10 Kast, Verena, a. a. O., S. 51 f
11 a. a. O., S. 52

ANSELM GRÜN:
Langeweile und Überdruss – Das Wirken der Akedia

Literatur:
Bunge, Gabriel, Akedia. Die geistliche Lehre des Evagrios Pontikos vom Überdruss, Köln 1983
Evagrius Ponticus, Praktikos. Über das Gebet, übers. v. John Eudes Bamberger, aus dem Engl. übers. v. Guido Joos, Münsterschwarzach 1986
Grün, Anselm, Herzensruhe. In Einklang mit sich selber sein, Freiburg 1998
Wucherer-Huldenfeld, Augustinus K., Maskierte Depression und „Trägheit" in der klassischen Achtlasterlehre. Zur Aktualität und Frühgeschichte christlicher Spiritualität und „Psychotherapie", in: Ev. Theol. (4) 1997, S. 338–63.

DETLEV VON USLAR:
Freude und Trauer im Spiegel der philosophischen Psychologie

Literatur:

Aristoteles, Über die Seele, übersetzt von W. Theiler, Darmstadt 1973; griechisch: De anima, hrsg. von W. D. Ross, Oxford 1963

Gadamer, Hans-Georg, Wahrheit und Methode, Tübingen 1986

Heidegger, Martin, Erläuterungen zu Hölderlins Dichtung, Frankfurt a. M. 1981 (Hölderlins Gedicht „Wie wenn am Feiertage" ist oben nach Heideggers Wiedergabe in diesem Buch zitiert.)

Hölderlin, Friedrich, Gedichte, Stuttgart 1971

Jacobi, Friedrich Heinrich, Über die Lehre des Spinoza in Briefen an den Herrn Moses Mendelssohn, in: Scholz, Heinrich, Die Hauptschriften zum Pantheismusstreit zwischen Jacobi und Mendelssohn. Neudrucke seltener philosophischer Werke, hrsg. von der Kantgesellschaft, VI, Berlin 1916 (Dort ist auch die breite Wirkung dieser Schrift Jacobis beschrieben.)

Kast, Verena, Trauern. Phasen und Chancen des psychischen Prozesses, Stuttgart 1991

Spinoza, Benedictus de, Ethik, zweisprachige Ausgabe in: Werke/opera II, Darmstadt 1978

v. Uslar, Detlev, Was ist Seele?, Würzburg 1999

v. Uslar, Detlev, Tagebuch des Unbewussten. Abenteuer im Reich der Träume, Würzburg 2003

LUTZ MÜLLER:
Staunen über das Wunder des Daseins

Anmerkungen:

[1] Jaffé, Aniela, Erinnerungen, Träume, Gedanken von C. G. Jung, Olten 1962, S. 293 ff

[2] a. a. O.

[3] a. a. O.

⁴ Dostojewskij, Fjodor M., Die Dämonen.
⁵ Dostojewskij, Fjodor M., Der Jüngling.

Mathias Jung:
Zärtlichkeit – Die Zartheit und Zerbrechlichkeit des Menschen

Anmerkungen:

¹ Jung, Mathias, Zeit für Zärtlichkeit. Das Abenteuer der Zuwendung, Lahnstein 2002
² Kast, Verena, Freude, Inspiration, Hoffnung, Olten/Freiburg i. Br. 1991
³ Heidegger, Martin, Sein und Zeit, Frankfurt a. M. 1927, S. 74
⁴ Bollnow, Otto Friedrich, Das Wesen der Stimmungen, Stuttgart 1956, S. 34
⁵ Meier-Seethaler, Carola, Gefühl und Urteilskraft. Ein Plädoyer für die emotionale Vernunft, Frankfurt a. M. 1998
⁶ Böhme, Günther, Die andere Vernunft, Frankfurt a. M. 1999
⁷ Lemaire, Ton, Die Zärtlichkeit, Amsterdam 1975, S. 46
⁸ a. a. O., S. 124
⁹ Jung, Mathias, Seneca. Wege zur inneren Freiheit, Lahnstein 2002, S. 112
¹⁰ Kierkegaard, Sören, Der Begriff Angst, Frankfurt a. M. 1992, S. 84
¹¹ Lemaire, Ton, a. a. O., S. 148
¹² Nietzsche, Friedrich, Jenseits von Gut und Böse, Stuttgart 1974, S. 48
¹³ Schopenhauer, Arthur, Parerga und Paralipomena, Frankfurt a. M. 1982, S. 91
¹⁴ vgl. dazu: Cöllen, Michael/Jung, Mathias, Liebe in Zeiten der Unverbindlichkeit. Eros und Ethos, Stuttgart 2002
¹⁵ Lemaire, Ton, a. a. O., S. 152

[16] Freud, Sigmund, Das Unbehagen in der Kultur, Frankfurt a. M. 1992, S. 82
[17] Lemaire, Ton, a. a. O., S. 154
[18] Jung, Mathias, Zeit für Zärtlichkeit, a. a. O., S. 32
[19] a. a. O., S. 76
[20] Lemaire, Ton, a. a. O., S. 156

BRIGITTE SPILLMANN-JENNY:
Sehnsucht, an der wir sterben müssen – Über die transzendierende Kraft der Sehnsucht

Anmerkungen:

[1] Bonhoeffer, Dietrich, Brevier, Gütersloh 1998, S. 316
[2] a. a. O., S. 317
[3] reichhaltige Literatur dazu in: Jacoby, Mario, Sehnsucht nach dem Paradies, Fellbach 1980
[4] Stern, Daniel N., Die Lebenserfahrung des Säuglings, Stuttgart 1992, S. 251
[5] a. a. O., S. 232
[6] a. a. O., S. 247
[7] Holderegger, Hans, Das Glück des verlorenen Kindes, Stuttgart 2002, S. 72f
[8] Lasker-Schüler, Else, Sämtliche Gedichte, München 1966
[9] Platon, Symposion, Sämtliche Werke 2, 15. Kap., Schleswig 1965, 191d
[10] Kast, Verena, Die Dynamik der Symbole, Olten 1990, S. 14
[11] Jung, Carl Gustav, GW 16, § 444
[12] Buber, Martin, Das Dialogische Prinzip, Heidelberg 1984, S. 32
[13] a. a. O., S. 76
[14] Jaffé, Aniela, Erinnerungen, Träume, Gedanken von C. G. Jung, Olten 1985, S. 355
[15] Jung, Carl Gustav, Briefe, III, S. 50

[16] vgl. dazu: Kast, Verena, Neid und Eifersucht, Düsseldorf 1996
[17] Battegay, Raymond, Die Hungerkrankheiten, Frankfurt a.M. 1989, S. 153
[18] Psyche, Jg. 54, 6, S. 521
[19] Freud, Sigmund, Die Zukunft einer Illusion, Ges. Werke Bd. XIV, Frankfurt a.M. 1999, S. 373
[20] a.a.O., S. 338f
[21] a.a.O., S. 373
[22] a.a.O., S. 377ff
[23] Guardini, Romano, Vom Sinn der Schwermut, Mainz 1991, S. 49f
[24] a.a.O., S. 45
[25] vgl. Huber, Roland, Das Mehr im Weniger ereignet sich im Begehren, in: Frick, Eckhard/Huber, Roland (Hg.), Die Weise von Liebe und Tod, Göttingen 1998, S. 196
[26] Guardini, Romano, a.a.O., S. 7
[27] a.a.O., S. 23
[28] Jung, Carl Gustav, GW 12, § 14
[29] Jaffé, Aniela, a.a.O., S. 353

Daniela Heisig:
Heimweh – Sehnsucht nach der vertrauten Ferne

Anmerkungen:
[1] Schmid, Gary Bruno, Tod durch Vorstellungskraft. Das Geheimnis psychogener Todesfälle, Wien 2000
[2] vgl. Greverus, Ina-Maria, Heimweh und Tradition, in: Schweizerisches Archiv für Volkskunde. Bd. 61, Basel 1965, S. 1
[3] In der Emotionsforschung taucht Heimweh als Emotion so gut wie nicht auf. Selten findet man die übergeordnete Emotion Sehnsucht. Heimweh weist eine semantische Ähnlichkeit auf zu „trauriger Liebe". Lutz (1986) führte eine Untersuchung an einer Kul-

tur, den Ifaluk, von einem Korallenatoll im Westpazifik durch. Sie fand eine Kategorie, die mit Trennung zu tun hat, auch fago genannt, die traurige Liebe der Unglücklichen, sowie Begriffe, die mit Einsamkeit, Traurigkeit, Sehnsucht, Heimweh und Unsicherheit annähernd übersetzt werden können. Schmidt-Atzert und Ströhm (1983) filterten in einer Clusteranalyse acht Emotionskategorien heraus, neben Ekel, Ärger, Unruhe, Traurigkeit, Angst/Furcht, Freude, Zuneigung auch die Emotion Sehnsucht. (Lutz, Catherine A., The domain of emotion words in Ifaluk, in: The social construction of emotions (hrsg. v. R. Harré), Oxford 1986, S. 267–88; Schmidt-Atzert, Lothar und Ströhm, W., Ein Beitrag zur Taxonomie der Emotionswörter, in: Psychologische Beiträge, 25, 1983, S. 126–41)

4 Boesch, Ernst Eduard, Sehnsucht. Von der Suche nach Glück und Sinn, Bern 1998, S. 60
5 a.a.O., S. 67
6 a.a.O., S. 68
7 Heisig, Daniela u. Savory-Deermann, Cornelia, Mein Echo im Beruf. Wege zum Einklang zwischen innerer Entwicklung und Arbeitsleben, Gießen 2001
8 Bianchi, Pado, Sehn-Sucht-Trips: Versuch über das Reisen und Ruhen. Als Reisende im Prä-Millennium, Kapitel II: „Ruhen – enge Räume für weite Träume", www.reisegeschichte.de/reisen/bianchi.htm o. J.
9 a.a.O., Kapitel I: „Reisen – Utopie globaler Solidaritätserfahrung"
10 Geertz, Clifford, Welt in Stücken. Kultur und Politik am Ende des 20. Jahrhunderts, Wien 1996
11 Kast, Verena, Vater-Töchter – Mutter-Söhne. Wege zur eigenen Identität aus Vater- und Mutterkomplexen, Stuttgart 1994, S. 265
12 Heisig, Daniela, Die Anima. Der Archetyp des Lebendigen, Olten 1996

¹³ vgl. Asper, Kathrin, Verlassenheit und Selbstentfremdung. Neue Zugänge zum therapeutischen Verständnis, Olten 1990
¹⁴ Ingerman, Sandra, Auf der Suche nach der verlorenen Seele. Der schamanische Weg zur inneren Ganzheit, München 2000, S. 34
¹⁵ Bloch, Ernst, Das Prinzip Hoffnung, Frankfurt a. M. 1959
¹⁶ Boesch, Ernst Eduard, a. a. O., S. 63
¹⁷ Schmid, Gary Bruno, a. a. O., S. 67
¹⁸ de Mello, Anthony, Warum der Vogel singt. Weisheitsgeschichten, Freiburg 2002

HANS-GEORG WIEDEMANN:
Verlustgefühle und Trauer – Übergang in den Ruhestand

Anmerkungen:
¹ Kast, Verena, Trauern. Phasen und Chancen des psychischen Prozesses, Stuttgart 1982, S. 153
² Großkopf, Rudolf, in: chrismon 2001, S. 43 ff.
³ Kast, Verena, a. a. O., S. 164

THEODOR SEIFERT:
Gefühlsraum Freundschaft und Dankbarkeit –
„Zwei kleine Smaragde in meinen Händen"

Literatur:
v. Franz, Marie-Louise, Die aktive Imagination in der Psychologie C. G. Jungs, Einsiedeln 1990
Gienger, Michael, Die Steinheilkunde, Saarbrücken 1996, S. 372
Jacobsohn, Helmuth, Das Gespräch eines Lebensmüden mit seinem Ba, Zürich 1952
Jung, Carl Gustav, Erinnerungen, Träume, Gedanken, Olten und Freiburg 1987

Jung, Carl Gustav, Die Beziehungen zwischen dem Ich und dem Unbewussten, GW 7, Olten 1971

Kast, Verena, Imagination als Raum der Freiheit, Olten 1988

Kast, Verena, Die beste Freundin, München 1995

Seifert, Theodor und Angela, So ein Zufall! Synchronizität und der Sinn von Zufällen, Freiburg 2001

Sheldrake, Rupert et. al., Denken am Rande des Undenkbaren, Bern 1993

PETER SCHELLENBAUM:
Liebe als heilende Kraft – Resonanz in der psychotherapeutischen und anderen Beziehungen

Anmerkungen:

[1] Briefwechsel Sigmund Freud / C. G. Jung, Frankfurt a.M. 1974, S. 10

[2] vgl. Peter Schellenbaum, Im Einverständnis mit dem Wunderbaren, München 2000, S. 128

[3] Peter Schellenbaum, Tanz der Freundschaft, München 2002, S. 10

[4] Peter Schellenbaum, Im Einverständnis mit dem Wunderbaren, a.a.O., S. 109

[5] Carl Gustav Jung, Mysterium Coniunctionis I, GW 14/1, Olten 1971, S. 257

[6] vgl. Peter Schellenbaum, Im Einverständnis mit dem Wunderbaren, a.a.O., S. 105–7

Günter Hole:
Herzlichkeit in der Patientenbeziehung – Wie viel wir zulassen und geben können

Anmerkungen:

[1] Pauleikhoff, Bernhard, Vorwort in: Begegnungen mit psychisch Kranken (hrsg. von H. J. Bochnik u. W. Oehl), Sternenfels 2000
[2] Pascal, Blaise, Von der Ordnung des Herzens, in: Größe und Elend des Menschen (Auswahl aus „Pensées"), Frankfurt a.M. 1979, S. 89–93
[3] de Saint-Exupéry, Antoine, Der kleine Prinz, Düsseldorf 1950, S. 52
[4] Schmidbauer, Wolfgang, Die hilflosen Helfer, Reinbek 1977, S. 7 u. S. 9 ff.
[5] Furrer, Walter L., Unbewusste Kommunikation zwischen Arzt und Patient, in: Beziehungsdiagnostik und Beziehungstherapie (hrsg. von W. Pöldinger u. G. Weiss), Heidelberg 1983, S. 19
[6] Rogers, Carl R., Die klient-bezogene Gesprächstherapie, München 1951, S. 35 ff. u. S. 43
[7] Meyer, Joachim E., Die Arzt-Patient-Beziehung in der Psychiatrie, Nervenarzt 60 (1989), 102–105, S. 105
[8] Stoffer, Hellmut, Die Echtheit, München/Basel 1963, S. 20
[9] Freud, Sigmund, Ratschläge für den Arzt bei der psychoanalytischen Behandlung, Ges. Werke, Bd. 8, Frankfurt a.M. 1973, S. 384
[10] Thomä, Hans, Vom spiegelnden zum aktiven Psychoanalytiker, Frankfurt a.M. 1981, S. 34 f
[11] Freud, Sigmund, Brief an Oskar Pfister am 22.10.1927 (zitiert nach Thomä, a.a.O. S. 21), S. 375
[12] Ferenczi, Sandor, Zur Erkenntnis des Unbewussten (hrsg. von H. Dahmer), München 1978, S. 12 u. S. 40 f
[13] a.a.O., (Brief von Freud an Ferenci 1931), S. 12 f.
[14] Benedetti, Gaetano, Klinische Psychotherapie, Bern-Stuttgart-Wien 1980, S. 45
[15] a.a.O., S. 48 f

INGRID RIEDEL:
Vom Lebenswert der Emotionen –
Verena Kast zum 60. Geburtstag

Anmerkungen:
1 Kast, Verena, Imagination als Raum der Freiheit, Olten 1988
2 Kast, Verena, Trauern. Phasen und Chancen des psychischen Prozesses. Stuttgart 1982
  Kast, Verena, Sich einlassen und loslassen. Neue Lebensmöglichkeiten bei Trauer und Trennung, Freiburg 1994
3 Kast, Verena, Freude, Inspiration, Hoffnung, Olten 1991
4 Kast, Verena, Neid und Eifersucht. Die Herausforderung durch unangenehme Gefühle, Zürich 1996
5 Kast, Verena, Vom Sinn des Ärgers. Anreiz zur Selbstbehauptung und Selbstentfaltung, Stuttgart 1998
6 Kast, Verena, Vom Sinn der Angst. Wie Ängste sich festsetzen und sich verwandeln lassen, Freiburg 1996
7 Kast, Verena, Vom Interesse und dem Sinn der Langenweile, Düsseldorf 2001
8 ebd., S. 23
9 Kast, Verena, Aufbrechen und Vertrauen finden. Die kreative Kraft der Hoffnung, Freiburg 2001.
10 Kast, Verena, Beziehungsphantasien oder wie Götter sich in Menschen spiegeln, Stuttgart 1984
   Kast, Verena, Liebe im Märchen, Olten 1992
   Kast, Verena, Die beste Freundin. Was Frauen aneinander haben, Stuttgart 1992
11 Kast, Verena, Die Dynamik der Symbole. Grundlagen der Jungschen Psychotherapie, Olten 1990

DIE AUTORINNEN UND AUTOREN

Ruth Ammann, Dipl.-Architektin ETH und Dipl.-Analytische Psychologin C. G. Jung-Institut Zürich. Private Praxis für Psychotherapie und Sandspieltherapie in Zürich, Lehranalytikerin und Dozentin am C. G. Jung-Institut Zürich. Spezielles Interesse an schöpferisch gestaltenden Therapieansätzen wie Arbeit mit Bildern und Sandspiel.

Ingeborg H. Bachmann, Dr. phil., Psychologin, analytische Psychotherapeutin für Erwachsene und Kinder, Lehranalytikerin am C. G. Jung-Institut Zürich. Arbeitet in Zürich und in Italien.

Heidi Gidion, Dr. phil, Literaturwissenschaftlerin. Publikationen mit dem Schwerpunkt Literatur und Selbsterfahrung, zuletzt zusammen mit Léon Wurmser, „Die eigenen verborgensten Dunkelgänge. Narrative, psychische und historische Wahrheit in der Weltliteratur", Göttingen 1999. Vorträge und Literaturseminare u. a. bei den Lindauer Internationalen Psychotherapiewochen sowie bei Arbeitstagungen der Internationalen Gesellschaft für Tiefenpsychologie in Lindau.

Anselm Grün OSB, Dr. theol., geboren 1945, verwaltet die Benediktinerabtei Münsterschwarzach. Er ist außerdem als geistlicher Berater und Kursleiter für Meditation, tiefenpsychologische Auslegung von Träumen, Fasten und Kontemplation tätig. Autor zahlreicher spiritueller Publikationen.

DANIELA HEISIG, geboren 1967, Diplom-Psychologin, promovierte bei Verena Kast zur Dr. phil. über Wandlungsprozesse. Arbeitet seit 1994 als Beraterin und Coach für Wirtschaftsunternehmen, Non-Profit-Organisationen und Bildungseinrichtungen. Künstlerisches Studium (Dramatik und Prosa) am Deutschen Literaturinstitut Leipzig. Buchautorin.

DANIEL HELL, Ordinarius für klinische Psychiatrie an der Universität Zürich und klinischer Direktor an der psychiatrischen Uni-Klinik Zürich (seit 1991), Autor vieler Fachartikel und mehrerer Sachbücher, u. a. „Welchen Sinn macht Depression?", Rowohlt 2002, „Die Sprache der Seele verstehen", Herder 2002.

GÜNTER HOLE, Prof. Dr., geboren 1928. Oberarzt und Leiter der Depressionsforschungsstation der Psychiatrischen Universitätsklinik in Basel (1986–1974). Ärztlicher Direktor des Psychiatrischen Landeskrankenhauses Weißenau/Ravensburg und Ordinarius für Psychiatrie an der Universität Ulm (Personalunion). Seit 1993 im Ruhestand und weiterhin in eigener psychotherapeutischer Praxis sowie in der Weiterbildung und mit Vorträgen tätig.

MATHIAS JUNG, Dr. phil., geboren 1942. Philosoph und Gestalttherapeut, zahlreiche Buchveröffentlichungen, arbeitet als Einzel-, Paar- und Gruppentherapeut am Gesundheitszentrum Dr.-Max-Otto-Bruker-Haus in Lahnstein/Koblenz.

LUTZ MÜLLER, Dr. phil., Dipl.–Psychologe, geboren 1949 in Wiesbaden. Studium der Psychologie in Mannheim, Mainz und Freiburg. Ehemaliger Mitarbeiter am Institut für Grenzgebiete der Psychologie in Freiburg. Dozent, Supervisor und Lehranalytiker am C. G. Jung-Institut in Stuttgart. Vorstandsmitglied der Deutschen Gesellschaft für Analytische Psychologie. Arbeitsschwerpunkte: Analytische Psychologie, Symbolik, Transpersonale Psychologie, Lebenskunst.

HARRY NUSSBAUMER, Prof. Dr., an der ETH Zürich. Forschung und Lehre auf dem Gebiet der Astrophysik und astrophysikalischen Spektroskopie, emeritiert seit Dezember 2000. Nach mehrjährigen Forschungsaufenthalten in England, Frankreich und den USA seit 1972 an der ETH. In den letzten Jahren lag das Schwergewicht der Forschung auf der Wechselwirkung von Doppelsternsystemen in der Spätphase ihres Lebens.

INGRID RIEDEL, Prof. Dr. Dr., Dozentin und Lehranalytikerin am C. G. Jung-Institut Zürich sowie am C. G. Jung-Institut Stuttgart, Honorarprofessorin an der Universität Frankfurt am Main und Psychotherapeutin in eigener Praxis. Sie lebt in Konstanz. Autorin zahlreicher Bücher.

PETER SCHELLENBAUM, Dr. theol., Studentenpfarrer in München (1971–1975), Ausbildung in Analytischer Psychologie am C. G. Jung-Institut in Zürich, hier bis heute Lehranalytiker und Dozent, Gründer und Leiter des Instituts für Leib-Psychotherapie in Orselina/Locarno, Buchautor.

THEODOR SEIFERT, Dr. rer. biol. hum., Dipl.–Psychologe, geboren 1931, Psychotherapeut und Lehranalytiker (C. G. Jung), viele wissenschaftliche Publikationen, Autor und Herausgeber.

BRIGITTE SPILLMANN-JENNY, Dr. phil., geboren 1945, Studium der Geschichte und der deutschen Literaturgeschichte. Dozentin, Lehranalytikerin und Präsidentin des Curatoriums des C. G. Jung-Instituts Zürich und Psychotherapeutin in eigener Praxis in Zürich.

DETLEV VON USLAR, geboren 1926 in Hamburg. Studium der Philosophie, Psychologie und Theologie, u. a. bei Nicolai Hartmann, Heidegger und Gadamer. Seit 1967 Professor für Psychologie und deren philosophische Grundlagen an der Universität Zürich. Bücher u.a.:

„Der Traum als Welt", 3. Aufl. Stuttgart 1990; „Tagebuch des Unbewussten. Abenteuer im Reich der Träume", Würzburg 2003.

HANS-GEORG WIEDEMANN, Dr. theol., evangelischer Gemeindepfarrer em., Sexual- und Lebensberater, wissenschaftlicher Leiter der Internationalen Gesellschaft für Tiefenpsychologie. Veröffentlichungen vor allem zur Fragen der Sexualethik, Homosexualität und Männeremanzipation.

Ingrid Riedel bei Herder spektrum

Die gewandelte Frau
Vom Geheimnis der zweiten Lebenshälfte
Band 4892

Ingrid Riedel zeigt, wie Frauen neue Perspektiven, Freiheiten und Vertrauen entdecken und erleben können, auch in Zeiten der Krise.

Lebensträume – Lebensräume
Stufen inneren Wachstums
Band 4903

Träume eröffnen oft Lösungsperspektiven. Es ist möglich, neue Räume zu entdecken, sowohl in der eigenen Seele, als auch in der äußeren Wirklichkeit.

Unergründlich wie das Meer
oder die Faszination der Tiefe
Band 5260

Die Sehnsucht findet ihr Seelen-Bild in der Welt der Tiefe. Ingrid Riedel lotet diese Tiefen aus und führt uns auf eine lustvolle Entdeckungsreise in die eigene Seele.

Engel der Wandlung
Die Engelbilder Paul Klees
Band 5452

Paul Klees Engel – Symbole der möglichen Wandlung in eine heitere Leichtigkeit hinein. Ingrid Riedels meditative Texte erschließen ihren Inhalt und öffnen neue Horizonte. Mit 49 Abbildungen.

HERDER spektrum

Verena Kast bei Herder

Sich einlassen und loslassen
Neue Lebensmöglichkeiten bei Trauer und Trennung
Band 4888

Sich wandeln und sich neu entdecken
Band 4905

Loslassen und sich selber finden
Die Ablösung von den Kindern
Band 4910

Aufbrechen und Vertrauen finden
Die kreative Kraft der Hoffnung
Band 5142

Lass dich nicht leben – lebe
Die eigenen Ressourcen schöpferisch nutzen
Band 5314

Abschied von der Opferrolle
Das eigene Leben leben
Band 5374

Lebenskrisen werden Lebenschancen
Wendepunkte des Lebens aktiv gestalten
Band 5402

Vom Sinn der Angst
Wie Ängste sich festsetzen und wie sie sich verwandeln lassen
Band 5525

Schlüssel zu den Lebensthemen
Konflikte anders setzen
ISBN 3-451-28332-8

HERDER